RETÓRICA

O livro é a porta que se abre para a realização do homem.

Jair Lot Vieira

ARISTÓTELES

RETÓRICA

TRADUÇÃO, TEXTOS ADICIONAIS E NOTAS
EDSON BINI
Estudou Filosofia na Faculdade de Filosofia,
Letras e Ciências Humanas da USP.
É tradutor há mais de 40 anos.

Copyright da tradução e desta edição © 2011 by Edipro Edições Profissionais Ltda.

Todos os direitos reservados. Nenhuma parte deste livro poderá ser reproduzida ou transmitida de qualquer forma ou por quaisquer meios, eletrônicos ou mecânicos, incluindo fotocópia, gravação ou qualquer sistema de armazenamento e recuperação de informações, sem permissão por escrito do editor.

Grafia conforme o novo Acordo Ortográfico da Língua Portuguesa.

1ª edição, 5ª reimpressão 2025.

Editores: Jair Lot Vieira e Maíra Lot Vieira Micales
Coordenação editorial: Fernanda Godoy Tarcinalli
Tradução, textos adicionais e notas: Edson Bini
Produção editorial: Murilo Oliveira de Castro Coelho
Editoração: Alexandre Rudyard Benevides
Acentuação do grego: Lilian Sais
Revisão: Fernanda Godoy Tarcinalli
Arte: Karina Tenório e Simone Melz

Dados Internacionais de Catalogação na Publicação (CIP)
(Câmara Brasileira do Livro, SP, Brasil)

Aristóteles (384-322 a.C.)
     Retórica / Aristóteles ; tradução, textos adicionais e notas
     Edson Bini. – São Paulo : Edipro, 2011.

     Título original: TEXNH PHTOPIKH.

     ISBN 978-85-7283-746-0

     1. Aristóteles – Retórica 2. Filosofia antiga 3. Retórica
     I. Bini, Edson. II. Título.

11-02706   CDD-185

Índice para catálogo sistemático:
1. Retórica : Filosofia aristotélica : 185

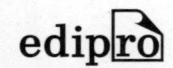

São Paulo: (11) 3107-7050 • Bauru: (14) 3234-4121
www.edipro.com.br • edipro@edipro.com.br
 @editoraedipro   @editoraedipro

SUMÁRIO

CONSIDERAÇÕES DO TRADUTOR | 7

DADOS BIOGRÁFICOS | 9

ARISTÓTELES: SUA OBRA | 17

CRONOLOGIA | 35

LIVRO I | 37

LIVRO II | 119

LIVRO III | 209

CONSIDERAÇÕES DO TRADUTOR | 7

DADOS BIOGRÁFICOS | 9

ARISTÓTELES: SUA OBRA | 17

CRONOLOGIA | 35

LIVRO I | 37

LIVRO II | 119

LIVRO III | 209

CONSIDERAÇÕES DO
TRADUTOR

A *RETÓRICA*, TRATADO VALIOSÍSSIMO que nos foi legado por Aristóteles, e que aborda uma arte que permanece importante ao longo dos quase dois milênios e meio, a nos separarem no tempo e no espaço, do Estagirita, possui um teor especialmente rico e atraente.

Seu objeto de investigação, muito menos abstrato do que aqueles de densos tratados como a *Metafísica* e os que compõem o *Órganon*, parece abrandar a usual dureza e secura da pena do mestre do Liceu.

Ainda que este fator haja suavizado a tarefa do tradutor, obviamente tivemos, como de costume, de lidar com as ásperas diferenças estruturais existentes entre o grego antigo e o português contemporâneo.

Lembramos ao leitor que pautamos nosso trabalho sempre pela regra de trilhar o caminho mediano entre a literalidade e a paráfrase, considerando ambas inconvenientes, sobretudo em uma tradução cujo propósito é meramente didático e humanisticamente formativo, e não erudito.

Os eventuais termos entre colchetes tentam completar conjecturalmente ideias onde ocorrem hiatos que comprometem a compreensão.

Minimizamos nesta primeira edição da *Retórica* a quantidade das notas, priorizando as de cunho linguístico.

Quanto ao texto estabelecido em grego, servimo-nos daquele baseado em L. Spengel, porém realizando incursões regulares no de R. Kassel e ocasionalmente naquele de I. Bekker.

Como de praxe, fizemos constar à margem esquerda das páginas a numeração da edição referencial de I. Bekker de 1831, que se revela utilíssima e indispensável para facilitar as consultas.

Pedimos ao leitor – legítimo juiz de nosso trabalho – que expresse sua opinião, não só elogios como também críticas, e nos envie suas sugestões, para que possamos aprimorar as edições vindouras.

DADOS
BIOGRÁFICOS

ARISTÓTELES NASCEU EM ESTAGIRA, cidade localizada no litoral noroeste da península da Calcídia, cerca de trezentos quilômetros a norte de Atenas. O ano de seu nascimento é duvidoso – 385 ou, mais provavelmente, 384 a.C.

Filho de Nicômaco e Féstias, seu pai era médico e membro da fraternidade ou corporação dos *Asclepíades* (Ἀσκληπιάδαι, ou seja, *filhos ou descendentes de Asclépios*, o deus da medicina). A arte médica era transmitida de pai para filho.

Médico particular de Amintas II (rei da Macedônia e avô de Alexandre), Nicômaco morreu quando Aristóteles tinha apenas sete anos, tendo desde então o menino sido educado por seu tio Proxeno.

Os fatos sobre a infância, a adolescência e a juventude de Aristóteles são escassos e dúbios. Presume-se que, durante o brevíssimo período que conviveu com o pai, este o tenha levado a Pela, capital da Macedônia ao norte da Grécia, e tenha sido iniciado nos rudimentos da medicina pelo pai e o tio.

O fato indiscutível e relevante é que, aos 17 ou 18 anos, o jovem Estagirita se transferiu para Atenas e durante cerca de dezenove anos frequentou a *Academia* de Platão, deixando-a somente após a morte do mestre em 347 a.C., embora Diógenes Laércio (o maior dos biógrafos de Aristóteles, na antiguidade) afirme que ele a deixou enquanto Platão ainda era vivo.

Não há dúvida de que Aristóteles desenvolveu laços de amizade com seu mestre e foi um de seus discípulos favoritos. Mas foi Espeusipo que herdou a direção da Academia.

O leitor nos permitirá aqui uma ligeira digressão.

Espeusipo, inspirado no último e mais extenso diálogo de Platão (*As Leis*), conferiu à Academia um norteamento franca e profundamente marcado pelo orfismo pitagórico, o que resultou na rápida transformação da Academia platônica em um estabelecimento em que predominava o estudo e o ensino das matemáticas, trabalhando-se mais elementos de reflexão e princípios pitagóricos do que propriamente platônicos.

Divergindo frontalmente dessa orientação matematizante e mística da filosofia, Aristóteles abandonou a Academia acompanhado de outro discípulo de Platão, Xenócrates, o qual, contudo, retornaria posteriormente à Academia, aliando-se à orientação pitagorizante de Espeusipo, mas desenvolvendo uma concepção própria.

Os "fatos" que se seguem imediatamente se acham sob uma nuvem de obscuridade, dando margem a conjeturas discutíveis.

Alguns autores pretendem que, logo após ter deixado a Academia, Aristóteles abriu uma Escola de retórica com o intuito de concorrer com a famosa Escola de retórica de Isócrates. Entre os discípulos do Estagirita estaria o abastado Hérmias, que pouco tempo depois se tornaria tirano de Atarneu (ou Aterna), cidade-Estado grega na região da Eólida.

Outros autores, como o próprio Diógenes Laércio, preferem ignorar a hipótese da existência de tal Escola e não entrar em minúcias quanto às circunstâncias do início do relacionamento entre Aristóteles e Hérmias.

Diógenes Laércio limita-se a afirmar que alguns supunham que o eunuco Hérmias era um favorito de Aristóteles, e outros, diferentemente, sustentam que o relacionamento e o parentesco criados entre eles foram devidos ao casamento de Aristóteles com Pítia – filha adotiva, irmã ou sobrinha de Hérmias – não se sabe ao certo.

Um terceiro partido opta por omitir tal Escola e associa o encontro de Aristóteles com Hérmias indiretamente a dois discípulos de Platão e amigos do Estagirita, a saber, Erasto e Corisco, que haviam redigido uma Constituição para Hérmias e recebido apoio deste para fundar uma Escola platônica em Assos, junto a Atarneu.

O fato incontestável é que nosso filósofo (Aristóteles) conheceu o rico Hérmias, durante três anos ensinou na Escola platônica de Assos, patrocinada por ele, e em 344 a.C. desposou Pítia.

DADOS BIOGRÁFICOS | 11

Nessa Escola, nosso filósofo conheceu Teofrasto, que se tornaria o maior de seus discípulos. Pertence a esse período incipiente o primeiro trabalho filosófico de Aristóteles: *Da Filosofia*.

Após a invasão de Atarneu pelos persas e o assassinato de Hérmias, ocasião em que, segundo alguns autores, Aristóteles salvou a vida de Pítia providenciando sua fuga, dirigiu-se ele a Mitilene na ilha de Lesbos. Pouco tempo depois (em 343 ou 342 a.c.), aceitava a proposta de Filipe II para ser o preceptor de seu filho, Alexandre (então com treze anos) mudando-se para Pela. Na fase de Pela, o Estagirita escreveu duas obras que só sobreviveram fragmentariamente e em caráter transitório: *Da Monarquia* e *Da Colonização*. Nosso filósofo teria iniciado, também nesse período, a colossal *Constituições*, contendo a descrição e o estudo de 158 (ou, ao menos, 125) formas de governo em prática em toda a Grécia (desse alentadíssimo trabalho só restou para a posteridade a *Constituição de Atenas*).

Depois de haver subjugado várias cidades helênicas da costa do mar Egeu, e inclusive ter destruído Estagira (que ele próprio permitiria depois que fosse reconstruída por Aristóteles), Filipe II finalmente tomou Atenas e Tebas na célebre batalha de Queroneia, em 338 a.C.

Indiferente a esses fatos militares e políticos, o Estagirita prosseguiu como educador de Alexandre até a morte de Filipe e o início do reinado de Alexandre (335 a.C.). Retornou então a Atenas e fundou nesse mesmo ano sua Escola no Λύκειον (*Lýkeion – Liceu*), que era um ginásio localizado no nordeste de Atenas, junto ao templo de Apolo Lício, deus da luz, ou Λύκειος (*Lýkeios* – literalmente, *destruidor de lobos*).

O Liceu (já que o lugar emprestou seu nome à Escola de Aristóteles) situava-se em meio a um bosque (consagrado às Musas e a Apolo Lício) e era formado por um prédio, um jardim e uma alameda adequada ao passeio de pessoas que costumavam realizar uma *conversação caminhando* (περίπατος – *perípatos*), daí a filosofia aristotélica ser igualmente denominada filosofia *peripatética,* e sua Escola, Escola *peripatética*, referindo-se à tal alameda e especialmente ao hábito de o Estagirita e seus discípulos andarem por ali discutindo questões filosóficas.

A despeito de estar em Atenas, nosso filósofo permanecia informado das manobras político-militares de Alexandre por meio do chanceler macedônio e amigo, Antipater.

12 | RETÓRICA

O período do Liceu (335-323 a.C.) foi, sem dúvida, o mais produtivo e fecundo na vida do filósofo de Estagira. Ele conjugava uma intensa atividade intelectual entre o ensino na Escola e a redação de suas obras. Durante a manhã, Aristóteles ministrava aulas restritas aos discípulos mais avançados, os chamados cursos *esotéricos* (ἐσωτερικοί) ou *acroamáticos* (ἀκροαματικοί), os quais versavam geralmente sobre temas mais complexos e profundos de lógica, matemática, física e metafísica. Nos períodos vespertino e noturno, Aristóteles dava cursos abertos, acessíveis ao grande público (*exotéricos* [ἐξωτερικοί]), via de regra, de dialética e retórica. Teofrasto e Eudemo, seus principais discípulos, atuavam como assistentes e monitores, reforçando a explicação das lições aos discípulos e anotando-as para que posteriormente o mestre redigisse suas obras, com base nelas.

A distinção entre cursos esotéricos e exotéricos e a consequente separação dos discípulos não eram motivadas por qualquer diferença entre um ensino secreto místico, reservado apenas a *iniciados,* e um ensino meramente religioso, ministrado aos profanos, nos moldes, por exemplo, das instituições dos pitagóricos.

Essa distinção era puramente pragmática, no sentido de organizar os cursos por nível de dificuldade (didática) e, sobretudo, restringir os cursos exotéricos àquilo que despertava o interesse da grande maioria dos atenienses, a saber, a dialética e a retórica.

Nessa fase áurea do Liceu, nosso filósofo também montou uma biblioteca incomparável, constituída por centenas de manuscritos e mapas, e um museu, que era uma combinação de jardim botânico e jardim zoológico, com uma profusão de espécimes vegetais e animais oriundos de diversas partes do Império de Alexandre Magno.

Que se acresça, a propósito, que o *curriculum* para o aprendizado que Aristóteles fixou nessa época para o Liceu foi a base para o *curriculum* das Universidades europeias durante mais de dois mil anos, ou seja, até o século XIX.

A morte prematura de Alexandre em 323 a.C. trouxe à baila novamente, como trouxera em 338 na derrota de Queroneia, um forte ânimo patriótico em Atenas, encabeçado por Demóstenes (o mesmo grande orador que insistira tanto no passado recente sobre a ameaça de Filipe). Isso, naturalmente, gerou um acentuado e ardente sentimento antimacedônico.

DADOS BIOGRÁFICOS | 13

Como era de se esperar, essa animosidade atingiu todos os gregos que entretinham, de um modo ou outro, relações com os macedônios.

Nosso filósofo viu-se, então, em uma situação bastante delicada, pois não apenas residira em Pela durante anos, cuidando da educação do futuro senhor do Império, como conservara uma correspondência regular com Antipater (braço direito de Alexandre), com quem estreitara um fervoroso vínculo de amizade. As constantes e generosas contribuições de Alexandre ao acervo do Liceu (biblioteca e museu) haviam passado a ser observadas com desconfiança, bem como a amizade "suspeita" do aristocrático e conservador filósofo que nunca ocultara sua antipatia pela democracia ateniense e que, às vezes, era duro na sua crítica aos próprios atenienses, como quando teria dito que "os atenienses criaram o trigo e as leis, mas enquanto utilizam o primeiro, esquecem as segundas".

Se somarmos ainda a esse campo minado sob os pés do Estagirita o fato de o Liceu ser rivalizado pela nacionalista Academia de Espeusipo e a democrática Escola de retórica de Isócrates, não nos espantaremos ao constatar que, muito depressa, os cidadãos atenienses começaram a alimentar em seus corações a suspeita de que Aristóteles era um *traidor*.

Segundo Diógenes Laércio, Aristóteles teria sido mesmo acusado de impiedade (cometendo-a ao render culto a um mortal e o divinizando) pelo sumo sacerdote Eurímédon ou por Demófilo.

Antes que sucedesse o pior, o sisudo e imperturbável pensador optou pelo exílio voluntário e abandonou seu querido Liceu e Atenas em 322 ou 321 a.C., transferindo-se para Cálcis, na Eubeia, terra de sua mãe. No Liceu o sucederam Teofrasto, Estráton, Lícon de Troas, Dicearco, Aristóxeno e Aríston de Cós.

Teria dito que agia daquela maneira "para evitar que mais um crime fosse perpetrado contra a filosofia", referindo-se certamente a Sócrates.

Mas viveria pouquíssimo em Cálcis. Morreu no mesmo ano de 322 ou 321 a.C., aos sessenta e três anos, provavelmente vitimado por uma enfermidade gástrica de que sofria há muito tempo. Diógenes Laércio supõe, diferentemente, que Aristóteles teria se suicidado tomando cicuta, exatamente o que Sócrates tivera que ingerir, um mês após sua condenação à morte.

Aristóteles foi casado uma segunda vez (Pítia encontrara a morte pouco depois do assassinato de seu protetor, o tirano Hérmias) com Hérpile, uma jovem, como ele, de Estagira, e que lhe deu uma filha e o filho Nicômaco.

O testamenteiro de Aristóteles foi Antipater, e reproduzimos aqui seu testamento conforme Diógenes Laércio, que declara em sua obra *Vida, Doutrina e Sentenças dos Filósofos Ilustres* "(...) haver tido a sorte de lê-lo (...)":

Tudo sucederá para o melhor, mas, na ocorrência de alguma fatalidade, são registradas aqui as seguintes disposições de vontade de Aristóteles. Antipater será, para todos os efeitos, meu testamenteiro. Até a maioridade de Nicanor, desejo que Aristomeno, Timarco, Hiparco, Dióteles e Teofrasto (se aceitar e estiver capacitado para esta responsabilidade) sejam os tutores e curadores de meus filhos, de Hérpile e de todos os meus bens. Uma vez alcance minha filha a idade necessária, que seja concedida como esposa a Nicanor. Se algum mal abater-se sobre ela – prazam os deuses que não – antes ou depois de seu casamento, antes de ter filhos, caberá a Nicanor deliberar sobre meu filho e sobre meus bens, conforme a ele pareça digno de si e de mim. Nicanor assumirá o cuidado de minha filha e de meu filho Nicômaco, zelando para que nada lhes falte, sendo para eles tal como um pai e um irmão. Caso venha a suceder algo antes a Nicanor – que seja afastado para distante o agouro – antes ou depois de ter casado com minha filha, antes de ter filhos, todas as suas deliberações serão executórias, e se, inclusive, for o desejo de Teofrasto viver com minha filha, que tudo seja como parecer melhor a Nicanor. Em caso contrário, os tutores decidirão com Antipater a respeito de minha filha e de meu filho, segundo o que lhes afigure mais apropriado. Deverão ainda os tutores e Nicanor considerar minhas relações com Hérpile (pois foi-me ela leal) e dela cuidar em todos os aspectos. Caso ela deseje um esposo, cuidarão para que seja concedida a um homem que não seja indigno de mim.

A ela deverão entregar, além daquilo que já lhe dei, um talento de prata retirado de minha herança, três escravas (se as quiser), a pequena escrava que já possuía e o pequeno Pirraio; e se desejar viver em Cálcis, a ela será dada a casa existente no jardim; se Estagira for de sua preferência, a ela caberá a casa de meus pais. De qualquer maneira, os tutores mobiliarão a casa do modo que lhes parecer mais próprio e satisfatório a Hérpile. A Nicanor também caberá a tarefa de fazer retornar dignamente à casa de seus pais o meu benjamim Myrmex, acompanhado de todos os dons que dele recebi. Que Ambracis seja libertada, dando-se-lhe por ocasião do casamento de minha filha quinhentas dracmas, bem como

DADOS BIOGRÁFICOS | 15

a menina que ela mantém como serva. A Tales dar-se-á, somando-se à menina que adquiriu, mil dracmas e uma pequena escrava. Para Simão, além do dinheiro que já lhe foi entregue para a compra de um escravo, deverá ser comprado um outro ou dar-lhe dinheiro. Tácon será libertado no dia da celebração do casamento de minha filha, e juntamente com ele Fílon, Olímpio e seu filho. Proíbo que quaisquer dos escravos que estavam a meu serviço sejam vendidos, mas que sejam empregados; serão conservados até atingirem idade suficiente para serem libertados como mostra de recompensa por seu merecimento. Cuidar-se-ão também das estátuas que encomendei a Grilion. Uma vez prontas, serão consagradas. Essas estátuas são aquelas de Nicanor, de Proxeno, que era desígnio fazer, e a da mãe de Nicanor. A de Arimnesto, cuja confecção já findou, será consagrada para o não desaparecimento de sua memória, visto que morreu sem filhos. A imagem de minha mãe será instalada no templo de Deméter em Nemeia (sendo a esta deusa dedicada) ou noutro lugar que for preferido. De uma maneira ou de outra, as ossadas de Pítia, como era seu desejo, deverão ser depositadas no local em que meu túmulo for erigido. Enfim, Nicanor, se preservado entre vós (conforme o voto que realizei em seu nome), consagrará as estátuas de pedra de quatro côvados de altura a Zeus salvador e à Atena salvadora em Estagira.

ARISTÓTELES:
SUA OBRA

A OBRA DE ARISTÓTELES FOI TÃO VASTA e diversificada que nos permite traçar uma pequena história a seu respeito.

Mas antes disso devemos mencionar algumas dificuldades ligadas à bibliografia do Estagirita, algumas partilhadas por ele com outras figuras célebres da Antiguidade e outras que lhe são peculiares.

A primeira barreira que nos separa do Aristóteles *integral*, por assim dizer, é o fato de muitos de seus escritos não terem chegado a nós ou – para nos situarmos no tempo – à aurora da Era Cristã e à Idade Média.

A quase totalidade dos trabalhos de outros autores antigos, como é notório, teve o mesmo destino, particularmente as obras dos filósofos pré--socráticos. A preservação de manuscritos geralmente únicos ao longo de séculos constituía uma dificuldade espinhosa por razões bastante compreensíveis e óbvias.

No que toca a Aristóteles, há obras que foram perdidas na sua íntegra; outras chegaram a nós parciais ou muito incompletas; de outras restaram apenas fragmentos; outras, ainda, embora estruturalmente íntegras, apresentam lacunas facilmente perceptíveis ou mutilações.

Seguramente, entre esses escritos perdidos existem muitos cujos assuntos tratados nem sequer conhecemos. De outros estamos cientes dos temas. Vários parecem definitivamente perdidos e outros são atualmente objeto de busca.

Além do esforço despendido em tal busca, há um empenho no sentido de reconstituir certas obras com base nos fragmentos.

18 | RETÓRICA

É quase certo que boa parte da perda irreparável da obra aristotélica tenha sido causada pelo incêndio da Biblioteca de Alexandria, em que foram consumidos tratados não só de pensadores da época de Aristóteles (presumivelmente de Epicuro, dos estoicos, dos céticos etc.), como também de pré-socráticos e de filósofos gregos dos séculos III e II a.C., como dos astrônomos Eratóstenes e Hiparco, que atuavam brilhante e devotadamente na própria Biblioteca. Mais tarde, no fim do século IV d.C., uma multidão de cristãos fanáticos invadiu e depredou a Biblioteca, ocorrendo mais uma vez a destruição de centenas de manuscritos. O coroamento da fúria dos ignorantes na sua intolerância religiosa contra o imenso saber helênico (paganismo) ocorreu em 415 d.C., quando a filósofa (astrônoma) Hipácia, destacada docente da Biblioteca, foi perseguida e lapidada por um grupo de cristãos, que depois arrastaram seu corpo mutilado pelas ruas de Alexandria.

Uma das obras consumidas no incêndio supracitado foi o estudo que Aristóteles empreendeu sobre, no mínimo, 125 governos gregos.

Juntam-se, tristemente, a esse monumental trabalho irremediavelmente perdido: uma tradução especial do poeta Homero que Aristóteles teria executado para seu pupilo Alexandre; um estudo sobre belicismo e direitos territoriais; um outro sobre as línguas dos povos bárbaros; e quase todas as obras *exotéricas* (poemas, epístolas, diálogos etc.).

Entre os achados tardios, deve-se mencionar a *Constituição de Atenas*, descoberta só muito recentemente, no século XIX.

Quanto aos escritos incompletos, o exemplo mais conspícuo é a *Poética*, em cujo texto, de todas as artes poéticas que nosso filósofo se propõe a examinar, as únicas presentes são a tragédia e a poesia épica.

Outra dificuldade que afeta a obra de Aristóteles, esta inerente ao próprio filósofo, é a diferença de caráter e teor de seus escritos, os quais são classificados em *exotéricos* e *acroamáticos* (ou *esotéricos*), aos quais já nos referimos, mas que requerem aqui maior atenção.

Os exotéricos eram os escritos (geralmente sob forma de epístolas, diálogos e transcrições das palestras de Aristóteles com seus discípulos e principalmente das aulas públicas de retórica e dialética) cujo teor não era tão profundo, sendo acessíveis ao público em geral e versando especialmente sobre retórica e dialética. Os acroamáticos ou esotéricos eram precisamente os escritos de conteúdo mais aprofundado, minucioso e complexo (mais propriamente filosóficos, versando sobre física, metafísica, ética, política etc.), e que, durante o período no qual predominou em Atenas uma disposição marcantemente antimacedônica, circulavam exclusivamente nas mãos dos discípulos e amigos do Estagirita.

Até meados do século I a.C., as obras conhecidas de Aristóteles eram somente as exotéricas. As acroamáticas ou esotéricas permaneceram pelo arco das existências do filósofo, de seus amigos e discípulos sob o rigoroso controle destes, destinadas apenas à leitura e ao estudo deles mesmos. Com a morte dos integrantes desse círculo aristotélico fechado, as obras acroamáticas (por certo o melhor do Estagirita) ficaram mofando em uma adega na casa de Corisco por quase 300 anos.

O resultado inevitável disso, como se pode facilmente deduzir, é que por todo esse tempo julgou-se que o pensamento filosófico de Aristóteles era apenas o que estava contido nos escritos exotéricos, que não só foram redigidos no estilo de Platão (epístolas e diálogos), como primam por questionamentos tipicamente platônicos, além de muitos deles não passarem, a rigor, de textos rudimentares ou meros esboços, falhos tanto do ponto de vista formal e redacional quanto carentes de critério expositivo, dificilmente podendo ser considerados rigorosamente como *tratados* filosóficos.

Foi somente por volta do ano 50 a.C. que descobriram que na adega de Corisco não havia *unicamente* vinho.

Os escritos acroamáticos foram, então, transferidos para Atenas e, com a invasão dos romanos, nada apáticos em relação à cultura grega, enviados a Roma.

Nessa oportunidade, Andrônico de Rodes juntou os escritos acroamáticos aos exotéricos, e o mundo ocidental se deu conta do verdadeiro filão do pensamento aristotélico, reconhecendo sua originalidade e envergadura. O Estagirita, até então tido como um simples discípulo de Platão, assumiu sua merecida importância como grande pensador capaz de ombrear-se com o próprio mestre.

Andrônico de Rodes conferiu ao conjunto da obra aristotélica a organização que acatamos basicamente até hoje. Os escritos exotéricos, entretanto, agora ofuscados pelos acroamáticos, foram preteridos por estes, descurados e acabaram desaparecendo quase na sua totalidade.

A terceira dificuldade que nos furta o acesso à integridade da obra aristotélica é a existência dos *apócrifos* e dos *suspeitos*.

O próprio volume imenso da obra do Estagirita acena para a possibilidade da presença de colaboradores entre os seus discípulos mais chegados, especialmente Teofrasto. Há obras de estilo e terminologia perceptivelmente diferentes dos correntemente empregados por Aristóteles, entre elas a famosa *Problemas* (que trata dos temas mais diversos, inclusive a magia), a *Economia* (síntese da primeira parte da *Política*) e *Do Espírito*, sobre fisiologia e psicologia, e que não deve ser confundida com *Da Alma*, certamente de autoria exclusiva de Aristóteles.

O maior problema, contudo, ao qual foi submetida a obra aristotélica, encontra sua causa no tortuoso percurso linguístico e cultural de que ela foi objeto até atingir a Europa cristã.

Apesar do enorme interesse despertado pela descoberta dos textos acroamáticos ou esotéricos em meados do último século antes de Cristo, o mundo culto ocidental (então, a Europa) não demoraria a ser tomado pela fé cristã e a seguir pela cristianização oficial estabelecida pela Igreja, mesmo ainda sob o Império romano.

A cristianização do Império romano permitiu aos poderosos Padres da Igreja incluir a filosofia grega no contexto da manifestação pagã, convertendo o seu cultivo em prática herética. A filosofia aristotélica foi condenada e seu estudo posto na ilegalidade. Entretanto, com a divisão do Império romano em 385 d.C., o *corpus aristotelicum* composto por Andrônico de Rodes foi levado de Roma para Alexandria.

Foi no Império romano do Oriente (Império bizantino) que a obra de Aristóteles voltou a ser regularmente lida, apreciada e finalmente *traduzida...* para o árabe (língua semita que, como sabemos, não entretém qualquer afinidade com o grego) a partir do século X.

Portanto, o *primeiro* Aristóteles *traduzido* foi o dos grandes filósofos árabes, particularmente Avicena (*Ibn Sina*, morto em 1036) e Averróis (*Ibn Roschd*, falecido em 1198), ambos exegetas de Aristóteles, sendo o último considerado o mais importante dos *peripatéticos árabes* da Espanha, e *não* o da latinidade representada fundamentalmente por Santo Tomás de Aquino.

Mas, voltando no tempo, ainda no século III, os Padres da Igreja (homens de ferro, como Tertuliano, decididos a consolidar institucionalmente o cristianismo oficial a qualquer custo) concluíram que a filosofia helênica, em lugar de ser combatida, poderia se revelar um poderoso instrumento para a legitimação e o fortalecimento intelectual da doutrina cristã. Porém, de que filosofia grega dispunham em primeira mão? Somente do neoplatonismo e do estoicismo, doutrinas filosóficas gregas que, de fato, se mostravam conciliáveis com o cristianismo, especialmente o último, que experimentara uma séria continuidade romana graças a figuras como Sêneca, Epíteto e o imperador Marco Aurélio Antonino.

Sob os protestos dos representantes do neoplatonismo (Porfírio, Jâmblico, Proclo etc.), ocorreu uma apropriação do pensamento grego por parte da Igreja. Situação delicadíssima para os últimos filósofos gregos, que, se por um lado podiam perder suas cabeças por sustentar a distinção e/ou oposição do pensamento grego ao cristianismo, por outro tinham de admitir o fato de muitos de seus próprios discípulos estarem se convertendo a ele, inclusive através de uma tentativa de compatibilizá-lo não só com Platão, como também com Aristóteles, de modo a torná-los "aceitáveis" para a Igreja.

Assim, aquilo que ousaremos chamar de *apropriação do pensamento filosófico grego* foi encetado inicialmente pelos próprios discípulos dos neoplatônicos, e se consubstanciou na conciliação do cristianismo (mais exatamente a teologia cristã que principiava a ser construída e estruturada naquela época) primeiramente com o platonismo, via neoplatonismo, e depois com o aristotelismo, não tendo sido disso pioneiros nem os grandes vultos da patrística (São Justino, Clemente de Alexandria, Orígenes e mesmo Santo Agostinho) relativamente a Platão, nem aqueles da escolástica (John Scot Erigene e Santo Tomás de Aquino) relativamente a Aristóteles.

A primeira consequência desse "remanejamento" filosófico foi nivelar Platão com Aristóteles. Afinal, não se tratava de estudar a fundo e exaustivamente os grandes sistemas filosóficos gregos – os pragmáticos Padres da Igreja viam o vigoroso pensamento helênico meramente como um precioso veículo a atender seu objetivo, ou seja, propiciar fundamento e conteúdo filosóficos à incipiente teologia cristã.

Os discípulos cristãos dos neoplatônicos não tiveram, todavia, acesso aos manuscritos originais do *corpus aristotelicum*.

Foi por meio da conquista militar da península ibérica e da região do mar Mediterrâneo pelas tropas cristãs, inclusive durante as Cruzadas, que os cristãos voltaram a ter contato com as obras do Estagirita, precisamente por intermédio dos *infiéis*, ou seja, tiveram acesso às *traduções e paráfrases* árabes (e mesmo hebraicas) a que nos referimos anteriormente.

A partir do século XII começaram a surgir as primeiras traduções latinas (latim erudito) da obra de Aristóteles. Conclusão: o Aristóteles linguística e culturalmente original, durante séculos, jamais frequentou a Europa medieval.

Tanto Andrônico de Rodes, no século I a.C., ao estabelecer o *corpus aristotelicum,* quanto o neoplatônico Porfírio, no século III, ressaltaram nesse *corpus* o Ὄργανον (*Órganon* – série de tratados dedicados à lógica, ou melhor, à *Analítica*, no dizer de Aristóteles) e sustentaram a ampla divergência doutrinária entre os pensamentos de Platão e de Aristóteles. Os discípulos cristãos dos neoplatônicos, a partir da alvorada do século III, deram realce à lógica, à física e à retórica, e levaram a cabo a proeza certamente falaciosa de conciliar os dois maiores filósofos da Grécia. Quanto aos estoicos romanos, também prestigiaram a lógica aristotélica, mas deram destaque à ética, não nivelando Aristóteles com Platão, mas os aproximando.

O fato é que a Igreja obteve pleno êxito no seu intento, graças à inteligência e à sensibilidade agudas de homens como o bispo de Hipona, Aurélio Agostinho (Santo Agostinho – 354-430 d.C.) e o dominicano oriundo de Nápoles, Tomás de Aquino (Santo Tomás – 1224-1274), que se revelaram vigorosos e fecundos teólogos, superando o papel menor de meros intérpretes e *aproveitadores* das originalíssimas concepções gregas.

Quanto a Aristóteles, a Igreja foi muito mais além e transformou *il filosofo* (como Aquino o chamava) na suma e única autoridade do conhecimento, com o que, mais uma vez, utilizava o pensamento grego para alicerçar os dogmas da cristandade e, principalmente, respaldar e legitimar sua intensa atividade política oficial e extraoficial, caracterizada pelo autoritarismo e pela centralização do poder em toda a Europa.

Se, por um lado, o Estagirita sentir-se-ia certamente lisonjeado com tal posição, por outro, quem conhece seu pensamento sabe que também certamente questionaria o próprio *conceito* de autoridade exclusiva do conhecimento.

Com base na clássica ordenação do *corpus aristotelicum* de Andrônico de Rodes, pode-se classificar os escritos do Estagirita da maneira que se segue (note-se que esta relação não corresponde exatamente ao extenso elenco elaborado por Diógenes Laércio posteriormente no século III d.C. e que nela não se cogita a questão dos apócrifos e suspeitos).

1. Escritos sob a influência de Platão, mas já detendo caráter crítico em relação ao pensamento platônico:[*]

— *Poemas*;[*]

— *Eudemo* (diálogo cujo tema é a alma, abordando a imortalidade, a reminiscência e a imaterialidade);

— *Protrépticos*[*] (epístola na qual Aristóteles se ocupa de metafísica, ética, política e psicologia);

— *Da Monarquia*;[*]

— *Da Colonização*;[*]

— *Constituições*;[*]

— *Da Filosofia*[*] (diálogo constituído de três partes: a *primeira*, histórica, encerra uma síntese do pensamento filosófico desenvolvido até então, inclusive o pensamento egípcio; a *segunda* contém uma crítica à teoria das Ideias de Platão; e a *terceira* apresenta uma exposição das primeiras concepções aristotélicas, onde se destaca a concepção do *Primeiro Motor Imóvel*);

— *Metafísica*[*] (esboço e porção da futura Metafísica completa e definitiva);

— *Ética a Eudemo* (escrito parcialmente exotérico que, exceto pelos Livros IV, V e VI, será substituído pelo texto acroamático definitivo *Ética a Nicômaco*);

— *Política*[*] (esboço da futura *Política*, no qual já estão presentes a crítica à República de Platão e a teoria das três formas de governo originais e puras e as três derivadas e degeneradas);

— *Física*[*] (esboço e porção – Livros I e II – da futura *Física*; já constam aqui os conceitos de matéria, forma, potência, ato e a doutrina do movimento);

— *Do Céu* (nesta obra, Aristóteles faz a crítica ao *Timeu* de Platão e estabelece os princípios de sua cosmologia com a doutrina dos cinco elementos e a doutrina da eternidade do mundo e sua finitude espacial; trata ainda do tema da geração e corrupção).

(*). Os asteriscos indicam os escritos perdidos após o primeiro século da Era Cristã e quase todos exotéricos; das 125 (ou 158) *Constituições*, a de Atenas (inteiramente desconhecida de Andrônico de Rodes) foi descoberta somente em 1880.

2. Escritos da maturidade (principalmente desenvolvidos e redigidos no período do Liceu – 335 a 323 a.c.):

— A *Analítica* ou *Órganon*, como a chamaram os bizantinos por ser o Ὄργανον (instrumento, veículo, ferramenta e propedêutica) das ciências (trata da lógica – regras do pensamento correto e científico, sendo composto por seis tratados, a saber: Categorias, Da Interpretação, Analíticos Anteriores, Analíticos Posteriores, Tópicos e Refutações Sofísticas);

— *Física* (não contém um único tema, mas vários, entrelaçando e somando oito Livros de física, quatro de cosmologia [intitulados *Do Céu*], dois que tratam especificamente da geração e corrupção, quatro de meteorologia [intitulados *Dos Meteoros*], Livros de zoologia [intitulados *Da Investigação sobre os Animais, Da Geração dos Animais, Da Marcha dos Animais, Do Movimento dos Animais, Das Partes dos Animais*] e três Livros de psicologia [intitulados *Da Alma*]);

— *Metafísica* (termo cunhado por Andrônico de Rodes por mero motivo organizatório, ou seja, ao examinar todo o conjunto da obra aristotélica, no século I a.c., notou que esse tratado se apresentava *depois* [μετά] do tratado da *Física*) (é a obra em que Aristóteles se devota à filosofia primeira ou filosofia teológica, quer dizer, à ciência que investiga as causas primeiras e universais do ser, *o ser enquanto ser;* o tratado é composto de quatorze Livros);

— *Ética a Nicômaco* (em dez Livros, trata dos principais aspectos da ciência da ação individual, a ética, tais como o bem, as virtudes, os vícios, as paixões, os desejos, a amizade, o prazer, a dor, a felicidade etc.);

— *Política* (em oito Livros, trata dos vários aspectos da ciência da ação do indivíduo como animal social (*político*): a família e a economia, as doutrinas políticas, os conceitos políticos, o caráter dos Estados e dos cidadãos, as formas de governo, as transformações e revoluções nos Estados, a educação do cidadão etc.);

— *Retórica*[*] (em três Livros);

— *Poética* (em um Livro, mas incompleta).

(*). Escrito exotérico, mas não perdido.

A relação que transcrevemos a seguir, de Diógenes Laércio (século III), é muito maior, e esse biógrafo, como o organizador do *corpus aristotelicum*, não se atém à questão dos escritos perdidos, recuperados, adulterados, mutilados, e muito menos ao problema dos apócrifos e suspeitos, que só vieram efetivamente à tona a partir do helenismo moderno. O critério classificatório de Diógenes é, também, um tanto diverso daquele de Andrônico e ele faz o célebre introito elogioso a Aristóteles, a saber:

"Ele escreveu um vasto número de livros que julguei apropriado elencar, dada a excelência desse homem em todos os campos de investigação:

— *Da Justiça*, quatro Livros;

— *Dos Poetas*, três Livros;

— *Da Filosofia*, três Livros;

— *Do Político*, dois Livros;

— *Da Retórica* ou *Grylos*, um Livro;

— *Nerinto*, um Livro;

— *Sofista*, um Livro;

— *Menexeno*, um Livro;

— *Erótico*, um Livro;

— *Banquete*, um Livro;

— *Da Riqueza*, um Livro;

— *Protréptico*, um Livro;

— *Da Alma*, um Livro;

— *Da Prece*, um Livro;

— *Do Bom Nascimento*, um Livro;

— *Do Prazer*, um Livro;

— *Alexandre*, ou *Da Colonização*, um Livro;

— *Da Realeza*, um Livro;

— *Da Educação*, um Livro;

— *Do Bem*, três Livros;

— *Excertos de As Leis de Platão*, três Livros;

— *Excertos da República de Platão*, dois Livros;

— *Economia*, um Livro;

— *Da Amizade*, um Livro;

— *Do ser afetado ou ter sido afetado*, um Livro;

— *Das Ciências*, dois Livros;

— *Da Erística*, dois Livros;

— *Soluções Erísticas*, quatro Livros;

— *Cisões Sofísticas*, quatro Livros;

— *Dos Contrários*, um Livro;

— *Dos Gêneros e Espécies*, um Livro;

— *Das Propriedades*, um Livro;

— *Notas sobre os Argumentos*, três Livros;

— *Proposições sobre a Excelência*, três Livros;

— *Objeções*, um Livro;

— *Das coisas faladas de várias formas ou por acréscimo*, um Livro;

— *Dos Sentimentos* ou *Do Ódio*, um Livro;

— *Ética*, cinco Livros;

— *Dos Elementos*, três Livros;

— *Do Conhecimento*, um Livro;

— *Dos Princípios*, um Livro;

— *Divisões*, dezesseis Livros;

— *Divisão*, um Livro;

— *Da Questão e Resposta*, dois Livros;

— *Do Movimento*, dois Livros;

— *Proposições Erísticas*, quatro Livros;

— *Deduções*, um Livro;

— *Analíticos Anteriores*, nove Livros;

— *Analíticos Posteriores*, dois Livros;

— *Problemas*, um Livro;

— *Metódica*, oito Livros;

— *Do mais excelente*, um Livro;

— *Da Ideia*, um Livro;

— *Definições Anteriores aos Tópicos*, um Livro;

— *Tópicos*, sete Livros;

— *Deduções*, dois Livros;

— *Deduções e Definições*, um Livro;

— *Do Desejável e Dos Acidentes*, um Livro;

— *Pré-tópicos*, um Livro;

— *Tópicos voltados para Definições*, dois Livros;

— *Sensações*, um Livro;

— *Matemáticas*, um Livro;

— *Definições*, treze Livros;

— *Argumentos*, dois Livros;

— *Do Prazer*, um Livro;

— *Proposições*, um Livro;

— *Do Voluntário*, um Livro;

— *Do Nobre*, um Livro;

— *Teses Argumentativas*, vinte e cinco Livros;

— *Teses sobre o Amor*, quatro Livros;

— *Teses sobre a Amizade*, dois Livros;

— *Teses sobre a Alma*, um Livro;

— *Política*, dois Livros;

— *Palestras sobre Política* (como as de Teofrasto), oito Livros;

— *Dos Atos Justos*, dois Livros;

— *Coleção de Artes*, dois Livros

— *Arte da Retórica*, dois Livros;

— *Arte*, um Livro;

— *Arte* (uma outra obra), dois Livros;

— *Metódica*, um Livro;

— *Coleção da Arte de Teodectes*, um Livro;

— *Tratado sobre a Arte da Poesia*, dois Livros;

— *Entimemas Retóricos*, um Livro;

— *Da Magnitude*, um Livro;

— *Divisões de Entimemas*, um Livro;

— *Da Dicção*, dois Livros;

— *Dos Conselhos*, um Livro;

- *Coleção*, dois Livros;
- *Da Natureza*, três Livros;
- *Natureza*, um Livro;
- *Da Filosofia de Árquitas*, três Livros;
- *Da Filosofia de Espeusipo e Xenócrates*, um Livro;
- *Excertos do Timeu e dos Trabalhos de Árquitas*, um Livro;
- *Contra Melisso*, um Livro;
- *Contra Alcmeon*, um Livro;
- *Contra os Pitagóricos*, um Livro;
- *Contra Górgias*, um Livro;
- *Contra Xenófanes*, um Livro;
- *Contra Zenão*, um Livro;
- *Dos Pitagóricos*, um Livro;
- *Dos Animais*, nove Livros;
- *Dissecações*, oito Livros;
- *Seleção de Dissecações*, um Livro;
- *Dos Animais Complexos*, um Livro;
- *Dos Animais Mitológicos*, um Livro;
- *Da Esterilidade*, um Livro;
- *Das Plantas*, dois Livros
- *Fisiognomonia*, um Livro;
- *Medicina*, dois Livros;
- *Das Unidades*, um Livro;
- *Sinais de Tempestade*, um Livro;
- *Astronomia*, um Livro;
- *Ótica*, um Livro;
- *Do Movimento*, um Livro;
- *Da Música*, um Livro;
- *Memória*, um Livro;
- *Problemas Homéricos*, seis Livros;
- *Poética*, um Livro;
- *Física* (por ordem alfabética), trinta e oito Livros;

— *Problemas Adicionais*, dois Livros;

— *Problemas Padrões*, dois Livros;

— *Mecânica*, um Livro;

— *Problemas de Demócrito*, dois Livros;

— *Do Magneto*, um Livro;

— *Conjunções dos Astros*, um Livro;

— *Miscelânea*, doze Livros;

— *Explicações* (ordenadas por assunto), catorze Livros;

— *Afirmações*, um Livro;

— *Vencedores Olímpicos*, um Livro;

— *Vencedores Pítios na Música*, um Livro;

— *Sobre Píton*, um Livro;

— *Listas dos Vencedores Pítios*, um Livro;

— *Vitórias em Dionísia*, um Livro;

— *Das Tragédias*, um Livro;

— *Didascálias*, um Livro;

— *Provérbios*, um Livro;

— *Regras para os Repastos em Comum*, um Livro;

— *Leis*, quatro Livros;

— *Categorias*, um Livro;

— *Da Interpretação*, um Livro;

— *Constituições de 158 Estados* (ordenadas por tipo: democráticas, oligárquicas, tirânicas, aristocráticas);

— *Cartas a Filipe*;

— *Cartas sobre os Selimbrianos*;

— *Cartas a Alexandre* (4), *a Antipater* (9), *a Mentor* (1), *a Aríston* (1), *a Olímpias* (1), *a Hefaístion* (1), *a Temistágoras* (1), *a Filoxeno* (1), *a Demócrito* (1);

— *Poemas*;

— *Elegias*.

Curiosamente, esse elenco gigantesco não é, decerto, exaustivo, pois, no mínimo, duas outras fontes da investigação bibliográfica de Aristóteles apontam títulos adicionais, inclusive alguns dos mais importantes da lavra do Estagirita, como a *Metafísica* e a *Ética a Nicômaco*. Uma delas é a *Vita Menagiana*, cuja conclusão da análise acresce:

— *Peplos*;

— *Problemas Hesiódicos*, um Livro;

— *Metafísica*, dez Livros;

— *Ciclo dos Poetas*, três Livros;

— *Contestações Sofísticas ou Da Erística*;

— *Problemas dos Repastos Comuns*, três Livros;

— *Da Bênção, ou por que Homero inventou o gado do sol?*;

— *Problemas de Arquíloco, Eurípides, Quoirilos*, três Livros;

— *Problemas Poéticos*, um Livro;

— *Explicações Poéticas*;

— *Palestras sobre Física*, dezesseis Livros;

— *Da Geração e Corrupção*, dois Livros;

— *Meteorológica*, quatro Livros;

— *Da Alma*, três Livros;

— *Investigação sobre os Animais*, dez Livros;

— *Movimento dos Animais*, três Livros;

— *Partes dos Animais*, três Livros;

— *Geração dos Animais*, três Livros;

— *Da Elevação do Nilo*;

— *Da Substância nas Matemáticas*;

— *Da Reputação*;

— *Da Voz*;

— *Da Vida em Comum de Marido e Mulher*;

— *Leis para o Esposo e a Esposa*;

— *Do Tempo*;

— *Da Visão*, dois Livros;

— *Ética a Nicômaco*;

— *A Arte da Eulogia*;

— *Das Coisas Maravilhosas Ouvidas*;

— *Da Diferença*;

— *Da Natureza Humana*;

— *Da Geração do Mundo*;

— *Costumes dos Romanos*;

— *Coleção de Costumes Estrangeiros*.

A *Vida de Ptolomeu*, por sua vez, junta os títulos a seguir:

— *Das Linhas Indivisíveis*, três Livros;

— *Do Espírito*, três Livros;

— *Da Hibernação*, um Livro;

— *Magna Moralia*, dois Livros;

— *Dos Céus e do Universo*, quatro Livros;

— *Dos Sentidos e Sensibilidade*, um Livro;

— *Da Memória e Sono*, um Livro;

— *Da Longevidade e Efemeridade da Vida*, um Livro;

— *Problemas da Matéria*, um Livro;

— *Divisões Platônicas*, seis Livros;

— *Divisões de Hipóteses*, seis Livros;

— *Preceitos*, quatro Livros;

— *Do Regime*, um Livro;

— *Da Agricultura*, quinze Livros;

— *Da Umidade*, um Livro;

— *Da Secura*, um Livro;

— *Dos Parentes*, um Livro.

A contemplar essa imensa produção intelectual (a maior parte da qual irreversivelmente desaparecida ou destruída), impossível encarar a questão central dos apócrifos e dos suspeitos como polêmica. Trata-se, apenas, de um fato cultural em que possam se debruçar especialistas e eruditos. Nem se o gênio de Estagira dispusesse dos atuais recursos de preparação e produção editoriais (digitação eletrônica, impressão a *laser*, *scanners* etc.) e não meramente de redatores e copiadores de manuscritos, poderia produzir isolada e individualmente uma obra dessa extensão e magnitude, além do que, que se frise, nos muitos apócrifos indiscutíveis, o pensamento filosófico ali contido *persiste* sendo do intelecto brilhante de um só homem: Aristóteles; ou seja, se a forma e a redação não são de Aristóteles, o conteúdo certamente é.

32 | RETÓRICA

A relação final a ser apresentada é do que dispomos hoje de Aristóteles, considerando-se as melhores edições das obras completas do Estagirita, baseadas nos mais recentes estudos e pesquisas dos maiores helenistas dos séculos XIX e XX. À exceção da *Constituição de Atenas*, descoberta em 1880 e dos *Fragmentos*, garimpados e editados em inglês por W. D. Ross em 1954, essa relação corresponde *verbatim* àquela da edição de Immanuel Bekker (que permanece padrão e referencial), surgida em Berlim em 1831. É de se enfatizar que este elenco, graças ao empenho de Bekker (certamente o maior erudito aristotelista de todos os tempos) encerra também uma ordem provável, ou ao menos presumível, do desenvolvimento da reflexão peripatética ou, pelos menos, da redação das obras (insinuando certa continuidade), o que sugere um excelente guia e critério de estudo para aqueles que desejam ler e se aprofundar na totalidade da obra aristotélica, mesmo porque a interconexão e progressão das disciplinas filosóficas (exemplo: *economia – ética – política*) constituem parte indubitável da técnica expositiva de Aristóteles. Disso ficam fora, obviamente, a *Constituição de Atenas* e os *Fragmentos*. Observe-se, contudo, que a ordem a seguir não corresponde exatamente à ordem numérica progressiva do conjunto das obras.

Eis a relação:

— *Categorias* (ΚΑΤΗΓΟΡΙΑΙ);
— *Da Interpretação* (ΠΕΡΙ ΕΡΜΗΝΕΙΑΣ);
— *Analíticos Anteriores* (ΑΝΑΛΥΤΙΚΩΝ ΠΡΟΤΕΡΩΝ);
— *Analíticos Posteriores* (ΑΝΑΛΥΤΙΚΩΝ ΥΣΤΕΡΩΝ);
— *Tópicos* (ΤΟΠΙΚΑ);
— *Refutações Sofísticas* (ΠΕΡΙ ΣΟΦΙΣΤΙΚΩΝ ΕΛΕΓΧΩΝ);
  Obs.: o conjunto desses seis primeiros tratados é conhecido como *Órganon* (ΟΡΓΑΝΟΝ).
— *Da Geração e Corrupção* (ΠΕΡΙ ΓΕΝΕΣΕΩΣ ΚΑΙ ΦΘΟΡΑΣ);
— *Do Universo* (ΠΕΡΙ ΚΟΣΜΟΥ);[*]
— *Física* (ΦΥΣΙΚΗ);
— *Do Céu* (ΠΕΡΙ ΟΥΡΑΝΟΥ);
— *Meteorologia* (ΜΕΤΕΩΡΟΛΟΓΙΚΩΝ);
— *Da Alma* (ΠΕΡΙ ΨΥΧΗΣ);

(*). Suspeito.

ARISTÓTELES: SUA OBRA | 33

— *Do Sentido e dos Sensíveis* (ΠΕΡΙ ΑΙΣΘΗΣΕΩΣ ΚΑΙ ΑΙΣΘΗΤΩΝ);

— *Da Memória e da Revocação* (ΠΕΡΙ ΜΝΗΜΗΣ ΚΑΙ ΑΝΑΜΝΗΣΕΩΣ);

— *Do Sono e da Vigília* (ΠΕΡΙ ΥΠΝΟΥ ΚΑΙ ΕΓΡΗΓΟΡΣΕΩΣ);

— *Dos Sonhos* (ΠΕΡΙ ΕΝΥΠΝΙΩΝ);

— *Da Divinação no Sono* (ΠΕΡΙ ΤΗΣ ΚΑΘ´ΥΠΝΟΝ ΜΑΝΤΙΚΗΣ);

— *Da Longevidade e da Efemeridade da Vida* (ΠΕΡΙ ΜΑΚΡΟΒΙΟΤΗΤΟΣ ΚΑΙ ΒΡΑΧΥΒΙΟΤΗΤΟΣ);

— *Da Juventude e da Velhice. Da Vida e da Morte* (ΠΕΡΙ ΝΕΟΤΗΤΟΣ ΚΑΙ ΓΗΡΩΣ. ΠΕΡΙ ΖΩΗΣ ΚΑΙ ΘΑΝΑΤΟΥ);

— *Da Respiração* (ΠΕΡΙ ΑΝΑΠΝΟΗΣ);

Obs.: o conjunto dos oito últimos pequenos tratados é conhecido pelo título latino *Parva Naturalia*.

— *Do Alento* (ΠΕΡΙ ΠΝΕΥΜΑΤΟΣ);[*]

— *Da Investigação sobre os Animais* (ΠΕΡΙ ΤΑ ΖΩΑ ΙΣΤΟΡΙΑΙ);

— *Das Partes dos Animais* (ΠΕΡΙ ΖΩΩΝ ΜΟΡΙΩΝ);

— *Do Movimento dos Animais* (ΠΕΡΙ ΖΩΩΝ ΚΙΝΗΣΕΩΣ);

— *Da Marcha dos Animais* (ΠΕΡΙ ΠΟΡΕΙΑΣ ΖΩΩΝ);

— *Da Geração dos Animais* (ΠΕΡΙ ΖΩΩΝ ΓΕΝΕΣΕΩΣ);

— *Das Cores* (ΠΕΡΙ ΧΡΩΜΑΤΩΝ);[*]

— *Das Coisas Ouvidas* (ΠΕΡΙ ΑΚΟΥΣΤΩΝ);[*]

— *Fisiognomonia* (ΦΥΣΙΟΓΝΩΜΟΝΙΚΑ);[*]

— *Das Plantas* (ΠΕΡΙ ΦΥΤΩΝ);[*]

— *Das Maravilhosas Coisas Ouvidas* (ΠΕΡΙ ΘΑΥΜΑΣΙΩΝ ΑΚΟΥΣΜΑΤΩΝ);[*]

— *Mecânica* (ΜΗΧΑΝΙΚΑ);[*]

— *Das Linhas Indivisíveis* (ΠΕΡΙ ΑΤΟΜΩΝ ΓΡΑΜΜΩΝ);[*]

— *Situações e Nomes dos Ventos* (ΑΝΕΜΩΝ ΘΕΣΕΙΣ ΚΑΙ ΠΡΟΣΗΓΟΡΙΑΙ);[*]

— *Sobre Melisso, sobre Xenófanes e sobre Górgias* (ΠΕΡΙ ΜΕΛΙΣΣΟΥ, ΠΕΡΙ ΞΕΝΟΦΑΝΟΥΣ, ΠΕΡΙ ΓΟΡΓΙΟΥ);[*]

_____

(*). Suspeito.

34 | RETÓRICA

— *Problemas* (ΠΡΟΒΛΗΜΑΤΑ);[**]
— *Retórica a Alexandre* (ΡΗΤΟΡΙΚΗ ΠΡΟΣ ΑΛΕΞΑΝΔΡΟΝ);[*]
— *Metafísica* (ΤΑ ΜΕΤΑ ΤΑ ΦΥΣΙΚΑ);
— *Economia* (ΟΙΚΟΝΟΜΙΚΑ);[**]
— *Magna Moralia* (ΗΘΙΚΑ ΜΕΓΑΛΑ);[**]
— *Ética a Nicômaco* (ΗΘΙΚΑ ΝΙΚΟΜΑΧΕΙΑ);
— *Ética a Eudemo* (ΗΘΙΚΑ ΕΥΔΗΜΕΙΑ);
— *Das Virtudes e dos Vícios* (ΠΕΡΙ ΑΡΕΤΩΝ ΚΑΙ ΚΑΚΙΩΝ);[*]
— *Política* (ΠΟΛΙΤΙΚΑ);
— *Retórica* (ΤΕΧΝΗ ΡΗΤΟΡΙΚΗ);
— *Poética* (ΠΕΡΙ ΠΟΙΗΤΙΚΗΣ);
— *Constituição de Atenas* (ΑΘΗΝΑΙΩΝ ΠΟΛΙΤΕΙΑ);[***]
— Fragmentos.[****]

---

[*].   Suspeito.
[**]. Apócrifo.
[***]. Ausente na edição de 1831 de Bekker e sem sua numeração, já que este tratado só foi descoberto em 1880.
[****]. Ausente na edição de 1831 de Bekker e sem sua numeração, uma vez que foi editado em inglês somente em 1954 por W. D. Ross.

CRONOLOGIA

AS DATAS (a.C.) AQUI RELACIONADAS SÃO, em sua maioria, aproximadas, e os eventos indicados contemplam apenas os aspectos filosófico, político e militar.

481 – Criada a confederação das cidades-Estado gregas comandada por Esparta para combater o inimigo comum: os persas.

480 – Os gregos são fragorosamente derrotados pelos persas nas Termópilas (o último reduto de resistência chefiado por Leônidas de Esparta e seus *trezentos* é aniquilado); a acrópole é destruída; no mesmo ano, derrota dos persas em Salamina pela esquadra chefiada pelo ateniense Temístocles.

479 – Fim da guerra contra os persas, com a vitória dos gregos nas batalhas de Plateia e Micale.

478-477 – A Grécia é novamente ameaçada pelos persas; formação da *Liga Délia*, dessa vez comandada pelos atenienses.

469 – Nascimento de Sócrates em Atenas.

468 – Os gregos derrotam os persas no mar.

462 – Chegada de Anaxágoras de Clazômenas a Atenas.

462-461 – Promoção do governo democrático em Atenas.

457 – Atenas conquista a Beócia.

456 – Conclusão da construção do templo de Zeus em Olímpia.

447 – O Partenon começa ser construído.

444 – Protágoras de Abdera redige uma legislação para a nova colônia de Túrio.

431 – Irrompe a Guerra do Peloponeso entre Atenas e Esparta.

429 – Morte de Péricles.

427 – Nascimento de Platão em Atenas.

421 – Celebrada a paz entre Esparta e Atenas.

419 – Reinício das hostilidades entre Esparta e Atenas.

418 – Derrota dos atenienses na batalha de Mantineia.

413 – Nova derrota dos atenienses na batalha de Siracusa.

405 – Os atenienses são mais uma vez derrotados pelos espartanos na Trácia.

404 – Atenas se rende a Esparta.

399 – Morte de Sócrates.

385 – Fundação da Academia de Platão em Atenas.

384 – Nascimento de Aristóteles em Estagira.

382 – Esparta toma a cidadela de Tebas.

378 – Celebradas a paz e a aliança entre Esparta e Tebas.

367 – Chegada de Aristóteles a Atenas.

359 – Ascensão ao trono da Macedônia de Filipe II e começo de suas guerras de conquista e expansão.

347 – Morte de Platão.

343 – Aristóteles se transfere para a Macedônia e assume a educação de Alexandre.

338 – Filipe II derrota os atenienses e seus aliados na batalha de Queroneia, e a conquista da Grécia é concretizada.

336 – Morte de Filipe II e ascensão de Alexandre ao trono da Macedônia.

335 – Fundação do Liceu em Atenas.

334 – Alexandre derrota os persas na Batalha de Granico.

331 – Nova vitória de Alexandre contra os persas em Arbela.

330 – Os persas são duramente castigados por Alexandre em Persépolis, encerrando-se a expedição contra eles.

323 – Morte de Alexandre.

322 – Transferência de Aristóteles para Cálcis, na Eubeia; morte de Aristóteles.

LIVRO I

1

1354a1 · A RETÓRICA É A CONTRAPARTE DA DIALÉTICA. Ambas igualmente dizem respeito a estas coisas que se situam, mais ou menos, no horizonte geral de todos os indivíduos, sem ser do domínio de nenhuma ciência determinada. Assim, todos, de uma maneira ou de outra, servem-se de ambas; de fato, em uma certa medida,
5 · todos procuram discutir e sustentar teses, realizar a própria defesa e a acusação dos outros. Pessoas comuns o fazem ou sem método, ou por força da prática, e com base em hábitos adquiridos. Sendo possíveis as duas maneiras, pode-se evidentemente tratar o assunto sistematicamente, uma vez que é possível indagar a razão por que
10 · alguns falantes obtêm êxito pela prática, enquanto outros o obtêm espontaneamente. Todos concordarão de imediato que tal indagação constitui a função de uma arte.

Ora, os autores dos atuais tratados de retórica elaboraram apenas uma pequena porção dessa arte. Os *meios de persuasão*[1] são os únicos autênticos elementos constituintes da arte, tudo o mais não
15 · passando de acessório. Esses autores, contudo, nada dizem sobre entimemas, os quais constituem a substância[2] da persuasão retórica,

---

1. ...πίστεις... (*písteis*) – contemplamos aqui e na sequência o sentido lato e genérico da palavra, e não o estrito e específico de *prova judicial*, uma vez que Aristóteles distingue (e até, em uma certa medida, privilegia) uma retórica pública, política, além da retórica judiciária; de resto, o sentido lato não exclui, mas inclui o sentido estrito.

2. Literalmente *corpo*, σῶμα (*sôma*).

ocupando-se sobretudo com elementos não essenciais. O despertar da aversão, da compaixão, da cólera e de similares paixões da alma nada tem a ver com o próprio assunto, não passando de um recurso pessoal dirigido ao juiz que cuida do caso. Consequentemente, se

20 · as regras para julgamentos que estão atualmente estabelecidas em alguns Estados, principalmente em Estados bem governados, fossem aplicadas em toda parte, tais autores nada teriam a dizer. Não há dúvida que todos pensam que as leis deveriam prescrever essas regras; alguns indivíduos, entretanto, como ocorre no Areópago, põem em prática o que pensam e proíbem falar dos elementos não essenciais estranhos ao assunto. Trata-se de uma prática correta. Não é certo perverter o juiz induzindo-o à cólera, ou à malevolência, ou à

25 · compaixão. Isso seria adulterar a regra que nos dispomos a utilizar. É igualmente evidente que cabe a um litigante apenas demonstrar que o fato alegado existe ou não existe, que ocorreu ou não ocorreu. Quanto a apurar se uma coisa tem importância ou é destituída de importância, justa ou injusta, e todas as questões que o legislador não

30 · definiu com precisão, cabe pessoalmente ao juiz decidir, devendo este, decerto, recusar-se a deliberar com base nas partes em litígio.

É, portanto, sumamente conveniente que leis bem elaboradas definam por si sós, na medida do possível, todos os casos, deixando o mínimo possível para a decisão dos juízes. Há muitas razões para isso. Em primeiro lugar, encontrar uma única pessoa, ou algumas

1354b1 · pessoas, que sejam sensatas e capazes de legislar e julgar é mais fácil do que encontrar muitas; depois, leis são elaboradas após prolongada consideração, enquanto as sentenças nos tribunais são pronunciadas imediatamente, o que dificulta aos juízes atender perfei-

5 · tamente ao justo e ao útil. A razão mais importante é a seguinte: a deliberação do legislador não diz respeito a casos particulares, mas se refere ao futuro e é geral, ao passo que os membros da assembleia e os juízes têm como função decidir sobre casos presentes e determinados que lhes são apresentados, nos quais frequentemente se

10 · permitirão serem influenciados por sentimentos de amizade, ódio e interesse pessoal, o que os leva a perder a capacidade de discernir

com clareza a verdade e ter seu julgamento obscurecido por sentimentos pessoais de prazer ou de dor. No geral, como dissemos, é necessário deixar para a decisão do juiz o mínimo possível. Entretanto, as questões quanto a se houve um fato ou não, se este se produzirá ou não, se ocorreu ou não, deverão necessariamente ser da competência do juiz, uma vez que é impossível para o legislador prevê-las. Se assim é, percebe-se claramente que qualquer um que formula regras acerca de outros assuntos, tais como qual deve ser o teor do preâmbulo, ou da exposição, ou de quaisquer outras partes do discurso, está teorizando a respeito de elementos não essenciais, como se estes pertencessem à arte. A única questão com a qual esses autores, nesse caso, se ocupam é como colocar o juiz em uma dada disposição de espírito. No que tange aos modos de persuasão que são próprios do orador, eles nada têm a nos dizer, ou seja, nada no que se refere a adquirir habilidade no manejo dos entimemas.

Assim, ainda que o mesmo método seja aplicável à oratória dirigida ao povo e à forense, e ainda que a primeira constitua uma atividade mais nobre e mais apropriada ao cidadão do que o discurso que trata das relações contratuais entre indivíduos, esses autores silenciam a respeito dessa primeira oratória, ou seja, a pública, empenhando-se todos em escrever tratados sobre a técnica do discurso judiciário. A razão disso é que na oratória política se é menos induzido a discorrer sobre elementos não essenciais estranhos ao assunto. *A oratória política dá menos ensejo a práticas inescrupulosas do que a forense, tratando de questões mais amplas.*[3] Em um debate público, aquele que forma um juízo está decidindo sobre seus próprios interesses, não sendo necessário que o orador demonstre coisa alguma, exceto que os fatos são o que o proponente de uma medida afirma que são. Na oratória forense isso não basta; é necessário, ademais, cativar o auditório; é sobre os interesses de outras pessoas que os juízes devem decidir e, assim, tendo somente em vista sua própria satisfação e ouvindo as partes com parciali-

---

3.   O período em *itálico* foi excluído por Kassel.

42 | RETÓRICA

1355a1 · dade, eles cedem a estas ao invés de julgarem verdadeiramente entre elas. Daí, em muitos lugares, como já dissemos, acontece amiúde de o discurso que não tem relevância para a causa ser proibido nos tribunais. Na assembleia popular, aqueles incumbidos de formar um juízo estão, eles próprios, capacitados a guardar-se contra isso e respeitar suficientemente a regra.

Fica claro, portanto, que o estudo metódico da retórica tange aos 5 · modos de persuasão. Ora, a persuasão é um tipo de demonstração (uma vez que nos sentimos o mais plenamente persuadidos quando julgamos que uma coisa foi demonstrada); a demonstração do orador é um entimema, *sendo este, em geral, o mais eficaz dos meios de persuasão.*[4] O entimema é um tipo de silogismo, e o exame indiscriminado dos silogismos de todos os tipos é tarefa da dialética – ou da 10 · dialética como um todo, ou de um de seus ramos. A nítida conclusão disso é: aquele que está melhor capacitado a perceber como e a partir de que elementos um silogismo é produzido disporá igualmente da melhor habilidade para o manejo do entimema quando conhecer adicionalmente os objetos de que tratam os entimemas e as diferenças que os distinguem dos silogismos lógicos. Com efeito, o verda-15 · deiro e o verossímil são apreendidos pela mesma faculdade. Que se observe também que os seres humanos são, por natureza, suficientemente inclinados para o verdadeiro e geralmente atingem de fato a verdade. Assim, está-se em condição de alcançar as probabilidades pelo meio que vos concede a possibilidade de reconhecer a verdade.

Foi mostrado até aqui que os outros autores de retórica abor-20 · dam elementos não essenciais estranhos à matéria, tendo sido também mostrado por que tenderam mais para o ramo forense.

A retórica é útil porque o verdadeiro e o justo têm naturalmente mais valor do que seus opostos. O resultado é que se os julgamentos não forem proferidos como devem ser, o verdadeiro e o justo estarão necessariamente comprometidos, resultado censurável a ser atribuído aos próprios oradores. Acrescentemos que diante

---

4. O período em *itálico* foi excluído por Kassel.

25 · de certos auditórios nem mesmo a posse da ciência mais precisa facilitará tornar convincente o que dizemos, pois a argumentação baseada no conhecimento implica em instrução, e há pessoas que não se pode instruir. Neste caso, é necessário que utilizemos, a título de nossos modos de persuasão e argumentos, noções que todos possuem, como observamos nos *Tópicos* ao tratar do modo de dirigir-se a um auditório popular. Além disso, é necessário estar
30 · capacitado a empregar a persuasão, tal como os silogismos podem ser empregados, nos lados opostos de uma questão, não para nos dedicarmos indiscriminadamente a ambas as operações (uma vez que não devemos levar as pessoas a crer no que é incorreto), mas para que possamos ver com clareza o que são os fatos e, no caso de outrem argumentar sem justeza, sermos capazes de destruir sua argumentação. Nenhuma outra arte tira conclusões contrárias por
35 · meio do silogismo, exceto a dialética e a retórica, uma vez que ambas têm por objeto os contrários. Entretanto, os fatos subjacentes não têm valor idêntico, pois sempre aquilo que é verdadeiro e naturalmente melhor presta-se melhor ao silogismo e está mais sujeito à persuasão, expressando-nos em termos absolutos. Por outro lado,
1355b1 · seria absurdo afirmar que alguém devesse envergonhar-se por ser incapaz de defender-se com seus membros físicos, mas não de ser incapaz de defender-se mediante o discurso racional quando o uso do discurso racional distingue mais o ser humano do que o uso de seus membros. Poder-se-ia objetar que o uso injusto de tal faculdade discursiva poderia causar grandes danos, mas este inconveniente,
5 · exceto pela virtude, é comum a todos os bens e especialmente aos mais úteis, de que são exemplos o vigor, a saúde, a riqueza e o comando do exército. Um emprego correto desses bens permite deles tirar um grande proveito, enquanto um emprego incorreto pode constituir a fonte de grandes danos.

Percebe-se claramente, portanto, que a retórica não se vincula a um único gênero definido de assuntos, mas que se assemelha à dialética; percebe-se com clareza também que é útil. É ainda evidente que
10 · sua função não é simplesmente atingir a persuasão, mas discernir os

44 | RETÓRICA

meios de persuasão em cada caso, como ocorre com as demais artes. Assim, a função própria da medicina não é simplesmente tornar alguém absolutamente saudável, mas colocá-lo o máximo possível no caminho que conduz à saúde; é possível propiciar excelente tratamento mesmo aos que não estão em condição de recuperar a saúde, 15 · que jamais poderão gozar de uma saúde sólida e estável. Por outro lado, é óbvio que é função de uma e mesma arte[5] discernir entre os meios reais e aparentes de persuasão, tal como cabe à dialética discernir entre o silogismo real e o aparente. Com efeito, a sofística não nasce da capacidade de um indivíduo, mas de sua escolha. Na retórica, contudo, o termo *orador* pode descrever tanto o conheci- 20 · mento deste sobre a arte quanto suas escolhas. Na dialética, alguém é sofista porque faz um certo tipo de escolha, um dialético não por força de suas escolhas, mas por força de sua capacidade.

Tentemos agora expor o próprio método da retórica, indicando os meios e os princípios que nos permitirão atingir nosso objetivo. Como se voltássemos ao nosso ponto de partida, antes 25 · de abordar outros pontos que lhe dizem respeito, comecemos por definir o que é a retórica.

2

PODE-SE DEFINIR A RETÓRICA como a faculdade de observar, em cada caso, o que este encerra de próprio para criar a persuasão. Nenhuma outra arte possui tal função. Toda outra arte pode instruir e persuadir acerca do assunto que lhe é próprio, por exemplo: a 30 · medicina, sobre o que é saudável e doentio; a geometria, acerca das propriedades das grandezas; a aritmética, a respeito dos números; o mesmo aplicando-se às outras artes e ciências. Quanto à retórica, todavia, vemo-la como o poder, diante de quase qualquer questão

---

5. Ou seja, a retórica.

que nos é apresentada, de observar e descobrir o que é adequado para persuadir. E esta é a razão por que a retórica não aplica suas 35 · regras a nenhum gênero particular e definido.

Entre os meios de persuasão, alguns não dependem da arte, ao passo que outros dela dependem. Chamo de meios de persuasão independentes da arte todos os que não foram fornecidos por nós mesmos, sendo preexistentes, do que são exemplos as testemunhas, as confissões probatórias obtidas mediante tortura, os acordos escritos e outros modos semelhantes. São meios de persuasão dependentes da arte todos os que nós mesmos podemos construir e suprir com base no método da retórica. Quanto aos primeiros 1356a1 · desses meios, basta empregá-los; quanto aos segundos, necessitam ser descobertos ou inventados.

Há três tipos de meios de persuasão supridos pela palavra falada. O primeiro depende do caráter pessoal do orador; o segundo, de levar o auditório a uma certa disposição de espírito; e o terceiro, do próprio discurso no que diz respeito ao que demonstra ou parece demonstrar. A persuasão é obtida graças ao caráter 5 · pessoal do orador, quando o discurso é proferido de tal maneira que nos faz pensar que o orador é digno de crédito. Confiamos em pessoas de bem de modo mais pleno e mais prontamente do que em outras pessoas, o que é válido geralmente, não importa qual seja a questão, e absolutamente válido quando a certeza exata é impossível e há divergência de opiniões. Esse tipo de persuasão, 10 · semelhantemente aos outros, deve ser conseguido pelo que é dito pelo orador, e não pelo que as pessoas pensam acerca de seu caráter antes que ele inicie o discurso. Não é verdadeiro, como supõem alguns autores em seus tratados sobre retórica, que a honestidade pessoal revelada pelo orador em nada contribui para seu poder de persuasão; longe disso, pode-se considerar seu caráter, por assim dizer, o mais eficiente meio de persuasão de que dispõe. Por outro lado, a persuasão pode ser obtida através dos ouvintes quando o discurso afeta suas emoções; com efeito, os julgamentos que emi-15 · timos variam segundo experimentamos sentimentos de angústia

ou júbilo, amizade ou hostilidade. Todos os esforços dos atuais autores de retórica, nós o afirmamos, são dirigidos no sentido de produzir esses efeitos. Este assunto será abordado minuciosamente quando tratarmos das emoções. Enfim, a persuasão é obtida atra-
20 · vés do próprio discurso quando demonstramos a verdade, ou o que parece ser a verdade, graças à argumentação persuasiva apropriada ao caso em pauta.

Há, portanto, esses três meios de obter persuasão. Aquele a quem cabe ter o domínio deles terá, evidentemente, que ser capaz de raciocinar logicamente, compreender costumes e virtudes, e conhecer as emoções, ou seja, o que são, sua natureza, suas causas e o
25 · meio pelo qual são despertadas. Parece, assim, que a retórica é um ramo da dialética e também do estudo dos costumes. Pode-se com justiça classificar o estudo dos costumes como político;[6] e por isso a retórica veste grotescamente a máscara da política, sendo a máscara de especialistas políticos vestida pelos que reivindicam o exercício da retórica, às vezes por carência de educação, às vezes por fanfarronice mesclada à impostura, às vezes, enfim, por outras falhas humanas.
30 · Na verdade, a retórica é um ramo da dialética e a esta semelhante, como afirmamos no começo. Nem uma nem outra é uma ciência com um objeto definido de estudo; as duas são faculdades fornecedoras de argumentos.

35 · Quanto à esfera de poder delas e como se relacionam reciprocamente, é provável que essa nossa exposição baste.

Na retórica, os meios de demonstração real ou demonstra-
1356b1 · ção aparente são, tal como na dialética, a indução, o silogismo[7] e o silogismo aparente. O exemplo é uma indução, o entimema é um silogismo e o entimema aparente é um silogismo aparente,
5 · na medida em que chamo um silogismo retórico de entimema, e uma indução retórica de exemplo. Todos os que produzem persuasão através de demonstração empregam realmente entimemas ou

---

6. Ver *Ética a Nicômaco*, Livro I, capítulo 2 [Obra publicada pela Edipro em 2014. (N.E.)].

7. Ou seja, a dedução.

exemplos, não havendo outro meio além destes. E como todos que demonstram absolutamente qualquer coisa são obrigados a usar silogismos ou induções (o que fica para nós evidente com base
10 · nos *Analíticos*), conclui-se necessariamente que cada uma destas segundas corresponde exatamente a um dos primeiros. A diferença entre exemplo e entimema é evidenciada nos *Tópicos*, onde o silogismo e a indução já foram discutidos. Quando baseamos a demonstração de uma proposição em um grande número de casos semelhantes temos a indução na dialética e o exemplo na retórica;
15 · quando mostramos que, uma vez verdadeiras certas proposições, uma proposição adicional e completamente distinta tem também que ser verdadeira como consequência, de maneira universal ou majoritária, isso é chamado de silogismo na dialética e entimema na retórica. É também evidente que cada um desses dois tipos de oratória apresenta suas vantagens. De fato, o que dissemos na
20 · *Metódica*[8] aplica-se igualmente bem neste caso. Em alguns estilos oratórios há predomínio de exemplos, em outros prevalecem os entimemas e, analogamente, alguns oradores são mais qualificados no uso dos exemplos, enquanto outros o são no uso dos entimemas. Discursos baseados em exemplos são tão persuasivos quanto os outros,
25 · mas os discursos baseados em entimemas causam maior impressão. A razão disso e os usos que devem ser feitos de cada tipo de discurso são pontos que discutiremos mais tarde. De momento, definiremos com maior clareza os próprios processos.

Aquilo que é persuasivo o é para alguém, e algo é persuasivo quer porque é de imediato e por si só evidente, quer porque parece ser demonstrado a partir de outras premissas que são, elas, persuasivas e convincentes. Entretanto, nenhuma arte contempla o particular; a medicina, por exemplo, não investiga o que ajudará curar
30 · Sócrates ou Cálias, mas somente o que ajudará a curar quaisquer ou todos os indivíduos humanos de uma dada classe de pacientes. É exclusivamente esta a função da arte, enquanto o particular é

---

8.   Obra perdida de Aristóteles.

48 | RETÓRICA

tão infinitamente indeterminado que dele não é possível nenhuma ciência. Do mesmo modo, a retórica não se ocupa teoricamente do que é provável para um dado indivíduo, como Sócrates ou Hípias, mas daquilo que é provável para indivíduos desta ou daquela condição, o que se aplica igualmente à dialética, a qual não forma seus silogismos com base em quaisquer materiais fortuitos, tais como

1357a1 · os devaneios dos loucos, mas a partir de materiais que necessitam ser discutidos racionalmente, ao passo que a retórica baseia-se nos assuntos que já são assuntos regulares de debate; seu papel é, portanto, tratar das questões sobre as quais deliberamos e a respeito das quais não dispomos de artes ou sistemas que nos guiem, isso diante de um auditório incapaz de captar um argumento complexo, ou acompanhar um longo encadeamento de raciocínios. Ora, nós deliberamos acerca de questões que parecem nos oferecer a possibilidade alternativa de duas soluções opostas; pelo contrário, no que

5 · diz respeito a coisas que não podem nem ter sido, nem tornar-se, nem ser diferentemente, ninguém que percebe sua natureza perde seu tempo a deliberar; sem mais, admite-se o fato.

Pode-se construir silogismos e tirar conclusões a partir dos resultados de silogismos anteriores ou, por outro lado, a partir de premissas que não foram assim demonstradas, e, ao mesmo tempo

10 · não são de aceitação corrente e, deste modo, requerem demonstração. Raciocínios do primeiro tipo serão necessariamente de difícil acompanhamento devido à sua prolixidade, *uma vez que o juiz é tido como sendo um homem simples.*[9] Os raciocínios do segundo tipo deixarão de ser persuasivos porque baseados em premissas não correntemente admitidas. Assim, recorre-se necessariamente ao entimema e ao exemplo no que toca ao que é geralmente sus-

15 · cetível de admitir uma conclusão distinta, sendo o exemplo uma indução e o entimema um silogismo. O entimema tem que consistir de poucas proposições, em menor quantidade frequentemente do

---

9. A variação do texto de Kassel, relativamente a Spengel, é aqui considerável: *[...] uma vez que supomos um auditório composto de pensadores despreparados [...].*

que as que constituem um silogismo completo; com efeito, se uma dessas proposições for conhecida, não haverá necessidade sequer de enunciá-la, o próprio ouvinte acrescentando-a. Assim, para exprimir que Dorieu foi o vencedor de uma competição cujo prêmio era
20 · uma coroa, basta dizer que ele foi vencedor em Olímpia. Quanto a acrescentar que em Olímpia o vencedor recebe uma coroa, isso é inútil, uma vez que todos estão cientes disso.

Entre as proposições que servem de base para os silogismos retóricos, são poucas as necessárias; em geral, os fatos que constituem o objeto dos julgamentos e das decisões podem admitir a
25 · possibilidade alternativa de uma diferente solução. Delibera-se e indaga-se sobre nossas ações; e todas nossas ações têm um caráter contingente, sendo raro qualquer delas ser determinada pela necessidade. Ora, conclusões que estabelecem o que é válido geralmente e é possível devem ser tiradas de premissas semelhantes, que atuam do mesmo modo, tal como conclusões necessárias devem ser tira-
30 · das de premissas necessárias, o que também é evidenciado pelos *Analíticos*.[10] Portanto, algumas premissas das quais são extraídos os entimemas serão necessárias, ao passo que a maior parte delas terá apenas um caráter contingente. Com efeito, os entimemas são deduzidos das probabilidades e dos signos que apresentarão, tanto
35 · umas quanto outros, necessariamente um desses caracteres. Uma probabilidade é o que acontece com maior frequência, mas não absolutamente – como o definem alguns; mas é o que, em meio às coisas contingentes, está, com respeito ao que se relaciona ao provável, na mesma relação em que está o universal com o particular.

1357b1 · Dentre os signos, alguns apresentam a relação do particular com o universal, ao passo que outros apresentam aquela do universal com o particular. Destes signos, o que possui um caráter de necessário recebe o nome de *tecmerion*, enquanto o que não
5 · o possui não dispõe de um nome particular que traduza tal dife-

---

10. *Analíticos Anteriores* e *Analíticos Posteriores*, terceiro e quarto tratados do *Órganon* [Obra publicada pela Edipro em 2016. (N.E.)].

50 | RETÓRICA

rença. Chamo de necessárias as proposições que servem de fundamento ao silogismo, razão pela qual o *tecmerion* é um desses signos. Assim, quando se julga que não se poderá refutar o que foi enunciado, pensa-se em aventar um *tecmerion*, querendo dizer com isso que o meio de persuasão está definitivamente feito e consumado, uma vez que, na língua antiga, τέκμαρ (*tékmar*) e πέρας (*péras*) apresentam significado idêntico. Eis um exemplo onde há a relação do particular com o universal: se alguém dissesse: "Um signo de que os sábios são justos é que Sócrates era sábio e justo." Temos aqui certamente um signo, mas ainda que a proposição seja verdadeira, o argumento é refutável, visto que não forma um silogismo. Suponhamos, por outro lado, que fosse dito: "O signo de que ele está doente é ter febre", ou "Esta mulher deu à luz visto que tem leite". Temos aqui um signo com caráter de necessário que pertence somente ao *tecmerion*, já que este é o único, sob a condição de ser verdadeiro, que é irrefutável. E vejamos agora um exemplo de signo que apresenta a relação do universal com o particular. Se disséssemos: "O signo de que alguém tem febre é sua respiração estar precipitada", a afirmação seria refutável, mesmo que o fato fosse verdadeiro.

Com efeito, pode-se, mesmo sem febre, ter uma respiração frequente.

Foi, portanto, estabelecido anteriormente o que é uma probabilidade, um signo, um *tecmerion* (evidência) e as diferenças entre eles. Nos *Analíticos*[11] foi apresentada uma descrição mais minuciosa acerca desses pontos, tendo sido também mostrado porque certas proposições são impróprias ao silogismo, ao passo que outras lhe são próprias.

O exemplo já foi descrito como um tipo de indução; além disso, a natureza especial do objeto que o distingue dos outros tipos também foi indicada anteriormente. Ora, o exemplo não se

---

11. *Analíticos Anteriores*, terceiro tratado do *Órganon*.

LIVRO I | 51

acha na relação da parte com o todo, nem do todo com a parte, nem do todo com o todo, mas na relação da parte com a parte, do semelhante com o semelhante. Quando duas proposições estão
30 · compreendidas no mesmo gênero, sendo uma mais conhecida do que a outra, a primeira é um exemplo. É possível, por exemplo, se dizer que, por reivindicar um guarda-costas, Dionísio planejava tornar-se um tirano; de fato, Pisístrato, no passado, tendo pensado em tomar o poder, solicitou um guarda-costas e tornou-se tirano logo que o obteve; Teagenes fez o mesmo em Megara. E analogamente todos os demais casos que o orador conhece servem
35 · de exemplos, a fim de mostrar o que não é ainda conhecido, que Dionísio está imbuído do mesmo objetivo ao fazer a mesma reivindicação. Ora, todos esses casos (que são proposições particulares) pertencem a uma proposição universal idêntica, a saber: aquele
1358a1 · que solicita um guarda-costas planeja tornar-se um tirano. Com isso, indicamos as origens dos meios de persuasão considerados popularmente demonstrativos.

Entre dois tipos de entimemas há uma importante diferença que tem passado inteiramente despercebida de quase todos. Essa diferença é idêntica à existente entre os silogismos abordados no
5 · método dialético. *Entre os entimemas, alguns são próprios da retórica, tal como há silogismos próprios do método dialético; outros pertencem a outras artes e faculdades,*[12] tanto às que já existem e exercemos quanto às que não foram ainda constituídas. Isso faz, por um lado, os ouvintes não perceberem essa diferença e, por outro, mesmo aqueles que lidam com a retórica com máxima diligência, afastarem-se de seus limites. O que acabamos de propor
10 · ficará mais claro quando abordarmos esse ponto mais minuciosamente. Chamo, com efeito, de silogismos dialéticos e de silogismos retóricos aqueles em relação aos quais dizemos que existem *luga-*

---

12. O texto de Kassel apresenta considerável variação de conteúdo: *[...] Um tipo de entimema realmente diz respeito à retórica, mas o outro tipo de fato diz respeito a outras artes e faculdades [...].*

res.[13] Os lugares-comuns aplicam-se indiferentemente às questões de direito, de física, de política e de muitas outras matérias de espécies distintas. Tome-se, por exemplo, o lugar-comum que diz respeito ao "mais ou menos". É igualmente fácil neste caso um silogismo ou entimema sobre quaisquer daqueles que são, todavia, assuntos essencialmente desconexos: questões de direito, de física, ou qualquer outra questão. *Chamo, diferentemente, de entimemas particulares todos aqueles que são extraídos de premissas particulares de cada espécie e de cada gênero.*[14] Assim, na física há premissas das quais não se pode deduzir qualquer entimema ou silogismo relativos à moral, ao passo que no domínio desta há premissas que não se aplicarão à física. Esse mesmo princípio aplica-se a todos os assuntos. Os lugares-comuns, por não pertencerem a nenhum objeto determinado, não concorrerão para o nosso entendimento em nenhum gênero. Por outro lado, quanto melhor for a seleção que fizermos de premissas adequadas a lugares-comuns especiais, mais nos aproximaremos, inconscientemente, do estabelecimento de uma ciência distinta da dialética e da retórica. Pode-se conseguir formular os princípios necessários, porém nossa ciência não será mais dialética ou retórica, mas a ciência à qual os princípios assim descobertos dizem respeito. A maioria dos entimemas são extraídos das espécies próprias e particulares; os que provêm dos lugares-comuns são em número menor. Como fizemos nos *Tópicos,*[15] devemos distinguir aqui, ao lidar com os entimemas, as espécies e os lugares-comuns dos quais devem ser extraídos. Ora, chamo de espécies as premissas particulares a cada gênero, enquanto os lugares aplicam-se igualmente a todos os gêneros. Trataremos primeiramente das espécies, mas antes disso é importante classificar a retórica segundo as suas variedades; uma vez estejam estas dis-

---

13. ...τόπους... (*tópoys*).

14. Kassel: *[...] Há, entretanto, também lugares-comuns especiais que são baseados em proposições aplicáveis exclusivamente a grupos ou gêneros particulares [...].*

15. Quinto tratado do *Órganon.*

LIVRO I | 53

tinguidas, poderemos nos ocupar de uma a uma separadamente e
35 · tentar descobrir os elementos dos quais cada uma é composta e as
premissas que cabe a cada uma empregar.

3

OS GÊNEROS DA RETÓRICA SÃO TRÊS, bem como são três as classes de ouvintes de discursos que os determinam. De fato, dos três
elementos que compõem o discurso – o orador, o assunto e a pessoa
1358b1 · a que se dirige o discurso – é este último elemento, ou seja, o ouvinte, aquele que determina a finalidade e o objeto do discurso. O
ouvinte é necessariamente um observador ou um juiz; quando um
juiz, terá que se pronunciar a respeito de coisas passadas ou futuras.
Um membro da assembleia delibera acerca de acontecimentos fu-
5 · turos; o juiz propriamente dito decide acerca de eventos passados;
{aquele que só tem a se decidir com respeito à capacidade oratória é
o observador}.[16] Conclui-se disso que há três gêneros de discurso
oratório: o deliberativo, o forense e o demonstrativo.

O *discurso deliberativo* nos induz a fazer ou a não fazer algo.
Um destes procedimentos é sempre adotado por conselheiros sobre
questões de interesse particular, bem como por indivíduos que se
dirigem a assembleias públicas a respeito de questões de interesse
10 · público. O *discurso forense* comporta a acusação ou a defesa de alguém; uma ou outra tem sempre que ser sustentada pela partes em
um caso. O *discurso demonstrativo* ocupa-se do louvor ou da censura de alguém. Esses três tipos de retórica referem-se a três tipos
distintos de tempo. O orador deliberativo tem a ver com o futuro;
15 · é sobre coisas a serem realizadas doravante que ele aconselha ou
desaconselha. No discurso forense ou judiciário, trata-se do pas-

---

16. O período em *itálico* e entre chaves é mantido por Spengel mas excluído
por Kasssel.

sado; é sempre em torno de fatos passados que gira a acusação ou a defesa. Para o discurso demonstrativo, o essencial é o presente, uma vez que se louva ou se censura em vista do estado de coisas presente, embora seja frequente o orador do discurso demonstrativo também 20 · evocar o passado e efetuar conjeturas a respeito do futuro.

A retórica visa a três finalidades diferentes, uma para cada um de seus três gêneros. A finalidade do gênero deliberativo é determinar o útil ou o danoso de um procedimento aconselhado; se o orador do discurso deliberativo propõe a aceitação desse procedimento, ele assim age com o fundamento de que o procedimento será benéfico; se propõe sua rejeição, ele o faz com o fundamento 25 · de que será prejudicial; todos os demais aspectos – tais como se a proposta é justa ou injusta, honrosa ou desonrosa – ele traz à baila como pontos subsidiários e relativos a essa consideração principal. As partes em um processo legal colimam estabelecer a justiça ou a injustiça de alguma ação, e também elas trazem à baila todos os outros aspectos como subsidiários e relativos a esse principal. Aqueles que louvam ou censuram alguém visam a revelá-lo como digno de honra ou o oposto; também eles consideram todos os demais aspectos como subordinados a esse.

Percebe-se, pelo fato de que os oradores às vezes deixam de 30 · aventar outros pontos, que os três tipos de retórica objetivam efetivamente as três finalidades respectivamente por nós apontadas. Assim, por exemplo, é possível que um litigante, em certas ocasiões, não negue que algo aconteceu ou que ele causou dano; mas que tenha agido injustamente é algo que nunca admite, porque se o fizesse não haveria necessidade de um processo. Da mesma maneira, no gênero deliberativo faz-se amiúde qualquer concessão, exceto admitir 35 · que o orador deliberativo está recomendando aos seus ouvintes um procedimento inútil, ou que não assumam um procedimento útil. No que toca à questão de saber se não é injusto para um Estado escravizar povos vizinhos contra os quais não se tem nenhum agravo, isso frequentemente de modo algum preocupa os oradores. Analogamente, os que executam o louvor ou a censura não examinam

LIVRO I | 55

1359a1 · se a ação foi útil ou danosa a quem a cometeu; com frequência, de fato louvam o autor da ação por ter deixado seu próprio interesse de lado para agir com nobreza. Assim, louvam Aquiles por ter, lançando um repto, defendido seu camarada Pátroclo, que tombara [em batalha], embora soubesse que por conta disso ele morreria,
5 · sabendo que viveria se não o fizesse. Entretanto, ainda que morrer assim fosse para ele a coisa mais nobre a fazer, a coisa útil era viver.

Fica evidente, com base no que acabamos de dizer, que é necessário para os três gêneros haver proposições. Ora, as evidências, as probabilidades e os signos são as proposições da retórica. Aliás, todo tipo de silogismo é composto de premissas[17] (proposições), e o
10 · entimema é um silogismo composto das proposições que indicamos.

Como o impossível não pode nem ter sido realizado, nem realizar-se no futuro, como essa propriedade pertence exclusivamente ao possível, e porque ainda é impossível que aquilo que nunca aconteceu e não deve acontecer jamais venha a se produzir ou deva produzir-se na sequência, é necessário, quer para o gênero
15 · deliberativo, quer para os gêneros forense e demonstrativo, dispor de proposições acerca do possível e do impossível quanto à questão de saber se um fato ocorreu ou não, se ocorrerá ou não. Ademais, quando se louva ou se censura, recomendando-se insistentemente para aceitar ou rejeitar propostas de ação, quando se acusa ou se defende, não se procura somente provar os pontos aventados, mas
20 · também mostrar que o bem ou o mal, a honra ou a desonra, a justiça ou a injustiça são grandes ou pequenos, isso em termos relativos ou absolutos. Portanto, é evidente que é necessário ter em mãos proposições sobre o grande e o pequeno, bem como sobre o maior e o menor, proposições que sejam tanto universais quanto particulares, de modo a nos capacitarmos necessariamente a determinar
25 · qual é o bem maior ou menor, o maior ou menor ato de justiça ou injustiça, e assim por diante.

---

17. ...προτάσεων... (protáseon): premissas são as designações específicas dadas às proposições do silogismo. Ver no Órganon: Analíticos Anteriores.

56 | RETÓRICA

Eis, portanto, as matérias em relação às quais estamos obrigados a dominar as proposições que lhes são relevantes.[18] Cabe-nos agora discutir cada gênero particular dessas matérias, quais sejam: aquelas de que se ocupam o discurso deliberativo, o demonstrativo e o forense.

4

30 · PRIMEIRAMENTE, É NECESSÁRIO COMPREENDER quais são os tipos de coisas, boas ou más, sobre as quais o orador do gênero deliberativo discursa, uma vez que ele não se ocupa de todas as coisas, mas somente das que podem ou não podem ocorrer. No que toca a coisas que existem ou existirão necessariamente, ou que não tenham a possibilidade de existir ou ocorrer, nada há para ser deliberado. Além disso, tampouco se delibera sobre tudo o que é contingente; de fato, essa classe inclui algumas coisas boas que 35 · ocorrem naturalmente, e algumas que ocorrem acidentalmente, de maneira que é inútil deliberar sobre elas. É patente que basta deliberar acerca do que é objeto de deliberação. Ora, aquilo sobre o que deliberamos é o que naturalmente, e em última instância, é suscetível de depender de nós mesmos e cujo princípio de ação está 1359b1 · em nosso poder. Com efeito, procedemos à nossa investigação até atingirmos o ponto em que tivermos descoberto se podemos ou não efetuar atos desse tipo.

Nesta oportunidade, não nos cabe enumerar e classificar com exatidão as questões das assembleias públicas, bem como moldar, na 5 · medida do possível, verdadeiras definições delas, uma vez que isso não diz respeito à arte da retórica, mas a uma disciplina mais percuciente e que melhor se harmoniza com o verdadeiro. Afinal, já se atribuiu atualmente mais objetos de estudo à retórica do que aquilo que

---

18. Spengel: *[...] Está assim indicada a fonte onde se deve necessariamente conseguir proposições [...].*

LIVRO I | 57

estritamente lhe diz respeito. A verdade, como já afirmamos anteriormente, é que a retórica é formada por uma combinação da ciência da
10 · lógica[19] com a parte da política que se relaciona com os costumes;[20]
assemelha-se em parte à dialética, em parte aos discursos sofísticos.
Mas quanto mais insistirmos em tornar a dialética e a retórica ciências, e não as reconhecermos como o que realmente são, ou seja, simplesmente faculdades, mais estaremos inadvertidamente destruindo a
verdadeira natureza delas, uma vez que as estaremos remoldando e as
15 · estaremos colocando na esfera de ciências que têm objetos definidos,
e que não se ocupam simplesmente de discursos. Todavia, menciona-
remos os pontos cuja distinção apresenta importância prática, embora
a abordagem mais completa deles caiba à ciência política.

Os assuntos mais importantes sobre os quais todos deliberam,
e que constituem o objeto público dos discursos dos oradores do
20 · gênero deliberativo, são em número de cinco: recursos, guerra e
paz, defesa nacional, importações e exportações, e legislação.

Quanto aos recursos, o orador que discursar a respeito precisará
25 · conhecer o número e a extensão das fontes de renda do Estado, de
modo que, se qualquer uma destas passar despercebida, poderá ser
somada às outras, e se deficiente poderá ser aumentada. Precisará
também estar a par de todos os gastos do Estado, de sorte que, se
houver algum entre eles que seja supérfluo, possa ser suprimido, ou,
se houverem gastos excessivos, possam ser reduzidos. Com efeito,
enriquece-se não só aumentando a riqueza existente como também
30 · reduzindo os gastos. Não é possível obter uma ampla visão dessas
questões somente a partir da experiência dos negócios nacionais;
se o orador pretende deliberar sobre esse assunto, deve estudar os
métodos adotados por outros povos.

Quanto à guerra e a paz, o orador deve conhecer a extensão do
35 · poder bélico de seu Estado, tanto real quanto potencial, bem como
a natureza desse poder real e potencial; ademais, deve informar-se

---

19. ...ἀναλυτικῆς ἐπιστήμης... (*analytikês epistémes*).

20. Isto é, a ética.

58 | RETÓRICA

sobre quais guerras seu Estado travou e como as travou. Não basta que conheça tais fatos somente no que toca ao seu próprio Estado, mas também conhecê-los no tocante aos Estados vizinhos. É igualmente necessário saber com quais Estados a guerra é provável, a fim de manter a paz com os mais poderosos do que seu próprio

1360a1 · Estado e poder escolher o momento de atacar[21] os mais fracos. A ele cabe também saber se o poder bélico de um outro Estado é semelhante ou não ao do seu, *uma vez que este é um aspecto que pode afetar a força relativa de ambos.*[22] Enfim, é imperioso reunir conhecimento teórico não apenas das guerras travadas por seu próprio Estado, como também daquelas travadas por outros, bem

5 · como de seus desfechos, uma vez que circunstâncias semelhantes costumam naturalmente produzir resultados semelhantes.

No que diz respeito à defesa nacional, ele deve conhecer tudo sobre os métodos defensivos empregados, bem como a extensão, a força, o caráter e a disponibilidade do poder defensivo e das guarnições das fortalezas, inclusive as posições destas, o que somente é possível através da familiarização pessoal com o território do

10 · Estado, de maneira que uma guarnição possa ser ampliada se for muito pequena, diminuída se excessivamente grande, ou mesmo removida se indesejável. Enfim, é necessário que os pontos estratégicos sejam conservados criteriosamente.

No que toca ao abastecimento alimentar, é necessário que conheça a cifra necessária para atender as necessidades dos habitantes do Estado, que tipos de alimentos são produzidos internamente e quais são importados; o que é possível exportar e aquilo cuja importação é indispensável. Isso terá que ser conhecido por

15 · ele para que tratados e acordos comerciais possam ser feitos com outros Estados. Há, na verdade, dois tipos de Estado em relação aos quais ele deve providenciar para que seus concidadãos não

---

21. Kassel acrescenta: *[...] ou não [...]*.

22. Spengel: *[...] uma vez que nisso reside um dos elementos responsáveis pela vitória ou derrota [...]*.

deem qualquer razão para queixa: os Estados mais poderosos do que o seu e os Estados com os quais é vantajoso manter relações comerciais em função do abastecimento alimentar.

Mas, se por um lado, para garantir a segurança do Estado, ele necessita ser capaz de levar tudo isso em consideração, por outro ele precisa, antes de tudo o mais, entender a legislação, pois é das 20 · leis de um Estado que depende todo o seu bem-estar. Por conseguinte, é imperioso que saiba quantas distintas formas de governo político existem, qual a natureza de cada uma, sob quais condições cada uma delas prospera e quais circunstâncias, inerentes a essas formas ou exteriores a elas, contribuem para a sua destruição. Ao referir-me à sua destruição devido a circunstâncias que lhes são inerentes, aludo ao fato de que todas as formas de governo, salvo a melhor de todas, são alteradas e levadas à ruína tanto por não 25 · serem suficientemente impulsionadas quanto por o serem excessivamente. Assim, por exemplo, a democracia perde seu vigor e finalmente se converte em oligarquia não somente quando não é suficientemente impulsionada como também quando é impulsionada ao extremo; o mesmo vale para o nariz aquilino ou chato – se suavizamos seus defeitos, os conduzimos ao justo meio, mas se o nariz é exageradamente aquilino ou chato, acaba por não possuir 30 · mais sequer a forma de um nariz.

Para legislar, é útil não só estudar a história passada do próprio Estado, a fim de discernir qual forma de governo é então desejável para ele, como também conhecer as formas de governo vigentes em outros Estados, e quais são as apropriadas a cada Estado. Daí constatarmos a utilidade que têm os relatos de viagens para o legislador, visto que é através deles que se pode conhecer as leis e 35 · convenções de diferentes povos. O orador do discurso deliberativo (discurso político) também encontrará utilidade nas pesquisas dos historiadores. Entretanto, todas essas questões são do âmbito da política, e não da retórica.

São esses então, os tipos principais de informações que deve pos-
1360b1 · suir o orador político (deliberativo). Indiquemos agora novamente

as premissas a partir das quais ele deverá argumentar em favor da adoção ou rejeição de medidas relativas a essas e a outras matérias.

5

PODE-SE DIZER QUE TODO indivíduo humano e todos os seres humanos em comum visam a um fim, o que determina o que esco-
5 · lhem e o que evitam. Esse fim – para expressá-lo sumariamente – é a felicidade e os elementos que a constituem. Estabeleçamos, portanto, meramente a título ilustrativo, qual é em geral a natureza da felicidade e quais elementos a compõe. Com efeito, todo aconselhamento a fazer ou a não fazer coisas tem a ver com a felicidade,
10 · com suas partes constituintes e com aquilo que para ela contribui ou que a ela se opõe; devemos fazer tudo o que gera ou amplia a felicidade ou alguma parte desta, ao passo que não devemos fazer tudo o que destrói, obsta a felicidade ou dá origem ao seu oposto.

Admitamos que a felicidade é um êxito combinado com a vir-
15 · tude, ou uma existência suprida de recursos suficientes, ou ainda uma vida repleta de prazeres acompanhada de segurança, ou ainda uma abundância de bens aliada a um bom estado do corpo, juntamente com a capacidade de conservá-los e deles fazer uso. Quase todos concordam ser a felicidade uma ou mais de uma dessas coisas.

Com base nessas definições da felicidade, suas partes constituintes serão necessariamente: bom berço, muitos amigos, amizade de pessoas de bem, riqueza, filhos bem constituídos, muitos
20 · filhos, uma velhice feliz – ao que se deve juntar qualidades físicas como a saúde, a beleza, o vigor, uma avantajada compleição, a capacidade atlética, juntamente com boa reputação, honra, boa sorte e virtude *ou ainda as partes desta, a saber, a prudência, a coragem, a justiça, o autocontrole.*[23] Alguém não deixaria de gozar

---

23. O texto em *itálico* é registrado por Spengel entre colchetes; e está ausente no texto de Kassel.

LIVRO I | 61

25 · de completa independência se possuísse esses bens internos e esses bens externos, já que não há outros a serem possuídos. Os bens da alma e do corpo são internos, ao passo que o bom berço, amigos, dinheiro e honra são externos. Ademais, digamos que, a nosso ver, sejam convenientes capacidades e sorte a fim de tornar a vida
30 · maximamente segura. Tentemos, agora, examinar o que é cada uma dessas coisas.

Ora, bom nascimento no que toca a um povo ou raça e a um Estado quer dizer que seus membros são autóctones ou antigos, ou seja, fixados no local há muito tempo; que os seus primeiros líderes eram pessoas ilustres, e que deles descenderam muitos que se destacaram por qualidades que são objeto de nossa admiração. A boa origem de um indivíduo pode provir ou do lado masculino
35 · ou do feminino; requer legitimidade de ambos os lados e, como no caso de um Estado, a notabilidade dos fundadores da linhagem em função da virtude, da riqueza ou de alguma outra coisa tida em grande estima, e que muitas pessoas eminentes pertencem à família, homens e mulheres, jovens e velhos.

1361a1 · Percebe-se de imediato o que entendo por filhos bem consti-tuídos e numerosos. Do ponto de vista do Estado, significa que seus jovens são numerosos e de boa compleição: de boa complei-ção relativamente às qualidades físicas, como o porte avantajado, a beleza, o vigor, a capacidade para participar dos jogos ginásticos. As excelências da alma para o homem jovem são o autocontrole e
5 · a coragem. Do ponto de vista de um indivíduo, diz-se que possui filhos bem constituídos e numerosos quando estes são em grande número tanto do sexo feminino quanto do masculino, e quando possuem as qualidades que indicamos. Para as mulheres, as quali-dades físicas são a beleza e o bom porte, enquanto as excelências da alma são o autocontrole e o amor ao trabalho, desde que não servil. Aos Estados, bem como aos indivíduos, não devem faltar quaisquer
10 · dessas qualidades, seja no que diz respeito aos seus homens, seja no que toca às suas mulheres. Todos os povos que, a exemplo dos lace-demônios, educam mal as mulheres são felizes apenas pela metade.

Os elementos da riqueza são uma profusão de dinheiro cunhado, de terras e a posse de domínios; também o são numerosas, grandes e belas propriedades rurais, bem como muitos belos implementos, rebanhos e escravos. É de notar que todos esses bens são próprios, seguros, dignos de um homem livre, e úteis.

Úteis são os bens produtivos; dignos de um homem livre os que são desfrutáveis. Por *produtivos*, entendo aqueles dos quais extraímos nossa renda; por *desfrutáveis*, aqueles dos quais não tiramos outro proveito senão o seu uso. Pode-se definir como *bens seguros* os que temos em nossas mãos e que possuímos de tal maneira que podemos utilizá-los segundo nossa vontade; os bens próprios são os que podemos alienar ou não segundo nossa vontade. Por alienação entendo a possibilidade de dar e de vender. Em geral, a riqueza consiste mais no uso das coisas do que na sua posse; é realmente o pôr em operação, ou seja, a utilização dos bens que constitui riqueza.

A boa reputação consiste em ser respeitado por todos ou ser detentor de alguma qualidade desejada por todos, pela maioria, pelas pessoas de bem, ou pelas de bom senso.

A honra revela uma boa reputação adquirida graças à benevolência. As honras são principalmente e, a justo título, prestadas aos que já fizeram o bem. Contudo, honra-se também à pessoa que tem potencial para fazê-lo no futuro. A benevolência diz respeito tanto à preservação alheia quanto à dos meios de vida, como por exemplo a riqueza, ou qualquer outro bem cuja aquisição é difícil, quer sempre, quer em um lugar ou ocasião determinados; com efeito, muitas pessoas conquistam honras mediante ações que, em si mesmas, parecem pouco significativas, mas que são valorizadas em função da ocasião e das circunstâncias. Os componentes da honra são: os sacrifícios, as homenagens em verso ou em prosa, os privilégios, as concessões de terras, os primeiros assentos nas comemorações cívicas, os sepultamentos com honras de Estado, as estátuas e as pensões alimentícias concedidas às expensas do Estado; entre os bárbaros, presta-se honra prosternando-se e cedendo o próprio lugar. Também há presentes, entre todos os po-

LIVRO I | 63

vos, que são tidos como marcas de honra. Com efeito, um presente não se limita a ser a doação de um artigo material que constitui propriedade, sendo também um testemunho de honra, o que explica porque tanto os amantes do dinheiro quanto os amantes da 1361b1 · honra desejam-no. O presente proporciona, a uns e outros, o que desejam: aos amantes do dinheiro, uma posse; aos aficionados da honra, um testemunho de honra.

A excelência do corpo é a saúde, ou seja, um estado que nos permite, enquanto livres das doenças, empregar nossos corpos; de fato, muitas pessoas são sadias do modo que, segundo nos dizem, o 5 · era Heródico. A essas ninguém quer cumprimentar por sua saúde, uma vez que precisam abster-se de tudo, ou quase tudo, que fazem os seres humanos.

A beleza altera-se segundo a idade. Para a pessoa jovem, a beleza consiste em ter um corpo apto a suportar os esforços, tanto os da corrida quanto aqueles das competições de força, e em oferecer ao próprio 10 · olhar uma visão agradável, de maneira que os mais belos são os atletas completos,[24] porque são naturalmente aptos tanto para competições de força quanto para provas de velocidade. Para um indivíduo na idade madura, a beleza consiste em possuir um corpo apto para as atividades da guerra, de boa aparência e que, ao mesmo tempo, pelo seu porte, inspire temor. Para o velho, a beleza consiste em ter um corpo suficientemente forte para dar conta dos trabalhos necessários e estar livre do sofrimento, escapando das enfermidades devastadoras da velhice.

15 · O vigor está na capacidade de mover, segundo a própria vontade, uma outra coisa; para fazê-lo, é necessário puxar, empurrar, erguer, segurar ou comprimir. Assim, é preciso ser vigoroso de todas essas maneiras, ou ao menos em algumas. A excelência no porte avantajado (compleição avantajada) consiste em superar as pessoas comuns na altura, largura e espessura, sem que isso cause a lentidão dos movi-20 · mentos. A excelência do corpo no tocante aos exercícios da ginástica consiste no porte avantajado, no vigor e na rapidez; com efeito, a pes-

---

24. Ou seja, os *pentatlos* (...πένταθλοι...).

64 | RETÓRICA

soa rápida é vigorosa, e aquela capaz de arrojar as pernas à frente de um certo modo, movê-las celeremente e a largas passadas, é eficiente na corrida; aquela capaz de comprimir e segurar é eficiente na luta; a
25 · capaz de rechaçar por meio de golpes do punho é eficiente no pugilato; a capaz nessas duas últimas modalidades é eficiente no pancrácio, enquanto a capaz de todas as modalidades, é um atleta completo.

A felicidade, para o velho, consiste na chegada lenta de uma velhice destituída de sofrimentos; se alguém envelhece rapidamente, a velhice não é feliz, e tampouco o é se envelhecer lentamente, mas acossado por sofrimentos. Essa condição [positiva] é o resultado
30 · tanto das boas qualidades físicas quanto da boa sorte. De fato, um indivíduo doente e fraco certamente padecerá de sofrimentos e angústias e não viverá muito, sendo a ele necessária também a boa sorte para uma vida longeva. Há, de fato, independentemente do vigor e da saúde, uma capacidade que permite a longevidade. Testemunha-se a presença de muitas pessoas que vivem muito embora lhes falte as qualidades físicas; entretanto, nesta oportunidade, em função de nosso propósito em pauta, não há utilidade em adentrarmos nos detalhes dessa questão.

35 · Quanto a ter muitos amigos e a amizade de pessoas de bem, é um ponto que dispensa explicações, uma vez que definimos um amigo como alguém que sempre procurará, no teu interesse, fazer o que considera ser bom para ti. Se muitas pessoas têm tal disposição em relação a ti, tens muitos amigos, e se essas pessoas são virtuosas, contas com a amizade de pessoas de bem.

Boa sorte é a aquisição ou posse de todas, ou da maior parte,
1362a1 · ou das mais importantes boas coisas que se devem à sorte. Algumas das coisas que se devem à sorte também podem ser obtidas por meio das artes, embora muitas sejam independentes das artes, como por exemplo as proporcionadas pela natureza – isso a despeito de ser possível certamente que coisas que se devem à sorte sejam realmente contrárias à natureza. Assim, a saúde pode ser devida à
5 · arte, ao passo que a beleza e o porte avantajado devem-se à natureza. Geralmente, todas as coisas boas que provêm da sorte atraem a in-

LIVRO I | 65

veja. A sorte também é a causa de coisas boas que ocorrem contra a expectativa de uma explicação racional, como quando, por exemplo, todos os teus irmãos são feios enquanto és atraente, ou quando encontras um tesouro que passou desapercebido por todos, ou quando um projétil atinge o indivíduo ao lado sem acertar em ti, ou quando foste
10 · a única pessoa a não ir a um certo lugar que frequentas regularmente, enquanto outras que o visitaram pela primeira vez, nele encontraram a morte. Todos esses eventos afiguram-se como efeitos da boa sorte.

Quanto à virtude, como está relacionada mais estreitamente à questão do louvor, deixaremos para defini-la quando tratarmos dessa questão.

15 · Percebe-se[25] com clareza ao que deve visar aquele que aconselha tanto sobre o futuro quanto sobre o presente, bem como aquele que desaconselha. Os objetivos deste último são os contrários dos objetivos do primeiro.

6

O PROPÓSITO DAQUELE QUE ACONSELHA um procedimento, ou seja, do orador do discurso deliberativo (político), é a utilidade; a
20 · deliberação não pretende determinar fins, mas os meios ligados aos fins; ademais, esses meios consistem nas coisas úteis no curso da ação. Afinal, a utilidade é uma boa coisa, o que nos leva à necessidade de nos inteirar a respeito dos elementos do bem e da utilidade em geral.

É possível definir o bem como o que deve ser escolhido por si mesmo, ou como aquilo em função do que escolhemos alguma coisa mais, ou como aquilo que é buscado por todos, ao menos por todos os seres dotados de sensação ou razão, ou aquilo que será buscado por quaisquer seres que venham a ser dotados de razão. Tudo o que
25 · a razão atribuísse a um dado indivíduo, e tudo o que a razão atribui

---

25. Diferentemente de Spengel, Kassel inicia o capítulo 6 precisamente aqui.

66 | RETÓRICA

a cada indivíduo relativamente a cada coisa constituem o bem para cada um; [pode-se também definir o bem] como aquilo cuja presença leva qualquer ser a uma condição satisfatória e independente; o bem é, ainda, o que produz essa independência, ou o que preserva ou acarreta tais características proveitosas, e ao mesmo tempo barra e destrói seus opostos.

30 · O bem é de duas maneiras efeito concomitante ou posterior. Por exemplo, o saber é posterior ao aprendizado, ao passo que a saúde e a vida são concomitantes. Coisas produzem coisas em três sentidos: *primeiro*, no sentido de como o fato de estar sadio produz saúde; *segundo*, no sentido de como o alimento produz saúde; e, *terceiro*, no sentido de como o exercício, em geral, resulta na saúde.

Uma vez estabelecido tudo isso, conclui-se necessariamente que
35 · tanto a aquisição das coisas boas quanto o afastamento das más são bons; esse afastamento nos livra das coisas más concomitantemente, enquanto aquela aquisição nos torna detentores das coisas boas posteriormente. A aquisição de um bem maior em lugar de um bem menor, ou de um mal menor em lugar de um maior, é igualmente
1362b1 · boa; na medida em que o maior supera o menor há aquisição de um bem e o afastamento de um mal. No que toca às virtudes, são necessariamente um bem, visto que seus possuidores encontram-se, graças a elas, em estados satisfatórios e são agentes de boas obras e
5 · de boas ações. No que tange a cada uma delas, seus nomes, natureza e descrição, é algo a ser abordado em outra parte. O prazer, por seu turno, também é necessariamente um bem, posto que todos os seres vivos buscam-no naturalmente. A conclusão é que tanto coisas prazerosas quanto coisas belas são necessariamente coisas boas, uma vez que as primeiras produzem prazer, enquanto no que se refere às coisas belas, algumas são prazerosas e algumas devem ser preferidas em si mesmas e por si mesmas.

10 · Se quisermos enumerá-los, são os seguintes os bens (coisas boas) necessários: a *felicidade*, por ser desejável em si mesma e autossuficiente, e porque é em vista da felicidade que escolhemos todas as outras coisas; a justiça, a coragem, o autocontrole, a magnanimidade,

a magnificência, e as demais disposições de idêntica natureza que são virtudes da alma; adicionalmente, a saúde, a beleza e demais bens

15 · similares, que são excelências do corpo e geradoras de muitas outras coisas proveitosas, do que é exemplo a saúde, a qual gera tanto prazer quanto vida, sendo por isso considerada o maior dos bens, já que essas duas coisas que gera, a saber, o prazer e a vida, são duas coisas da mais alta estima por parte *da maioria das pessoas*;[26] a riqueza, por outro lado, que constitui a excelência da posse e que gera muitos

20 · outros bens; amigos e amizade,[27] pois um amigo é um bem desejável por si mesmo e, inclusive, gerador de muitos outros bens; a honra e a boa reputação, que são bens prazerosos e geradores de muitos outros, e que geralmente estão acompanhados da presença de bens que provocam sua concessão; a faculdade do discurso e da ação, que juntamente com outras deste jaez, é geradora de muitos outros bens; e ainda o talento, a memória, a facilidade para adquirir conhecimento, a intuição rápida e similares, pois todas essas capacidades produzem

25 · o que é bom; do mesmo modo, todas as ciências e artes; e a vida, pois mesmo supondo que não fosse seguida de nenhum outro bem, seria desejável por si mesma; e a justiça, que é a causa do bem comum.

Esses são aproximadamente todos os bens reconhecidos como

30 · tais. Quanto aos bens questionáveis, pode-se argumentar da seguinte maneira: aquilo cujo contrário é um mal, é um bem; é bem aquilo cujo contrário é vantajoso para nossos inimigos, por exemplo, se é particularmente vantajoso para nossos inimigos sermos covardes, está claro que a coragem é particularmente valiosa para nossos cidadãos. Geralmente, se os inimigos desejam uma coisa, ou

35 · se essa coisa os enche de alegria, o contrário parece-nos decerto um bem. *Assim se declarou acertadamente:*[28]

Decerto se regozijaria Príamo...[29]

---

26. Ou: *[...] das pessoas ordinárias [...]*.

27. ...φίλος καὶ φιλία... (*phílos kai philía*).

28. Kassel: *[...] Daí a passagem que começa por [...]*.

29. Homero, *Ilíada*, Canto I, 255.

68 | RETÓRICA

Todavia, esse princípio, embora aplicável com mais frequência, nem sempre é válido, pois nada impede que às vezes o nosso interesse seja idêntico ao de nossos inimigos, e daí dizer-se que os males 1363a1 · aproximam os homens, a saber, quando o que os prejudica revela-se idêntico para uns e outros.

Ademais, o que não implica excesso é um bem, enquanto aquilo que excede a medida conveniente é um mal. Uma coisa cuja posse fez-nos enfrentar muitas dificuldades e que nos custou muito dinheiro é boa; isso, por si só, faz com que ela nos pareça um bem, e uma vez que a consideramos um fim – um fim atingido através de uma longa série de meios – encaramo-la como um bem, já que o fim é um bem. Daí as palavras que se seguem:

5 · *E deixaríeis a Príamo um canto de triunfo...*[30]

e

Desonroso após tão longa demora...[31]

E, relativamente a isso, há ainda o provérbio sobre quebrar o cântaro na soleira da porta da casa.

Acrescentemos que aquilo que a maioria das pessoas buscam e que constitui visivelmente um objeto de disputa é também um bem, pois, como foi mostrado, constitui um bem o que é buscado por todos, e a "a maioria das pessoas" parece muito bem corresponder a "todos". O 10 · que é louvado é bom, uma vez que ninguém louva o que não é bom. Inclusive o que é louvado por nossos inimigos e os indivíduos desprezíveis; é como se já houvesse unanimidade a respeito de uma coisa quando constatamos que mesmo pessoas que a sofreram louvam-na, pois isso evidencia que é capaz de produzir esse consenso.

De modo recíproco, pode-se julgar pessoas desprezíveis as que censuram seus amigos, e pessoas de bem as que louvam seus inimigos. As-15 · sim, os coríntios consideravam-se ofendidos pelos versos de Simônides:

Contra os coríntios não há censuras da parte de Ílion.

---

30. Homero, *Ilíada*, Canto II, 160.
31. Homero, *Ilíada*, Canto II, 298.

Também figura entre os bens aquilo que recebe a preferência de um homem ou mulher honrados, como Odisseu foi preferido por Atena, Helena por Teseu, Alexandre pelas deusas e Aquiles por
20 · Homero. E, em termos gerais, são boas todas as coisas que as pessoas escolhem espontaneamente, o que inclui as coisas já mencionadas e também tudo o que possa ser mau para seus inimigos e bom para seus amigos, e simultaneamente possível. As coisas possíveis são de dois tipos: as que podem acontecer e as que acontecem com facilidade. Ora, são fáceis todas as feitas sem esforço e rapidamente, a dificuldade sendo definida pela presença do esforço e a longa extensão de tempo que requer.
25 · Por outro lado, uma coisa é boa se corresponde aos nossos desejos. Ora, deseja-se não experimentar nenhum mal *ou experimentar um mal menor do que o bem que dele resulta*, o que é produzido se a punição for imperceptível ou leve. São também boas as coisas próprias de alguém e que não pertencem a ninguém mais, o que é excepcional, uma vez que a honra que disso decorre é maior. Assim são as coisas que se ajustam com os possuidores, tal como
30 · tudo o que é apropriado ao seu nascimento ou capacidade. E tudo o que sentem que deviam possuir, mas que lhes falta – coisas que podem realmente ser insignificantes, mas que, apesar disso, as pessoas fazem delas deliberadamente a meta de suas ações, já que isso não constitui razão para serem menos preferidas. O que é de fácil execução, pois é possível e praticável, sendo por isso mesmo fácil. Ora, são de fácil execução as coisas em que todos, ou a maioria das pessoas – nossos iguais ou pessoas que nos são inferiores –, obtiveram sucesso. Tambem são boas as coisas agradáveis aos nossos amigos, desagradáveis aos nossos inimigos; aquilo em que é prefe-
35 · rido e executado pelas pessoas que admiramos; aquilo para o que somos dotados e aquilo de que temos experiência, pois pensamos que teremos êxito mais facilmente com elas; aquilo em que nenhum indivíduo desprezível é capaz de ter êxito, uma vez que essas coisas acarretam um maior louvor; aquilo que desejamos naturalmente com paixão e que nos parece não só prazeroso como mesmo melhor.

1363b1 · Cada um comporta-se com total naturalidade onde o atrai a sua predisposição, por exemplo: os que gostam de vencer, diante da esperança de uma vitória; os que apreciam as honras se há honras a serem conquistadas; os amantes do dinheiro, diante da perspectiva de ganhar dinheiro; e assim por diante.

Portanto, são essas as fontes das quais devemos extrair nossos meios de persuasão com respeito ao bem e à utilidade.

7

5 · COMO, ENTRETANTO, ACONTECE com frequência de as pessoas concordarem que duas coisas são úteis, mas não concordarem quanto à que é mais útil, caberá tratarmos na sequência do bem relativo e da utilidade relativa.

É possível considerar uma coisa que supera uma outra como sendo esta outra coisa mais algo mais, e a coisa superada como estando contida na primeira coisa. Ora, o maior ou o mais nas coisas 10 · implica sempre a comparação com o menor ou o menos das coisas, ao passo que as coisas são grandes e pequenas, muito e pouco relativamente à grandeza normal. O grande é o que ultrapassa o normal, enquanto o pequeno é o que é ultrapassado pelo normal, o mesmo valendo para o muito e o pouco.

Portanto, uma vez *que* chamamos de *bem* o que em si e por si, e não em vista de uma outra coisa, é desejável ou preferível; o que desejam todos os seres e o que gozaria da preferência de todo ser 15 · que adquirisse razão e prudência; o que igualmente é de natureza a criar e preservar esse bem, ou o que está acompanhado de vantagens análogas; {*e uma vez que aquilo em vista de que agimos é o fim e este é aquilo a que todo o resto se relaciona*},[32] e uma vez *que* o bem para

---

32. O período em *itálico* e entre chaves é conservado por Spengel, mas excluído por Kassel.

LIVRO I | 71

um indivíduo é aquilo que apresenta esses caracteres relativamente ao indivíduo, concluiremos necessariamente que muitas coisas boas constituem um bem maior do que a unidade, ou do que determinadas coisas em menor número, desde que a unidade e as coisas
20 · em menor quantidade estejam contidas nas coisas mais numerosas, porquanto estas últimas possuem algo a mais. De fato, o que está contido em uma outra coisa é menor.

Por outro lado, se a maior coisa de um gênero supera a maior coisa de um outro gênero, então um gênero supera o outro; e se um gênero supera o outro, a maior coisa de um supera a maior coisa do outro. Deste modo, por exemplo, se o mais alto dos homens é
25 · mais alto do que a mais alta das mulheres, é porque geralmente os homens são mais altos do que as mulheres, e se os homens são em geral mais altos, será forçoso convir que o homem mais alto é mais alto do que a mulher mais alta. A proporção existente entre gêneros na qual um é superior encontra-se entre os mais altos representantes desses gêneros.

Um bem acompanhado de um outro é preferível a um bem que não é acompanhado. Ora, esse bem pode ser acompanhado seja concomitantemente, seja posteriormente, seja em potência, porque
30 · a utilidade do bem acompanhante está compreendida no primeiro bem. Um bem que acompanha outro pode ser concomitante, digamos a vida relativamente à saúde. Mas a saúde nem sempre acompanha a vida. Pode ser posterior, do que é exemplo o saber, que é posterior ao aprendizado. Finalmente, diz-se que uma coisa está em potência em uma outra, por exemplo diz-se que *furtar um objeto*[33] está contido em potência no ato de cometer um sacrilégio, visto que o indivíduo que é capaz de cometer um sacrilégio é capaz, até por maior razão, de *furtar algum objeto*.

Quando duas coisas superam uma terceira, a que supera mais é a maior, uma vez que necessariamente supera também a maior das
35 · duas outras. As coisas que produzem um bem maior são mais impor-

---

33. Kassel: *[...] enganar [...]*.

tantes, pois se trata, como já o dissemos, do que produziu a maior. O mesmo é válido para uma coisa cujo poder criativo é maior, pois se aquilo que é sadio é preferível ao prazeroso e constitui um bem maior, também a saúde é mais importante do que o prazer. Aquilo que é desejável em si é mais importante do aquilo que não o é; por exemplo, o vigor é preferível ao que contribui para a saúde, pois o que contribui para a saúde não é desejável por si mesmo, o que não ocorre com relação ao vigor. Ora, de acordo com nossa definição, o que é desejável em si é o bem. Por outro lado, se uma de duas coisas é um fim, ao passo que a outra não é, a primeira é o bem maior, visto ter sido escolhida por si mesma e não em vista de alguma coisa a mais – disso é exemplo o exercício, que constitui um bem maior do que o bem-estar físico, sendo praticado somente em vista de preservar este último. E entre duas coisas, a que apresenta menos necessidade de outras coisas é o bem maior, visto ser mais autossuficiente; o que apresenta menor necessidade de outras coisas é o que necessita coisas pouco numerosas e cuja obtenção é mais fácil. Ademais, quando uma coisa não existe ou não pode passar a existir sem o concurso de uma segunda, enquanto esta pode existir independentemente da primeira, a segunda constitui o melhor bem, já que aquilo que independe de alguma coisa mais é mais autossuficiente do que aquilo que depende, apresentando-se como um bem maior por essa razão. Ademais, aquilo que é um princípio constitui um bem maior do que aquilo que não o é, do mesmo modo que aquilo que é uma causa é um bem maior do que aquilo que não o é, isso por uma razão idêntica em ambos os casos, ou seja, sem causa e princípio nada pode existir ou vir a ser. Por outro lado, na presença de dois princípios, o que provém do mais importante dos dois é o preferível, ao passo que ocorre o mesmo no caso de duas causas, sendo preferível o que provém da causa mais importante. Inversamente, de dois princípios, aquele que produz os melhores efeitos é o mais importante, e, de duas causas, a que constitui causa da coisa mais importante é preferível.

De todo o exposto, evidencia-se que uma coisa pode revelar--se maior (mais importante) do que uma outra de dois prismas

LIVRO I | 73

opostos: porque é um princípio e a outra não é, e porque não é um princípio, enquanto a outra coisa é, desde que seja um fim, uma vez que o fim é o mais importante, e não o princípio. É assim que Leodamas, ao acusar Calístrato, declarou que quem movera
20 · a ação cometera uma falta mais grave do que quem a havia executado, pois não teria havido ação se não tivesse havido ninguém para movê-la. Pelo contrário, ao acusar Chabrias, declarou que o executor fora pior do que quem movera a ação, uma vez que não teria havido ação se não houvesse alguém para executá-la. Segundo ele, planeja-se uma coisa tão só para executá-la.

Acrescente-se que aquilo que é raro constitui um bem maior do que aquilo que é copioso. Assim, por exemplo, o ouro é algo melhor
25 · do que o ferro, ainda que seja menos útil. A obtenção do ouro é mais difícil e, portanto, esta obtenção tem mais valor. Contudo, de um ponto de vista distinto, o copioso é melhor do que o raro porque propicia um uso mais amplo. De fato, o que é frequentemente útil supera o que é raramente útil, e daí o provérbio:

A melhor das coisas é a água.

Geralmente o difícil é mais valioso do que o fácil devido a ser mais raro. Entretanto, de um outro ponto de vista, aquilo que é
30 · fácil vale mais do que aquilo que é difícil, uma vez que corresponde assim aos nossos desejos. É um bem maior aquilo cujo contrário e privação têm maior peso. A virtude é superior ao que não é virtude, ao passo que o vício supera o que não é vício, porquanto virtude e vício são fins, enquanto aquilo que não é nem virtude nem vício não é um fim. Ademais, se as funções das coisas são mais nobres ou mais vis, essas próprias coisas são superiores; e se os vícios e as virtudes são melhores, também suas funções são me-
35 · lhores; de fato, a natureza dos efeitos corresponde à de suas causas e princípios, e a natureza das causas e dos princípios corresponde à de seus efeitos. Também são maiores bens as coisas cujo excesso é preferível ou mais estimável. *{Assim, por exemplo, a visão aguda é preferível ao bom olfato, uma vez que a visão é mais importante do que o olfato; analogamente, é mais estimável amar os amigos do*

1364b1 · *que o dinheiro e, por conseguinte, o desejo de ter amigos tem mais valor do que o desejo do ouro}.*[34] Inversamente, as melhores coisas apresentam os melhores excessos, as coisas mais nobres, os excessos mais nobres. Também é mais valioso aquilo que estimula em nós os desejos mais nobres e melhores. Quanto mais importante é a

5 · coisa, mais vivos são os pendores por ela suscitados; em consequência disso e pelo mesmo motivo, quanto mais uma coisa é nobre e bela, mais o desejo por ela inspirado é bom e nobre. Quanto mais são as ciências nobres e dignas de estudo, mais são seus objetos nobres e dignos de atenção; de fato, tal como é a ciência, é a realidade que é seu objeto – cada uma das ciências detendo autori-

10 · dade em sua própria esfera. Quanto mais os objetos das ciências são dignos de estudo e nobres, mais constata-se a mesma relação entre as ciências por idênticas razões. Quando as pessoas de bom entendimento – todas, ou muitas delas, ou a sua maioria, ou as mais qualificadas – julgam ou julgaram boa ou mais importante uma coisa em relação a outra, é imperiosamente necessário que assim seja, quer absolutamente, quer na medida em que julgaram segundo seu bom entendimento. Trata-se, na verdade, de um princípio geral que se aplica também a todos os outros julgamentos. Não apenas a qualidade das coisas, como também sua essência,

15 · quantidade e natureza geral são, de fato, precisamente o que os sábios e as pessoas de bom entendimento poderão delas afirmar. Mas já nos referimos aos bens, definindo o bem como o que os seres que conquistam entendimento escolherão em qualquer caso determinado. Conclui-se disso evidentemente que é melhor coisa a que o entendimento determina como tal. Também é melhor

20 · coisa a que se vincula aos melhores homens, quer absolutamente, quer na medida em que são melhores. Em consonância com isso, a coragem é um bem mais importante do que o vigor. E constitui um bem mais importante aquilo que seria a escolha de uma melhor pessoa, seja absolutamente, seja em virtude de ser melhor;

---

34. Kassel considera o período em *itálico* e entre chaves como uma interpolação posterior feita pelo próprio Aristóteles.

LIVRO I | 75

por exemplo, mais vale sofrer injustiça do que cometê-la, pois é a escolha de uma pessoa mais justa. Aquilo que é mais prazeroso é melhor do que o que é menos. Todos os seres, de fato, buscam o prazer, e é em vista do próprio prazer que nossa inclinação conduz-

25 · -nos a ele. Ora, é em função desses termos que definimos o bem e o fim. É mais prazeroso também o que nos custa menos esforço e o que nos causa prazer durante mais tempo. Por outro lado, o que é mais nobre e mais belo é melhor do que o que é menos, uma vez que o nobre e belo é ou o prazeroso, ou o que é desejável por si mesmo. Também são bens maiores as coisas que as pessoas desejam mais se-

30 · riamente realizar para si mesmas ou para seus amigos, ao passo que são males maiores as coisas que desejamos menos realizar. Aquilo que é mais duradouro é melhor do que o que é menos; aquilo que é mais estável melhor do que aquilo que é menos; o gozo do duradouro apresenta a vantagem de ser mais prolongado, enquanto o do estável apresenta a vantagem de ajustar-se aos nossos desejos, visto que, quando o desejamos, podemos dispor de um bem estável mais tempo, estando disponível sempre que o quisermos. De outra parte, a relação que existe entre os derivados de termos conjugados

35 · e *casos* de idêntica raiz[35] é aplicável a todo o resto; por exemplo, uma vez que seja mais nobre e desejável agir *bravamente* do que *moderadamente*, a bravura é mais desejável do que a moderação e ser bravo mais desejável do que ser moderado. O que é escolhido por todos constitui um maior bem do que o não escolhido por todos, e o que é escolhido pela maioria constitui um melhor bem

1365a1 · do que o eleito pela minoria. De fato, como o dissemos, o bem é o que todos buscam, e quanto mais buscada é uma coisa, melhor ela é. O mesmo é válido no que toca ao que desejam rivais ou inimigos na justiça, ou os juízes ou os julgados; no tocante aos dois primeiros casos, a decisão é, virtualmente, a de todos, ao passo que, com referência aos dois últimos, a decisão é a das autoridades

---

35. A alusão aqui é às desinências dos casos da declinação, tendo-se em vista aqui mais propriamente a língua grega, que é declinada, e não o português, que não é.

76 | RETÓRICA

5 . e dos peritos. Às vezes, algo de que todos participam é a melhor coisa, visto constituir uma desonra não participar dela; às vezes, ao contrário, o que não conta com a participação de ninguém ou conta com a de poucos, é melhor, uma vez que é mais raro. O mesmo vale para as coisas mais dignas de serem louvadas, porquanto são mais nobres. E o mesmo aplica-se no que tange ao que nos traz mais honras, uma vez que a honra é, por assim dizer, um padrão de valor para as coisas. A mesma regra vale para aquilo cuja punição envolve mais severidade. Quando as coisas são mais grandiosas do que aquelas cuja grandeza é admitida em geral, ou que se acredita serem grandiosas, são melhores. De outra parte, 10 · o que é dividido em partes parece, por isso mesmo, melhor, uma vez que essa superioridade parece abranger mais coisas. Assim, diz-nos o poeta[36] que Meleagro foi despertado para a batalha pela representação em sua mente das...

...Dores das pessoas se a cidade fosse tomada por seus inimigos,
    Da morte torpe e cruel que as acometeria enquanto as casas queimassem,
15 ·   E das crianças arrastadas para o cativeiro...

Idêntico efeito é produzido pela acumulação culminante de fatos à maneira de Epicarmo; o efeito produzido é o mesmo da divisão (uma vez que também a acumulação causa a impressão de grande superioridade), além de que, nesse meio empregado, a coisa original parece ser o princípio e a causa de grandes resultados. Admitindo que um bem é tanto mais importante quanto sua posse é mais difícil e menos frequente, as ocasiões, as idades, os lugares, os tempos e as 20 · capacidades naturais de cada um engrandecem as coisas. Quando alguém realiza alguma coisa superando a sua capacidade natural, ou a sua idade ou o padrão de pessoas semelhantes a ele, ou se a realiza de um modo especial, ou em um lugar ou tempo especiais, sua ação reveste-se de um elevado grau de nobreza, excelência e justiça, ou de

---

36. Homero. A citação a seguir é da *Ilíada*, Canto IX, 592-594.

LIVRO I | 77

seus opostos, se estivermos diante do caso contrário. Daí o epigrama
25 · dirigido ao vencedor em Olímpia:

No passado, suportando sobre meus ombros uma canga de madeira tosca,

Eu carregava minhas cargas de peixe de Argos até Tegeia.

Da mesma maneira, Ifícrates exaltava a si mesmo indicando a baixa condição a partir da qual ascendera até sua atual situação. As qualidades naturais são melhores do que as adquiridas, visto que nelas o que se destaca exige a superação de mais dificuldades. E daí as palavras do poeta:[37]

30 · *Não tive outro mestre senão eu mesmo...*

E o mais importante de algo importante é particularmente bom, como quando Péricles, em sua oração fúnebre, declarou que a perda de seus jovens em batalha sofrida pelo Estado era como se a primavera fosse subtraída do ano. O mesmo também diz-se das coisas que são úteis quando a necessidade é grande, por exemplo, na velhice e na doença; e entre duas coisas, a que conduz mais diretamente ao fim a que se visa é a melhor, como é melhor a coisa
35 · útil ao indivíduo do que aquela útil em geral. Por outro lado, o que é possível ser obtido é melhor do que o impossível de ser obtido, porque o primeiro depende de nós, ao passo que o segundo, não. E o que constitui um fim da existência melhor do que o que não o constitui, uma vez que os fins estão mais próximos do fim superior.
1365b1 · rior. Aquilo que visa à verdade é melhor do que aquilo que visa à opinião. Ora, pode-se definir da seguinte maneira aquilo que visa à opinião: o que alguém não optaria por fazer se o agente da ação devesse permanecer desconhecido. Isso pareceria indicar que receber benefícios é mais desejável do que proporcioná-los, visto que seria preferível recebê-los, mesmo que ninguém esteja ciente disso, embora não pareça preferível proporcionar os benefícios, se estes
5 · tiverem que permanecer desconhecidos. O que alguém quer ser é melhor do que o que alguém quer parecer, pois o primeiro, que

---

37. Homero. A citação parcial é da *Odisseia*, Canto XXII, 347.

visa ao ser, visa mais à verdade. Isso justifica a expressão corrente de que a justiça tem pouco valor na medida em que é mais desejável parecer justo do que ser justo. Entretanto, isso não vale para a saúde. É melhor também o que é mais útil em vários aspectos, por exemplo o que promove a vida, a vida feliz, o prazer e a conduta

10 · correta. Por essa razão, a riqueza e a saúde afiguram-se como os maiores bens na medida em que encerram todas essas vantagens. O mesmo vale para tudo que causa menos dor e é acompanhado de prazer, pois mais do que um bem é melhor do que um único bem, e o prazer e a ausência de dor são igualmente bens. De outra parte, de duas boas coisas é melhor aquela cuja adição a uma terceira coisa produz um melhor todo. Ademais, os bens cuja presença não escapa aos olhares são melhores do que os que não são perce-

15 · bidos, porque os primeiros aproximam-se mais da verdadeira realidade. Assim, mais vale ser rico do que simplesmente parecer sê-lo. O que é objeto de grande estima, seja único ou múltiplo, é melhor do que o que não o é. Em consonância com isso, cegar um homem que já é cego de um olho produz pior dano do que cegar alguém que tem seus dois olhos, pois do zarolho foi subtraído aquilo que lhe era mais caro.

20 · Indicamos, de modo mais ou menos completo, os fundamentos nos quais temos que basear nossos meios de persuasão quando discursamos a favor ou contra uma proposição.

8

O MELHOR E MAIS EFICIENTE MEIO para obtermos êxito na persuasão dos ouvintes e discursarmos bem sobre assuntos públicos é conhecer todas as formas de governo e saber distinguir seus respectivos costumes, instituições e interesses. De fato, todas as

25 · pessoas acabam deixando-se persuadir por considerações de seu

LIVRO I | 79

interesse, e seu interesse reside na manutenção da ordem estabelecida do Estado. Por outro lado, cabe ao poder soberano tomar decisões oficiais, o que varia segundo cada forma de governo; há tantos distintos poderes soberanos, quanto distintas formas de governo. As formas de governo são quatro: democracia, oligarquia,

30 · aristocracia e monarquia. *Deste modo, o poder soberano deliberativo e o judiciário em última instância compõem-se sempre de uma parte ou da totalidade dos cidadãos.*[38]

A democracia é a forma de governo em que os cidadãos distribuem os cargos do Estado entre si por meio de sorteio, enquanto na oligarquia os magistrados são nomeados segundo o censo, isto é, são qualificados em função de sua propriedade; na aristocracia a

35 · qualificação para os cargos públicos é a educação, entendendo eu por educação a que é estabelecida pelas leis, já que nesta forma de governo são os fiéis à legalidade que administram. Deve-se reconhecê-los necessariamente como os melhores, do que deriva o nome dessa forma de governo.[39] A monarquia, como indica o nome,[40] é a forma

1366a1 · de governo onde um único indivíduo governa a todos. Há duas formas de monarquia: a *realeza*, na qual o poder do monarca está submetido a regras prescritas, e a *tirania*, na qual inexistem regras para limitar o poder do monarca, sendo tal poder ilimitado.

Cabe-nos também observar os fins visados pelas várias formas de governo, uma vez que as pessoas escolhem as ações que contribuem para a realização de seus fins. O fim da democracia é

5 · a liberdade; o da oligarquia, a riqueza; o da aristocracia, a preservação da educação e das instituições legais; o da tirania, a proteção do tirano.[41] Percebe-se nitidamente que é necessário distinguir o que tem a ver com o fim de cada forma de governo, ou seja,

---

38. Kassel: *[...] Deste modo, o direito soberano de julgar e deliberar sempre está ou com uma parte, ou com o todo de um ou outro desses poderes de governo [...]*.

39. ἀριστοκρατία (*aristokratía*), significa literalmente *governo dos melhores*.

40. μοναρχία (*monarkhía*), literalmente *governo de um*.

41. Note-se que Aristóteles não indica o fim da realeza.

costumes e instituições legais, pois escolhas são feitas em função de interesses. Como a persuasão na retórica é construída não só a partir do aspecto demonstrativo do discurso, como também de seu aspecto moral, uma vez que depositamos confiança no orador na medida em que ele é detentor deste ou daquele caráter – digamos se nos parece ser honesto, ou benevolente, ou ter simultaneamente ambas as qualidades –, isso nos obrigará a ter, nós mesmos, os costumes de cada uma dessas formas de governo. Com efeito, o caráter peculiar de cada uma das formas de governo nos proporciona necessariamente os meios de persuasão mais eficientes para nos ocupar dela. Aprenderemos as qualidades dos governos do mesmo modo que aprendemos as qualidades dos indivíduos, visto que são reveladas em seus atos de escolha, e estes são determinados pelo fim que os inspira.

Com isso indicamos, na medida que convém ao tema que ora nos ocupa, quais metas presentes ou futuras devem ser visadas quando nos dispomos a agir, de quais lugares é preciso extrair os argumentos relativos ao útil e, no que toca aos costumes e instituições das diversas formas de governo, de onde tiraremos uma profusão de argumentos e como faremos isso. Uma exposição detalhada e precisa desses assuntos foi feita na *Política**.

9

DEPOIS DO QUE FOI EXPOSTO, é necessário examinarmos agora a virtude e o vício, o nobre e o vil, uma vez serem estes os objetos do louvor e da censura. Ao abordar essas questões, estaremos descobrindo ao mesmo tempo como fazer nossos ouvintes formarem a visão necessária de nossos caracteres, estando aqui – como dissemos – nosso segundo método de criar persuasão. Os meios

---

*. Obra publicada pela Edipro em 2019. (N.E.)

LIVRO I | 81

que tornam as outras pessoas dignas de sua confiança, do ponto de vista da virtude, são os mesmos que podem granjear a sua confiança em nós. Por outro lado, o louvor pode ser sério ou frívolo e nem sempre é louvor de um ser humano ou divino, mas com frequência 30 · de coisas inanimadas, ou do mais modesto dos animais inferiores. Aqui igualmente é necessário sabermos sobre quais fundamentos devemos argumentar, o que nos leva, por sua vez, à necessidade de discutir o assunto, ainda que apenas à guisa de exemplos.

O nobre é o que é tanto desejável por si mesmo quanto digno de louvor, ou o que, sendo bom, é prazeroso pelo simples fato de 35 · ser bom. Se isso é o nobre, segue-se que a virtude é necessariamente nobre, uma vez ser ela tanto algo bom quanto algo louvável. A virtude é, segundo a opinião geral, a faculdade responsável pela aquisição e preservação das coisas boas, ou ainda a faculdade responsável pela concessão de muitos benefícios de grande importân-1366b1 · cia, benefícios de todos os tipos em todas as ocasiões. As partes da virtude são: a justiça, a coragem, a moderação, a magnificência, a magnanimidade (grandeza de alma), a generosidade, a brandura, a prudência e a sabedoria. Uma vez que a virtude é a faculdade que capacita a beneficência, as partes mais elevadas dela são as que 5 · se revelam mais úteis aos outros, razão pela qual as pessoas honram mais particularmente aos justos e aos corajosos, posto que a coragem é útil aos outros na guerra, enquanto a justiça o é tanto na guerra quanto na paz. Segue-se a generosidade: os generosos pouco se importam com a riqueza, dispensando-a ao invés de lutarem por ela, enquanto outras pessoas são ávidas, atribuindo maior importância ao dinheiro do que a qualquer outra coisa. A justiça 10 · é a virtude através da qual todos possuem o que lhes pertence de acordo com a lei; seu oposto é a injustiça, através da qual as pessoas possuem o que pertence a outros, contrariamente à lei. A coragem é a virtude que habilita os homens a realizar nobres ações em situações de perigo, de acordo com a lei e a serviço dela, a covardia sendo o seu oposto. A moderação é a virtude que nos 15 · predispõe a acatar a lei no que diz respeito aos prazeres do corpo,

82 | RETÓRICA

sendo o seu oposto o desregramento. A generosidade nos predispõe a despender nosso dinheiro para o bem dos outros; a avareza é o contrário. A grandeza de alma é a virtude que nos torna aptos a prestar benefícios aos outros em larga escala {, *sendo a pequenez de alma o seu contrário*}.[42] A magnificência é a virtude que habilita a realização de coisas grandiosas que envolvem o gasto do dinheiro, 20 · seus contrários sendo respectivamente a pequenez e a mesquinhez. A prudência é a virtude do entendimento que torna as pessoas capazes de decidir no tocante aos bens e aos males que indicamos como tendo relação com a felicidade.

Essa exposição a respeito da virtude e do vício em geral, e de suas várias partes, basta para o nosso presente propósito. No que tange a outros aspectos do assunto, não é difícil ter discernimento 25 · dos fatos; é evidente que tudo aquilo que produz virtude é nobre, na medida em que tende para a virtude; do mesmo modo, tudo aquilo que é efeito da virtude, ou seja, os sinais de sua presença e as obras às quais ela conduz. E uma vez que os sinais e o que se lhes assemelha, enquanto obras ou características morais da 30 · virtude, são nobres, é imperioso concluir que todos os feitos de coragem, ou todos os sinais de coragem, ou ainda todos os executados corajosamente são nobres e, analogamente, o que é justo e realizado justamente. Entretanto, não é bem assim do ponto de vista do paciente, ou seja, do que nos é feito; a justiça é, inclusive, a única virtude que comporta essa particularidade, qual seja, o que 35 · é justamente executado nem sempre é nobre, visto que, quando somos punidos, uma punição justa é mais vergonhosa do que uma punição injusta. O mesmo aplica-se às outras virtudes. As ações cuja recompensa é a honra são nobres, o mesmo ocorrendo com todas as que proporcionam mais honra do que dinheiro; da mesma maneira, as ações que não são realizadas em vista do próprio interesse encontram-se entre as que são preferíveis. Esse princípio

---

42. O período em *itálico* e entre chaves é conservado por Spengel, mas excluído por Kassel.

LIVRO I | 83

vale para tudo o que é bom em geral, por exemplo tudo o que se faz pela pátria abrindo mão do próprio interesse, tudo o que, por sua própria natureza, é bom à condição de não contemplar o indivíduo, uma vez que interesses [estritamente] individuais são 1367a1 · egoístas. Idêntico princípio é aplicável a tudo o que se pode obter após a morte, de preferência ao obtenível durante a existência, já que o que diz respeito à pessoa viva tem provavelmente uma marca de interesse pessoal. Adicionalmente, todas as ações realizadas em prol dos outros, visto que estas, mais do que quaisquer outras, são as que mais se distanciam do interesse pessoal; e todos os sucessos que favorecem aos outros e não a nós mesmos; aquilo que faze-
5 · mos aos nossos benfeitores por força da justiça disso; e os serviços prestados em geral, pois o proveito que deles se extrai não se dirige ao seu agente. De outra parte, é nobre aquilo que se opõe ao que nos faz corar, pois de fato nos envergonhamos por dizer, fazer ou pretender fazer coisas vergonhosas. Tem-se disso um exemplo nos versos de Safo dirigidos a Alceu, quando este dizia:
10 · *Desejaria dizer-te algo que tão só a vergonha impede-me...*
E Safo responde:
Se o que anseias fosse bom e nobre,
Se tua língua não se irritasse prestes a dizer baixezas,
Nenhuma vergonha pesaria sobre tuas pálpebras
E não seria para ti difícil expressar um honrado desejo.
15 · O que exige experimentar a ansiedade, e não o medo, também é nobre, pois sentimo-nos assim a respeito das boas coisas que nos conduzem à glória. Ademais, virtudes e obras daqueles que são naturalmente melhores são mais nobres, de modo que as de um homem são mais nobres do que as de uma mulher, bem como aquelas de que os outros colhem mais resultados do que nós, que somos seus detentores, daí a nobreza da justiça e das ações justas.
20 · É nobre vingar-se dos próprios inimigos e com estes não se reconciliar, uma vez que o revide é justo e este é nobre; e não render-se é corajoso; a vitória e a honra estão, também, entre as coisas nobres,

84 | RETÓRICA

uma vez que são desejáveis mesmo que não sejam de modo algum vantajosas, embora mostrem a superioridade de nosso mérito. É nobre igualmente o que é memorável, e quanto mais são as coisas 25 · memoráveis, mais nobres são. Também o são as coisas que perduram mesmo após a morte; {as que são sempre acompanhadas pela honra};[43] as coisas que são extraordinárias; o que pertence a uma única pessoa é mais nobre, sendo mais prontamente memorável. Também são mais nobres as posses que não trazem nenhum lucro, pois são mais dignas de um homem livre. São nobres igualmente os usos particulares de cada povo e tudo o que simboliza as práticas por ele honradas, como por exemplo os longos cabelos na Lacede- 30 · mônia, onde isso é a marca de um homem livre, visto que não é fácil para um homem de cabelos longos dedicar-se a qualquer trabalho servil. É nobre não praticar nenhum ofício servil, pois a vida de um homem livre não deve ser devotada ao serviço de outrem.

Cabe, também, afirmar, quando pretendemos louvar ou censurar uma pessoa, que qualidades estreitamente ligadas às possuídas por ela são idênticas, por exemplo: diremos que o indivíduo 35 · cauteloso é frio e insidioso; do tolo, que é honesto; do indiferente a tudo, que tem bom temperamento. Podemos sempre idealizar um dado indivíduo exibindo as virtudes que guardam alguma semelhança com suas qualidades reais, dizendo, por exemplo, que o 1367b1 · homem passional e colérico é franco, ou que o arrogante é elegante ou majestoso. Do mesmo modo, mostraremos os que incorrem no excesso como detentores da própria virtude, com o que a temeridade passará por coragem e a prodigalidade por generosidade. E assim passará para a maioria das pessoas. E, ao mesmo tempo, esse método habilita um defensor a tirar uma conclusão enganosa da própria causa, ao argumentar que, se um homem afronta o perigo 5 · desnecessariamente, se comportará muito mais desse modo diante de uma causa nobre, e se alguém é pródigo com todos, também

---

43. O período em *itálico* e entre chaves é conservado por Spengel, mas excluído por Kassel.

LIVRO I | 85

assim agirá com seus amigos, já que constitui a mais extrema forma de virtude ser bondoso com todos.

É necessário igualmente considerar a natureza de nossos ouvintes ao realizar um discurso de louvor, pois, como Sócrates costumava dizer, não é difícil louvar os atenienses para um auditório ateniense.[44] Se a audiência tem em estima uma determinada qualidade, devemos dizer que aquele que é o objeto de nosso louvor possui tal qualidade, não importa se nos dirigimos a cítios, lacede-
10 · mônios ou a filósofos. De fato, devemos representar como nobre tudo o que se tem em estima; afinal, as pessoas têm como bastante próximos o que é estimável e o que é nobre.

Todas as ações que são apropriadas ao seu agente são nobres, por exemplo: se as ações de um homem são dignas de seus ancestrais ou de sua conduta passada, pois nisso reside um indício de felicidade e é nobre somar novas honras às já possuídas. Mesmo
15 · ações não apropriadas são nobres se forem melhores e mais nobres do que o seriam as apropriadas; por exemplo, se alguém que foi simplesmente moderado na prosperidade torna-se magnânimo na adversidade, ou se ele se torna melhor e mais afável quanto maior é sua ascensão. Daí as palavras de Ifícrates:

Vede meu ponto de partida e que ponto de chegada...

E estas do vencedor nos Jogos Olímpicos:

Outrora suportava sobre meus ombros uma canga de madeira tosca...

E estas, de Simônides:

20 · *Esposa cujo pai, marido e irmãos eram todos tiranos.*

Ora, uma vez que louvamos alguém pelo que efetivamente fez, e boas ações distinguem-se das demais por serem objeto de escolha, é preciso tentar demonstrar que seus atos estão baseados em
25 · escolha. Facilitará as coisas demonstrarmos que, em outros casos, ele agiu frequentemente do mesmo modo. Consequentemente será necessário incluir, por assim dizer, na escolha deliberada, os fatos

---

44. Ver Platão, *Menexeno*, 235d [Obra publicada pela Edipro em *Diálogos VI*, 2016. (N.E.)].

86 | RETÓRICA

devidos ao acaso e os que provêm da sorte. De fato, se fizermos ver uma profusão de bons atos semelhantes, estes parecerão sinal da virtude e de escolha deliberada.

O louvor é um discurso que exibe a grandeza da virtude. Por conseguinte, é necessário mostrar que os atos são bons produtos da virtude. *{O encômio refere-se aos feitos reais}.*[45] As circunstâncias que são agregadas contribuem para a persuasão – por exemplo, o bom nascimento e a educação, pois é provável que bons pais tenham
30 · bons filhos e que a boa educação produza o bom caráter. *{Eis a razão porque os encômios também exaltam os autores das ações}.*[46] Contudo, os feitos reais constituem evidência do caráter do autor, ou seja, mesmo que uma pessoa não haja realmente feito uma determinada coisa boa, concederemos louvor a ela se estivermos certos de que se trata do tipo de pessoa que o realizaria. *{Chamar qualquer um de bem-aventurado é idêntico a chamá-lo de feliz; mas bem-aventurança e felicidade não são o mesmo que conferir louvor e*
35 · *encômio a alguém; estes dois últimos constituem uma parte de classificar como feliz, tal como a virtude constitui uma parte da felicidade}.*[47]

Em um certo aspecto, louvar alguém corresponde a induzir a um procedimento. O que colocamos em um discurso quando damos
1368a1 · conselhos torna-se conteúdo de um encômio se expresso de maneira diferente. Uma vez que conhecemos os atos que devem ser realizados e o caráter que deve ser exibido, temos que mudar a forma do que se exprime mediante conselhos e a ajustar ao gênero demonstrativo. Assim, a afirmação "Não se deve ter orgulho dos bens concedidos
5 · pela sorte, mas dos que são devidos a si mesmo", se formulada desta forma, constitui um conselho. Para torná-la um louvor temos que

---

45. A frase em *itálico* e entre chaves é conservada por Spengel, mas excluída por Kassel.

46. O período em *itálico* e entre chaves é conservado por Spengel, mas excluído por Kassel.

47. Além das exclusões, Kassel, diferentemente de Spengel, considera interpolações todo este parágrafo e o seguinte, ainda que feitas pelo próprio Aristóteles.

LIVRO I | 87

formulá-la do seguinte modo: "Ele se orgulha não dos bens concedidos pela sorte, mas daqueles que deve a si mesmo.". A conclusão é que toda vez que quiseres louvar alguém, deves pensar no que induzirias as pessoas a fazer, enquanto quando quiseres induzi-lo a alguma ação, deves pensar no que louvarias em alguém por ter feito algo. Uma vez que conselhos podem proibir ou não proibir uma ação, o 10 · louvor no qual os transformamos deve conter uma ou outra de duas formas contrárias de expressão, de acordo com o caso.

Por outro lado, dispõe-se de muitos meios úteis para ampliar o efeito do louvor. Devemos, por exemplo, salientar que indivíduo é o único, ou o primeiro, ou quase o único que realizou um certo ato, ou que o realizou melhor do que qualquer outra pessoa. Todas estas distinções são nobres. Acrescentaremos aquilo que podemos extrair do tempo e da ocasião da ação, que são independentes e podem ser usados quando a ação não for apropriada. Diremos também que aquele que é o objeto de nosso louvor frequentemente encaminhou com êxito a mesma empresa, o que parecerá mais im-15 · portante e devido não à sorte, mas a ele mesmo. Não deixaremos de mencionar os encorajamentos e as marcas distintivas de honra encontradas e instituídas para ele, {como, por exemplo, o primeiro louvor foi feito para Hipóloco},[48] ou estátuas erigidas na ágora, como para Harmódio e Aristógiton. Agiremos de uma maneira análoga no caso dos contrários.

Por outro lado, se não encontrarmos muito o que dizer do pró-20 · prio indivíduo que louvamos, será necessário compará-lo a outros, que era o que fazia Isócrates, o qual não estava habituado[49] com a eloquência judiciária. A comparação deve ser com pessoas de renome, o que fortalece o caso, já que é algo nobre superar pessoas que, elas próprias, já apresentam grandeza. O método de ampliar o efeito ingressa logicamente no louvor uma vez que se apoia na superioridade, 25 · que se encontra entre as coisas nobres. Outrossim, se não se pode

---

48. Indicado por Kassel como interpolação do próprio Aristóteles.

49. O texto de Spengel apresenta esta negativa; no de Kassel a frase é afirmativa.

88 | RETÓRICA

comparar alguém com pessoas famosas, ao menos é preciso compará-
-lo a outras pessoas, visto que a superioridade parece revelar a virtude.

Em geral, entre as formas comuns a todos os discursos, a am-
pliação do efeito é a que se presta melhor aos discursos demonstrativos, já que o orador nestes toma os fatos como admitidos,
bastando-lhe juntar somente a grandeza e a beleza. Exemplos são
30 · mais adequados ao gênero deliberativo; de fato, é fazendo conjeturas sobre eventos passados que nos pronunciamos sobre o futuro.
Os entimemas são mais adequados aos discursos forenses; o que é
passado, estando mal esclarecido, requer especialmente a busca da
causa e da demonstração.

É essa a fonte para a construção de quase todos os louvores e
35 · censuras. Vimos para o que devem atentar aqueles que proferem
discursos de louvor ou de censura, e quais são os materiais de que são
feitos louvores e censuras. Uma vez de posse dessas noções, percebe-
-se claramente seus contrários, dos quais é extraída a censura.

10

1368b1 · NOSSO PRÓXIMO PASSO é tratar da acusação e da defesa, além de
enumerar e descrever as premissas formadoras dos silogismos nelas
utilizados. Três pontos têm que ser distinguidos: primeiro, a natureza e o número das motivações que levam a cometer a injustiça;
5 · segundo, as predisposições dos que a cometem; e terceiro, o tipo e
disposição das vítimas da injustiça.

Essas questões serão tratadas na devida ordem. Após fazer a
distinção acima, definamos o ato de cometer injustiça. É possível
descrevê-lo como causar dano voluntariamente a alguém, isso em
violação da lei. Ora, a lei é ou particular ou geral. Por lei particular
entendo a lei escrita que regula a vida de um Estado particular;
por lei geral, entendo todos os princípios não escritos que pare-

LIVRO I | 89

cem ser reconhecidos por todos os povos. Por outro lado, faz-se
10 · voluntariamente as coisas quando as fazemos com conhecimento e
sem constrangimento. Nem todos os atos que realizamos voluntia-
riamente são o resultado de uma escolha, mas todos os atos frutos
de escolha são realizados com conhecimento de causa. Os motivos
que levam os indivíduos – após terem feito ponderadamente uma
escolha – a causar dano aos outros e a agir maldosamente em relação a outrem violando as leis são o vício e o descontrole. De fato,
15 · as injustiças que alguém comete contra outra pessoa correspondem
ao vício ou vícios que ele próprio possui. Por exemplo, o avarento
cometerá injustiça contra as outras pessoas em termos de dinheiro;
o desregrado, em termos de prazer físico; o indolente, no que toca
aos gozos fáceis; e o covarde, no que diz respeito aos perigos; *{pois*
os covardes, amedrontados, abandonam os companheiros envolvidos
20 · *no mesmo perigo}*;[50] o ambicioso comete injustiça pelo apreço às
honras; o destemperado, por conta da ira; o aficionado da vitória,
pelo triunfo; o rancoroso, pela vingança; o estúpido, porque con-
fundiu as noções do justo e do injusto; o impudente, porque não
se importa com sua reputação. O mesmo aplica-se ao resto, cada
um sendo injusto em correspondência com o objeto de seu vício.
25 · Mas este assunto torna-se claro seja pelo que já abordamos das virtudes, seja pelo que será abordado mais tarde a respeito das emoções. Resta-nos agora examinar os motivos e predisposições dos
que cometem a injustiça e aqueles contra quem a cometem.

Comecemos por distinguir o que procuramos obter ou evitar
30 · quando nos dispomos a cometer a injustiça. De fato, é óbvio que o
acusador deve examinar meticulosamente, na parte adversária, os
motivos que possam se fazer presentes entre os que impelem todos a
prejudicar o próximo. O defensor, pelo contrário, terá a incumbên-
cia de determinar o número e quais são os motivos que não podem
influenciá-lo. Todas as ações de um ser humano são produzidas ou
por causas exteriores a ele ou por causas que lhe são próprias. Das

---

50. { } Excluído por Kassel.

90 | RETÓRICA

que se originam de causas exteriores, algumas são devidas ao acaso, outras, à necessidade; quanto a estas últimas, algumas são devidas à coação, outras à natureza. Por conseguinte, todas as ações humanas que não se devem ao próprio homem, mas a causas exteriores, dependem algumas do acaso, outras da natureza e outras, enfim, da coação. Por outro lado, todas as ações que se devem ao próprio indivíduo humano, e são por ele produzidas devem-se, por sua vez, em parte ao hábito, em parte às inclinações, neste último caso inclinações racionais ou irracionais. A vontade é uma inclinação para um bem, já que ninguém quer senão o que considera ser um bem; as inclinações irracionais são a cólera e o apetite.

Assim, todas as ações humanas remontam necessariamente às seguintes sete causas: acaso, natureza, coação, hábito, reflexão, cólera e apetite. De momento, é supérfluo distinguir também do ponto de vista da idade, disposição ou outros aspectos semelhantes; de fato, se acontece dos jovens terem temperamento colérico ou serem ávidos de prazeres, seu comportamento não se deve ao fato de serem jovens, mas à própria cólera e ao apetite. Tampouco a riqueza ou a pobreza desencadeiam as ações; é, de fato, verdadeiro que a pobreza leva os pobres a experimentarem o apetite pelo dinheiro, e que os ricos, capazes de ter prazeres desnecessários, experimentam o apetite por estes prazeres. Mas nesse caso, mais uma vez, suas ações não se deverão à riqueza ou à pobreza, mas ao apetite. Do mesmo modo, justos e injustos e os outros que, diz-se, agem de acordo com suas disposições agirão devido às causas por nós indicadas, quer dizer, segundo um cálculo racional ou segundo uma emoção, com a diferença que alguns submetem-se a bons costumes e a emoções sadias, ao passo que outros submetem-se a maus costumes e a emoções negativas.

Entretanto, que boas qualidades devem ser acompanhadas por emoções sadias e más qualidades, por emoções negativas não passa de um fato acessório – não há dúvida que o indivíduo moderado, por exemplo, pelo fato de o ser, manifestará sempre opiniões e apetites sadios relativamente a coisas prazerosas, enquanto o imoderado manifestará opiniões e apetites contrários. Assim, cabe-nos nesta oportunidade ignorar essas distinções. De qualquer maneira, 25 · é necessário examinar quais tipos de ações e de indivíduos humanos andam habitualmente juntos; com efeito, embora não existam tipos definidos de ações associados ao fato de um homem ser branco ou negro, grande ou pequeno, faz efetivamente diferença se é jovem ou velho, justo ou injusto. Expressando-nos em termos gerais, todas essas qualidades acessórias responsáveis por distinções do caráter humano são importantes; por exemplo, produzirá al- 30 · guma diferença imaginar-se rico ou pobre, imaginar ter a boa sorte a seu lado ou contra si. Isso será tratado mais tarde. Ocupemo-nos, por ora, do restante do assunto que se coloca diante de nós.

Tem-se na conta de fortuitos todos os acontecimentos cuja causa é indeterminada, aqueles que não são produzidos em vista de um fim, e que não se produzem sempre, nem com a maior frequência, nem de uma maneira estabelecida e fixa. Todas essas características provêm claramente da definição de acaso. Da natureza 1369b1 · provêm todos os fatos que têm sua causa em si mesmos e que ocorrem uniformemente segundo uma ordem invariável; com efeito, ocorrem ou sempre ou com a máxima frequência de maneira idêntica. É desnecessário discutir, com exatidão e minúcia, os fatos que ocorrem contra a natureza, como também indagar se ocorrem em conformidade com alguma causa natural ou outra causa. Pareceria 5 · que o acaso é, realmente, a causa de fatos desse gênero. Resultam da coação todos os fatos que se produzem mediante a ação do agente, mas que se opõem ao seu desejo ou ao seu cálculo racional. Os atos realizados devido ao hábito são os que os indivíduos realizam porque sempre os realizaram antes. São ações devidas à reflexão os atos que nos parecem úteis do ponto de vista dos bens já enumerados, sejam eles propostos como fins ou como meios de atingir esses fins, contanto que sejam realizados em função de sua utilidade. 10 · É verdade que os desregrados às vezes executam atos úteis, mas se os executam, não é em função de sua utilidade, mas por conta do prazer que nel̲.   ̲   ̲ ̲   ̲ ̲ ̲ ̲ ̲ ̲de vingança devem-se ao ar-

92 | RETÓRICA

rebatamento e à cólera. Cumpre, contudo, ter em mente a diferença entre vingança e punição. A punição é infligida tendo em vista o bem do punido; a vingança, diferentemente, visa à satisfação de 15 · quem pune. No tocante à natureza da cólera, essa será esclarecida quando nos ocuparmos das paixões. O apetite constitui a causa de todas as ações que parecem prazerosas. Coisas familiares e habituais fazem parte do gênero das coisas prazerosas. Muitas ações não são em si naturalmente prazerosas, mas executá-las é prazeroso quando estamos habituados a elas. Assim, à guisa de síntese, podemos dizer que todos os atos que realizamos por nossa própria conta são, 20 · ou parecem ser, bons ou prazerosos. Consequentemente, uma vez que o que fazemos por nossa própria conta é feito voluntariamente, enquanto os atos que não se devem a nós são realizados involuntariamente, conclui-se que todos os atos voluntários necessariamente 25 · serão ou parecerão ser bons ou prazerosos. Com efeito, coloco entre os bens a libertação dos males reais ou aparentes, ou mesmo a troca de um mal maior por um menor, visto que há nisso, em uma certa medida, vantagens desejáveis; da mesma maneira, conto entre os prazeres a libertação das dores reais ou aparentes, ou mesmo a troca de 30 · uma dor maior por uma menor. Isso nos acarreta a necessidade de estudar o que as coisas úteis e prazerosas são, e apurar sua quantidade e sua natureza. Quanto ao útil, já nos ocupamos dele anteriormente quando nos referíamos ao gênero deliberativo da retórica. Dediquemo-nos agora ao exame do prazeroso. É preciso considerar suficientes nossas diferentes definições, uma vez que, embora não detentoras de muito rigor, não pecam pela obscuridade.

11

É POSSÍVEL FORMULARMOS QUE O PRAZER é um certo movimento da alma pelo qual a alma, como um todo, é transportada de uma maneira sensível para o seu estado natural, sendo a 1370a1 · dor o contrário disso. Se o prazer corresponde a essa definição,

LIVRO I | 93

evidencia-se que o prazeroso é o que concorre para produzir essa condição, ao passo que aquilo que contribui para extingui-la, ou que faz com que a alma seja levada ao estado oposto, é o doloroso. Portanto, deve ser prazeroso, com maior frequência, tender para um estado natural, sobretudo quando um processo natural logrou
5 · a completa recuperação desse estado natural. Os hábitos também são prazerosos, pois logo que uma coisa torna-se habitual, passa a ser uma segunda natureza. De algum modo, o hábito assemelha-se à natureza – o frequente não está distante do sempre. A natureza tem a ver com o que ocorre sempre, enquanto o hábito, com o que ocorre com frequência. É também prazeroso o que não é resultado da coação, porquanto esta se opõe à natureza. Consequentemente,
10 · aquilo que é ditado pela força da necessidade é doloroso, e daí o dito tão acertado:

Tudo o que se faz por força da necessidade é amargo.

Assim, todos os atos que requerem concentração, esforço intenso e tensão são penosos; todos envolvem a necessidade e a coação, a menos que estejamos com eles habituados, caso em que o costume transmite-lhes um certo prazer. Os opostos desses atos
15 · são prazerosos; assim, a tranquilidade, a ausência de preocupações e tensões, as distrações, os folguedos, o repouso e o sono pertencem à classe das coisas prazerosas, pois nada nesses estados tem qualquer vínculo com a necessidade. Tudo aquilo para o que somos impelidos por um desejo interior, um apetite, é prazeroso, pois o apetite é uma inclinação que nos arrasta para o prazeroso. *{Dos apetites, alguns são irracionais, ao passo que outros estão as-*
20 · *sociados à razão. Por irracionais entendo os que não surgem de nenhuma opinião produzida pelo intelecto, tipo a que pertencem os apetites conhecidos como naturais, por exemplo os que se desenvolvem no corpo, tais como o apetite por alimento (a saber, a fome e a sede) e um tipo independente de apetite que atende a cada tipo de alimentação, além dos quais aqueles ligados ao paladar e ao sexo, e o sentido do tato em geral; a esses devem ser somados os apetites*
25 · *associados ao olfato, à audição e à visão. Apetites associados à ra-*

94 | RETÓRICA

zão são aqueles a cuja posse somos induzidos: há muitas coisas que desejamos ver ou obter porque nos falaram delas e nos induziram a crer que são boas}.[51] Além disso, o prazer é a consciência obtida pelos sentidos de um certo tipo de emoção. Todavia, visto que a imaginação é um tipo débil de sensação, segue-se que quando alguém tem uma lembrança ou uma esperança, constrói para si
30 · uma espécie de imagem daquilo que lembra ou daquilo que espera. Se assim realmente é, evidencia-se que a memória, bem como o esperar, uma vez acompanhados pela sensação, podem ser acompanhados de prazer. Conclui-se que tudo o que é prazeroso *ou* está presente e é percebido, é passado e lembrado, *ou* é futuro e
1370b1 · esperado, uma vez que percebemos as coisas presentes, lembramos as passadas e esperamos as vindouras. Ora, o que é prazerosamente memorável não é apenas o que, quando efetivamente presente, era prazeroso, mas também algumas coisas que não eram, desde que seus resultados posteriormente revelaram-se nobres e bons, o que justifica as palavras:

Doce uma vez poupada a lembrança...[52]

E...

5 · *O homem, muito depois, experimenta o prazer mesmo ao preço De recordar os sofrimentos, se houver muito suportado e mourejado...*[53]

Isso se explica pelo fato de ser prazeroso o simples estar livre do mal. Aquilo que esperamos é prazeroso e compreende tudo o que, por força de sua presença, parece dever trazer-nos uma imensa alegria, ser muito útil e nos outorgar vantagens sem nos ser penoso. Em geral, todas as coisas que, devido à sua presença, trazem-nos
10 · regozijo, levam-nos a experimentar prazer quando são nossa expectativa, ou se delas temos a recordação. Daí mesmo experimentar a cólera ser prazeroso, tendo Homero dito, ao falar da ira:

---

51. Kassel considera uma interpolação do próprio Aristóteles todo o texto em *itálico* e entre chaves, e exclui o texto entre chaves duplas.

52. Eurípides, fragm. 133, Nauck.

53. Homero, *Odisseia*, Canto XV, 400-401.

De muito maior doçura do que o mel que escorre dos favos repletos...[54]

Ninguém encoleriza-se contra pessoas que não se prestariam a ser alvos de sua vingança, ou nossa cólera mostra-se relativamente diminuta, ou mesmo nenhuma, diante de quem é muito mais poderoso do que nós. A maioria dos apetites são acompanhados de
15 · algum prazer: gozamos da lembrança de um prazer passado ou da expectativa de um futuro, tal como as pessoas acometidas de febre que, durante suas crises de sede, gozam a recordação do que beberam e ficam na expectativa do que beberão futuramente. E os amantes, quer falando, quer escrevendo em prosa ou em versos sobre a pessoa amada, não deixam de extrair disso alguma satis-
20 · fação; em todas essas circunstâncias, a memória os leva a crer que se acham junto à pessoa amada. Aliás, constitui invariavelmente o primeiro sinal de amor recordar-se da pessoa que se foi após ter desfrutado de sua presença; e amamos quando efetivamente nos afligimos ante a ausência da pessoa. Analogamente, há um certo
25 · prazer até no funeral e suas lamentações. Indiscutivelmente a tristeza está presente pela perda da pessoa, mas experimenta-se um certo prazer, graças à memória, em recordá-la e vê-la diante de nós em meio aos feitos de sua vida. Assim, diz o poeta[55] com justeza:

Ele falou e suscitou em todos o desejo de chorar.

30 · A vingança é também prazerosa; como é prazeroso obter qualquer coisa cujo fracasso em não obter é doloroso; indivíduos coléricos padecem dor extrema quando deixam de realizar sua vingança. Mas fruem da perspectiva de consegui-la. Obter a vitória é também prazeroso, não só para os que gostam de vencer, mas para todos, já que a imaginação nos faz ver-nos detentores da superioridade de um vencedor, e todos alimentam um apetite moderado ou intenso por ser um vencedor. O prazer da vitória implica,
1371a1 · evidentemente, na presença de prazer nos jogos cujo conteúdo é

---

54. Homero, *Ilíada*, Canto XVIII, 109.

55. Homero. A citação é da *Ilíada*, Canto XXIII, 108.

96 | RETÓRICA

o combate e nas competições intelectuais, já que nestes acontece frequentemente de alguém vencer; somem-se a esses os jogos de ossinhos, de bola, de dados e gamão (damas). E também relativa-
5 · mente aos jogos sérios, alguns destes tornam-se prazerosos quando com eles se acostuma, enquanto outros já são prazerosos desde que se principiou sua prática, do que é exemplo a caça com cães, ou realmente qualquer tipo de caça ou perseguição de animais selvagens – de fato, em todo lugar em que há competição, há vitória. Eis porque a arte do advogado e as competições por disputa (erística) produzem prazer para os que para isso são atraídos e que para isso revelam capacidades. A honra e a boa reputação situam-se no elenco daquilo que é superiormente prazeroso, porque nesse caso cada um imagi-
10 · na-se semelhante ao homem virtuoso, especialmente quando recebe esse crédito de pessoas que pensa se exprimirem segundo a verdade. Aqueles que estão próximos são melhores juízes do que os que estão distantes; familiares e concidadãos, melhores do que estranhos e estrangeiros; contemporâneos, melhores do que pósteros; pessoas sensatas, melhores do que pessoas tolas; um grande número de pessoas, melhor do que um número reduzido – é mais provável que os que pertencem à primeira classe, caso a caso, sejam sinceros.
15 · Honra e crédito conferidos pelos que consideramos muito inferiores a nós – como pequenas crianças e animais – não os estimamos, ao menos por si mesmos, e quando realmente os estimamos é por alguma outra razão. Amigos enquadram-se no gênero de coisas prazerosas; o gostar implica em prazer, de modo que não afirmamos que alguém gosta de vinho se não experimenta prazer em bebê-lo. E é prazeroso ser amado, pois isso faz nos imaginar-
20 · mos como detentores das qualidades da pessoa de bem, sendo isso o que desejam todos os indivíduos portadores desse sentimento. Ser amado é ser valorizado pelas próprias qualidades pessoais. Ser objeto de admiração também é prazeroso, pela mesma razão que o é ser objeto de honra. A lisonja e o lisonjeador também nos induzem ao prazer: o lisonjeador é alguém que vemos sob a aparência de um admirador ou de um amigo.

LIVRO I | 97

Por outro lado, extrai-se prazer de realizar as mesmas coisas repetidas vezes, porque o habitual, como vimos, é prazeroso. A
25 · mudança também produz prazer, porque mudar está na ordem natural, ao passo que a repetição invariável de algo acaba levando à saciedade, com o prolongamento excessivo de uma situação estabelecida. Daí a expressão...

Agradável é a mudança em tudo.[56]

Por razão idêntica, causa-nos prazer o retorno muito intermi-
30 · tente de pessoas e de coisas, pois ocorre uma mudança com relação ao que tínhamos antes, além do que, aquilo que acontece somente entre longos intervalos possui o valor da raridade. Mais frequentemente do que esporadicamente, o aprendizado e a curiosidade por saber são prazerosos. O ter curiosidade pelo saber implica o desejo de aprender e, consequentemente, aquilo que temos curiosidade de saber é desejável; quanto ao aprender, quando o fazemos, somos transportados para nossa própria condição natural. *{Proporcionar*
1371b1 · *e receber benefícios são também coisas prazerosas; quando os recebemos, obtemos o que desejamos; quanto a proporcioná-los, indica que temos posses e, inclusive, excedentes, duas superioridades igualmente buscadas. Pelo fato de se extrair prazer de ser beneficente, as pessoas consideram prazeroso contribuir para reerguer seus semelhantes e suprir o que lhes falta.}*[57] Por outro lado, uma vez que aprender e ter
5 · curiosidade por saber são prazerosos, conclui-se que tudo o que os imita deve ser prazeroso, do que são exemplos a pintura, a escultura e a poesia e, em suma, todo produto da imitação habilidosa, mesmo que o objeto imitado, ele mesmo, não seja prazeroso. De fato, não é o próprio objeto o causador do prazer, mas a inferência pessoal do
10 · espectador, que faz seu julgamento, e assim aprende alguma coisa nova. Experimenta-se prazer também com os eventos imprevistos e com as escapadas bem sucedidas dos perigos, pois encontramos nessas coisas objetos de assombro.

Como aquilo que é natural é prazeroso e coisas que são mutuamente afins parecem naturais entre si, todas as coisas afins e seme-

---

56. Eurípides, *Orestes*, 234.
57. { } Considerado por Kassel uma interpolação feita pelo próprio Aristóteles.

98 | RETÓRICA

lhantes são, o mais frequentemente, prazerosas umas em relação às outras. Por exemplo, o homem para o homem, o cavalo para o 15 · cavalo, a pessoa jovem para a pessoa jovem. E daí os provérbios: "O companheiro traz prazer ao companheiro", "Busca-se sempre o que se assemelha a si", "A fera reconhece a fera", "O gaio está sempre ao lado do gaio", e todos os demais do mesmo gênero. Todavia, como tudo o que é semelhante e afim a si próprio é prazeroso, e como 20 · todo homem é ele mesmo mais semelhante e mais afim a si mesmo do que o é qualquer outro ser, conclui-se que todos nós necessariamente somos mais ou menos amantes de nós mesmos. De fato, todos os sentimentos desse tipo são encontrados principalmente no indivíduo humano em relação a si mesmo. E porque todos nós amamos a nós mesmos, conclui-se que o que nos é peculiar é prazeroso a todos nós, como por exemplo nossas próprias ações e discursos. Isso explica por que o mais frequentemente gostamos daqueles que nos lisonjeiam ou bajulam, de nossos amantes, das honras que nos cabem e também de nossos filhos, uma vez que estes são nossa própria obra. É igualmente prazeroso completar 25 · o que está incompleto, já que com isso a obra completa torna-se nossa própria obra. *{E visto que é muito prazeroso ter o poder sobre outros, também é prazeroso ser tomado como sábio, pois a sabedoria prática nos assegura o poder sobre os outros. De outra parte, a sabedoria envolve a ciência das coisas numerosas e admiráveis.}*[58] Por outro lado, visto que geralmente os indivíduos ambicionam as honrarias, conclui-se necessariamente que se extrai também prazer 30 · de desacreditar o próximo e de exercer poder sobre ele. É prazeroso a um indivíduo despender seu tempo com ocupações nas quais acredita poder se aprimorar, tal como diz Eurípides:

A isso ele se curva,
A isso todo dia dedica a maior parte do tempo,
No que acredita estar a melhor parte de si.[59]

---

58. { } Considerado por Kassel uma interpolação feita pelo próprio Aristóteles.
59. Eurípides, fragm. 183, Nauck.

LIVRO I | 99

Analogamente, posto que o folguedo, todo tipo de distração
e o riso são prazerosos, necessariamente tudo o que provoca o riso
1372a1 · – pessoas, palavras ou ações – também é prazeroso. Na *Poética*
discutimos separadamente o que provoca o riso.[60]
Basta quanto ao assunto das coisas prazerosas. Por meio
do exame de seus opostos, poder-se-á facilmente ver quais coisas
são dolorosas.

12

INDICAMOS ANTERIORMENTE os motivos que movem aqueles
5 · que cometem injustiça. Na sequência, examinaremos as predisposições em que a cometem e as vítimas de sua injustiça.

O indivíduo é levado a cometer a injustiça quando pensa que
o ato injusto é tanto exequível quanto exequível por suas mãos; ou
ainda porque pensa que o autor da injustiça não será descoberto;
ou ainda, que se for descoberto ficará impune; ou, se punido, a
punição ao menos será menor do que o ganho que obterá para si
ou para aqueles cujos interesses são objeto de seu zelo. No tocante
10 · às ações possíveis e impossíveis, abordaremos isso posteriormente,
pois se trata de um aspecto comum de todas as partes da retórica.
Crê-se poder cometer a injustiça sem atrair qualquer punição para
si quando se possui o dom da eloquência, ou habilidade para a ação
prática, ou experiência em assuntos legais, ou muitos amigos, ou
muito dinheiro. Tem-se o máximo de confiança em poder cometer
a injustiça quando se está inserido pessoalmente nas condições
15 · acima assinaladas. Mas quando não é este o caso, basta que se
tenha amigos, protetores ou cúmplices que preencham essas condições. Isso possibilitaria o cometimento da injustiça e o escapar

---

60. Parte perdida da *Poética*.

100 | RETÓRICA

de ser descoberto e punido por cometê-la. O indivíduo também sente-se seguro quando mantém boas relações com suas vítimas ou com os juízes que o julgariam. Amigos não se protegem contra injustiças de amigo, e, mesmo se vitimados pela injustiça deste, 20 · procuram chegar a algum entendimento ou compensação ao invés de recorrerem aos tribunais; quanto aos juízes, favorecem o amigo, e se não o absolvem pura e simplesmente, sentenciam-no somente a penas leves. É improvável que seja descoberto se a sua aparência sugerir incompatibilidade com a acusação que lhe poderia ser feita, por exemplo: é improvável que um homem fraco seja acusado de assalto violento, ou que um homem pobre e feio seja acusado de adultério; ou se agir pública e ostensivamente, pois 25 · ninguém suporia isso possível por conta de tal audácia, de sorte que nenhuma precaução seria tomada nesse sentido; o mesmo vale para crimes tão grandes e terríveis que não se chega a suspeitar de nenhum indivíduo vivo, caso em que também nenhuma precaução é tomada. De fato, todos guardam-se contra crimes ordinários, do mesmo modo que se guardam contra doenças ordinárias. Ninguém, entretanto, acautela-se com um crime que ninguém jamais cometeu. Contam igualmente com boas chances de não serem descobertos os que não têm inimigos ou, ao contrário, os que têm muitos inimigos; os primeiros creem não ser alvo de investigações 30 · por parte de ninguém, com o que não serão descobertos, ao passo que os segundos escapam de ser detectados porque não parece que arriscarão a tentativa de algum golpe contra pessoas que deles suspeitam, além do que poderão invocar em sua defesa que jamais teriam tanta audácia para isso. Outros que estão confiantes de ocultar seu crime são aqueles que têm à sua disposição, para ocultar o produto do crime a maneira de manipulá-lo, a escolha do lugar, ou algum meio conveniente de se livrar dele. Há os que, mesmo sendo descobertos, dispõem da possibilidade de se esquivar ao processo, ou obter um adiamento dele, ou corromper os 35 · juízes. Há os que, em caso de condenação a pagar multa, podem

LIVRO I | 101

se esquivar ao pagamento completo dela, ou obter um prolongado adiamento, havendo ainda os que, em razão de sua pobreza, nada terão a perder. O indivíduo também pode considerar que o ganho a ser conseguido mediante a injustiça cometida é expressivo, 1372b1 · certo ou imediato e que a punição, por seu turno, é inexpressiva, incerta ou distante. *{É possível acontecer da vantagem a ser obtida revelar-se maior do que qualquer possível punição, como parece ser o caso da tirania.}*[61] Pode-se considerar que os próprios crimes trarão um lucro substancial, enquanto a punição por eles não passará do sofrer de censuras. Ao contrário, é até possível que a própria injustiça venha a atrair algum louvor, como no caso de se estar 5 · incidentalmente vingando o pai e a mãe, como aconteceu com Zenão, ou se a punição limita-se a uma perda de dinheiro no pagamento de uma multa, o banimento, ou alguma outra coisa do tipo. As pessoas podem ser levadas a cometer injustiça com outras pessoas por um ou outro desses motivos ou predisposições, mas ninguém por ambos, pois afetam pessoas de caráter inteiramente oposto. Há os que se animam por ter já amiúde escapado de serem descobertos ou punidos; outros, diferentemente, que com frequência malograram em suas tentativas, havendo entre estes os que são 10 · como combatentes na guerra que, por mais que sofram reveses, não desistem de lutar; há os que experimentam um prazer imediato na sua ação, enquanto o castigo só virá mais tarde, aqueles para os quais o ganho é imediato ao passo que a perda ou o castigo está distante. Tais são os que não sabem controlar-se, essa falta de autocontrole afetando todos os objetos de desejo. Há os que, ao contrário, resignam-se a uma perda ou desprazer imediatos, 15 · dispondo-se a aguardar, no desenrolar dos novos eventos, prazeres e ganhos mais duradouros: indivíduos que têm autocontrole e são mais sensatos contam com lucros advindos de tal comportamento. Há os capazes de causar a impressão de que agiram por acaso, por necessidade ou por um ditame da natureza ou do hábito e, em ge-

---

61. Kassel considera este período uma interpolação feita pelo próprio Aristóteles.

102 | RETÓRICA

ral, de ter cometido um erro, não propriamente uma injustiça. Há os que são capazes de conquistar a complacência de outras pessoas. Pode ser que o indivíduo estimule-se [a cometer injustiça] por estar passando privações, havendo dois tipos dessa situação: carência
20 · do necessário, que é o caso dos pobres, e carência do supérfluo, que é o caso dos ricos. Há também os que são estimulados por terem uma reputação especialmente boa, como os que são atraídos [para o cometimento das injustiças] por possuírem uma péssima reputação: os primeiros acreditam que não constarão da lista dos suspeitos, enquanto os segundos creem que nada que venham provavelmente a fazer os tornará mais suspeitos ainda.

Eis, portanto, as predisposições de indivíduos que se prestam a cometer injustiça. No que tange às suas vítimas, são: aqueles que
25 · possuem o que eles desejam e não possuem, seja isso necessário, supérfluo ou mero objeto de gozo; aqueles que estão distantes tanto quanto os que estão próximos, sendo que estes podem ser rapidamente despojados de seus bens por eles, que agilizam seu ganho, ao passo que, no que toca aos que estão distantes, a vingança é forçosamente lenta, como pensam os que saqueiam os cartagineses; aqueles que não tomam medidas de precaução, que não mantêm a vigilância e são crédulos, visto que é fácil ludibriar esse tipo de
30 · pessoas; aqueles que são despreocupados, indiferentes ou indolentes, a ponto de lhes faltar disposição suficiente para processar os criminosos; aqueles que são cheios de pudor, pois não apreciam empenhar-se em disputas envolvendo dinheiro; aqueles que já foram injustiçados por muitas pessoas e não as levaram à Justiça, indivíduos que seguramente são a proverbial presa de Míson; aqueles que nunca sofreram injustiça, bem como aqueles que a sofreram com frequência – uns e outros negligenciando quanto às precauções, os primeiros porque acreditam que nunca serão vítimas da injustiça,
35 · os segundos porque creem que não o serão mais no futuro; aqueles que foram difamados ou aqueles que se prestam a ser futuramente difamados, pois temem recorrer aos juízes, ou, se o fizerem, temem perder o caso – enquadram-se nesta classe as pessoas expostas ao

LIVRO I | 103

1373a1 · ódio e à malevolência; aqueles contra os quais pode-se alegar como
pretexto que seus ancestrais, eles próprios ou seus amigos, causaram
danos ou se propuseram a causá-los, quer pessoalmente a nós, quer
a nossos ancestrais, quer a pessoas cujo cuidado é nosso encargo –
como diz o provérbio: "Tudo o que a maldade necessita é de um
pretexto"; aqueles que são amigos ou inimigos, uma vez que é fácil
5 · fazer o mal aos primeiros e prazeroso fazer o mal aos segundos;
aqueles que não têm amigos; aqueles que são inábeis tanto no discurso quanto na ação, o que os faz não se arriscar em processos,
preferindo chegar a um acordo, ou, quando tomam providências,
nada levam até o fim; aqueles para os quais não vale a pena despender tempo aguardando a realização de um julgamento ou que
uma multa seja paga, classe a que pertencem, por exemplo, os estrangeiros e os pequenos lavradores, os quais realizam acordos a um
10 · preço insignificante e retiram sem dificuldade as acusações; aqueles
que cometeram muitas injustiças, inclusive injustiças semelhantes
às de que são vítimas, pois sente-se que é quase não se mostrar
injusto fazer infligir a uma pessoa o dano que ela ordinariamente
inflige a outras, por exemplo maltratar alguém que está habituado
a ser violento com os outros; aqueles que nos prejudicaram, ou que
15 · desejaram fazê-lo, ou que desejam fazê-lo, ou que se predispõem
para isso – há uma espécie de prazer honroso em cometer injustiça
contra essas pessoas, de modo que parece quase não haver injustiça alguma no fato de perpetrar injustiça contra eles; aqueles cujo
sofrimento do dano infligido causa prazer aos amigos de quem os
inflige, aos que este admira, ou ama, ou aos seus senhores, ou em
geral àqueles que servem de modelo para sua vida, ou aqueles junto
aos quais é possível que encontre indulgência; aqueles aos quais
o indivíduo fez censuras e com os quais ele tomou a iniciativa de
20 · romper [o relacionamento], do que é exemplo o comportamento de
Cálipos relativamente a Dion – nossa conduta, nesse caso, quase
que perde o cunho de injusta; aqueles que estão na iminência de
serem vítimas da injustiça de outra pessoa se o próprio indivíduo
não se antecipar e cometer a injustiça ele mesmo, como se a situação

104 | RETÓRICA

não admitisse mais tempo para ser analisada. Assim se dizia que Enesídemo enviara a Gelon a paga do *cotabo*,[62] pois Gelon havia escravizado seus concidadãos, tendo chegado à cidade primeiro e antecipado a própria tentativa de Enesídemo; aqueles que inicial-
25 · mente se prejudica, para depois, em muitas circunstâncias, tratar-se justamente, como que para sanar o mal que se causou a eles. Assim, Jasão, da Tessália, declarou que se deve às vezes perpetrar alguns atos injustos para nos capacitarmos, mais tarde, a realizar atos justos em muitas oportunidades.

Entre as injustiças cometidas contra os outros existem as que são cometidas universalmente, ou ao menos comumente. Espera-se ser perdoado pelo cometimento desse tipo de injustiças. Há também aquelas injustiças fáceis de ser dissimuladas, classe em que entram os crimes cujo produto é rapidamente consumido, por exemplo os pro-
30 · dutos comestíveis; juntemos aquilo cuja forma, cor ou composição pode ser facilmente mudada, ou coisas que se pode ocultar em muitos lugares, por exemplo objetos fáceis de transportar ou passíveis de ser acondicionados em pequenos cantos, ou coisas tão parecidas com as que já se possui em grande quantidade que a diferença passa desapercebida por todos. Por outro lado, há injustiças de tal jaez que a vítima tem vergonha de falar a respeito, classe em que estão incluídos os ultrajes cometidos contra as mulheres da família, contra
35 · o próprio pai de família ou seus filhos; há também os crimes em relação aos quais a pessoa seria considerada muito amante dos litígios se processasse alguém por causa deles, digamos ínfimas injustiças ou injustiças pelas quais são fácil e geralmente desculpadas as pessoas.

Eis aí quase na íntegra as predisposições em que se encontram aqueles que cometem injustiças, a natureza de seus crimes e de suas vítimas e os motivos que os levam a cometê-los.

---

62. Jogo muito apreciado entre os jovens atenienses: arremessava-se em uma bacia de metal o resto do vinho contido na taça, ao mesmo tempo que se invocava o nome da mulher amada; entendia-se que o amor era correspondido se o resultado do arremesso e do impacto do vinho na bacia produzisse um som vibrante.

13

1373b1 · É BASTANTE CABÍVEL agora efetuar uma completa classificação das ações justas e injustas. Principiemos por observar que ações justas e injustas foram definidas relativamente a dois tipos de direito, além de o ser relativamente a duas classes de pessoas. Quando falo de dois tipos de direito ou lei, refiro-me à lei particular e à lei comum. A primeira varia segundo cada povo e é aplicável aos mem-
5 · bros de cada povo, sendo parcialmente escrita, parcialmente não escrita; a lei comum é a lei natural, visto que há, de fato, uma justiça e uma injustiça das quais todos têm, de alguma maneira, a intuição, e que são naturalmente comuns a todos, independentemente de todo Estado e de toda convenção recíproca. É isso que a Antígona
10 · de Sófocles expressa com clareza ao declarar que o sepultamento de Polinices fora um ato justo, a despeito da proibição; ela quer dizer que fora um ato justo por ser o direito natural...

> *Não é de hoje ou de ontem,*
>
> *Mas vive eternamente, ninguém podendo indicar sua origem.*[63]

Empédocles, por seu turno, proclama a lei que proíbe matar seres animados, visto que não se pode sustentar que tal procedimento
15 · seja justo para certos povos e injusto para outros...

> *Mas a lei que abarca todos os domínios, em toda parte*
>
> *Em que se estende o imenso éter de luz infinita.*[64]

É o mesmo que declara Alcidamas na *Messeniana*.

As ações que nós, pessoas, devemos realizar ou não realizar também foram divididas em duas classes que dizem respeito ou a toda a
20 · comunidade ou a algum de seus membros. Desta perspectiva, podemos realizar atos justos ou injustos de uma ou outra de duas maneiras: relativamente a um determinado indivíduo ou relativamente à comunidade. Assim, alguém que comete adultério ou agressão está

---

63. Sófocles, *Antígona*, 456-457.
64. Fragm. 135, Diels-Kranz.

106 | RETÓRICA

causando dano a um indivíduo determinado, ao passo que aquele que se esquiva a servir no exército está causando um dano à comunidade.

25 · Portanto, pode-se dividir toda a classe de ações injustas em duas subclasses, as que atingem a comunidade e as que atingem um ou mais de um de seus membros. Antes de prosseguirmos, relembraremos no que consiste ser vítima de injustiça. Sofrer uma injustiça é experimentar um dano procedente da ação voluntária de uma pessoa, pois, em consonância com a definição dada anteriormente, cometer uma injustiça implica um ato voluntário. Para ser uma vítima de uma injustiça, alguém deve sofrer necessariamente um dano
30 · involuntariamente. Nas distintas discussões anteriores sobre os bens e os males indicamos e explicamos claramente as várias modalidades possíveis de danos. Definimos também anteriormente as boas e más ações em si mesmas, bem como as ações voluntárias esclarecendo que são as que o agente realiza ciente do que faz, ou seja, com completo conhecimento de causa. Agora sabemos que todas as acusações dizem respeito ou à comunidade ou a algum indivíduo e investi-
35 · gam se o agente da ação agiu por ignorância e involuntariamente ou com conhecimento de causa e voluntariamente; neste último caso pode-se distinguir os atos que foram produtos da escolha e os que foram produtos da paixão. Trataremos da cólera na parte sobre as paixões – quanto às injustiças cometidas deliberadamente e às predisposições dos que as cometem, já o abordamos. Mas acontece
1374a1 · frequentemente de uma pessoa admitir um ato, mas não admitir a qualificação que o acusador confere a esse ato, nem os fatos que tal qualificação implica. Admitirá que apanhou algo, porém não que o furtou; que foi o primeiro a agredir alguém, mas não que o ultrajou; que manteve relações sexuais com uma mulher, mas não
5 · que cometeu adultério; que furtou, mas não que cometeu um sacrilégio – já que o objeto furtado não pertencia a um deus; que invadiu as terras do vizinho, mas não que invadiu as terras do Estado; que manteve contato com o inimigo, mas não que tenha sido culpado de traição. É necessário, portanto, aqui ser capaz de distinguir o que é furto, ultraje e adultério do que não é, se pretendemos esclarecer

LIVRO I | 107

onde está o direito, não importa se o que visamos é demonstrar a culpabilidade ou a inocência de um acusado. Em todos os casos em
10 · que tais acusações são feitas contra uma pessoa, a questão controvertida é apurar se a ação dessa pessoa é ou não é injusta e má. É a escolha deliberada que constitui a maldade e o ato injusto, e nomes tais como ultraje e furto envolvem escolha deliberada além da simples ação. Nem sempre um golpe significa ultraje, mas somente se
15 · for assestado com a intenção de alcançar um fim específico, como desonrar alguém ou obter prazer. De maneira semelhante, apanhar um objeto secretamente (sem o conhecimento do possuidor) não constitui em todos os casos um furto, para o que é necessário haver a intenção de manter o objeto para si e a vontade de agredir o dono. E o que vale para essas acusações, vale para as demais.

Reconhecemos a existência de duas espécies de atos justos e injustos realizados contra outrem, uma que tem a ver com as leis escritas, ao passo que a outra é relativa às leis não escritas. Referimo-
20 · -nos já aos atos que têm a ver com as leis. Aqueles que não estão previstos pelas leis pertencem, também, a duas espécies. A primeira dessas espécies inclui os atos que revelam um grau excepcional de virtude ou vício, objetos de censura ou louvor, de desonra ou de honras e recompensas, por exemplo ser grato a quem nos fez o bem, devolver
25 · o bem com o bem, estar pronto para auxiliar os amigos, e coisas semelhantes. A segunda espécie compensa as deficiências do código de leis particulares e escritas. De fato, a equidade é tida como justa, mas trata-se do justo que independe da lei escrita. Essa deficiência existe tanto contrariando a vontade dos legisladores quanto por decorrência dessa vontade.

30 · É contra a vontade deles quando um fato ou falha lhes passa desapercebido; a favor da vontade deles quando são incapazes de definir todas as coisas com precisão, sendo-lhes necessário formular princípios gerais que nem sempre são aplicáveis, mas apenas na maioria dos casos, ou quando não é fácil precisar por completo face à infinidade de casos apresentados – por exemplo, se é o caso de um ferimento infligido com um objeto de ferro, não é possível determi-

108 | RETÓRICA

nar o tamanho e a forma desse objeto, não se dispondo de tempo
para enumerar tais particularidades. Se, então, uma afirmação precisa é impossível e, no entanto, faz-se imperiosa a legislação, a lei te-
35 · rá que ser expressa em termos amplos; por exemplo, se um indivíduo,
que tem no dedo um anel de metal, ergue a mão e golpeia alguém,
1374b1 · é culpado de um ato criminoso em conformidade com a lei escrita,
tendo cometido um delito; mas, de acordo com a verdade, ele não o
cometeu, e é nisso exatamente que consiste a equidade. A partir da
definição de equidade evidencia-se que tipo de ações e que tipo de
5 · pessoas são equitativas ou o inverso. Não se deve punir igualmente
erros e ações injustas, e tampouco punir do mesmo modo erros e
equívocos. Chama-se de equívoco o ato destituído de maldade que
tem resultados inesperados; de erro, o ato que, ainda que destituído
de perversidade, produz um resultado que poderia ser esperado; o
ato injusto produz resultados esperados e procede da perversidade;
de fato, os atos provocados pela paixão envolvem a perversidade.[65]
10 · Ser equitativo é mostrar indulgência ante as fraquezas humanas; é
também levar em conta menos a lei do que o legislador; considerar
não a letra da lei, mas a intenção do legislador; não tanto as ações
do acusado quanto as suas deliberações; não tanto este ou aquele
15 · detalhe parcial, mas o todo; indagar não o que o acusado é agora,
mas a respeito do que sempre foi ou o que tem sido na maioria das
situações. É também nos lembrarmos mais do bem do que do mal
que nos foi feito; mais dos benefícios que recebemos do que dos que
oferecemos; sermos pacientes quando atingidos pela injustiça; pre-
20 · ferirmos dirimir um desentendimento por meio da negociação do
que mediante o recurso à justiça; preferirmos uma arbitragem a um
litígio, já que o árbitro leva em conta a equidade, ao passo que o juiz
leva em conta a lei. A arbitragem foi criada com o propósito expresso
de garantir espaço total para a equidade.

O que foi dito anteriormente deve bastar no que tange à natureza da equidade.

---

65. A sentença em *itálico* não consta no texto de Kassel.

14

QUANTO MAIOR A INJUSTIÇA, maior o crime que dela resulta.
25 · Daí os atos criminosos mais insignificantes em si mesmos poderem
ser muito graves. Exemplo: quando Calístrato acusou Melanopo
de ter enganado os construtores do templo em três meio-óbolos
consagrados. Ocorre o contrário no que toca à justiça, porque neste
caso o maior está potencialmente contido no menor, quer dizer,
não há crime que alguém que tenha furtado três meio-óbolos con-
30 · sagrados hesite em cometer. Às vezes, contudo, o pior ato é avaliado
pelo maior grau de injustiça que produz. Considera-se a injustiça
como de maior grau quando não há punição suficientemente severa
para ela de modo a haver adequação; ou se trata de uma injustiça
cujo dano é irremediável, sendo o crime intolerável e irreparável;
ou uma injustiça para a qual a vítima não consegue obter justiça
junto aos tribunais e ter o criminoso legalmente punido, fato que
torna o dano irremediável, uma vez que o justiçamento e a punição
constituem os remédios propriamente ditos. Que se inclua também
a injustiça que levou a pessoa que a sofreu a infligir com as próprias
mãos um severo castigo a si mesma, com o que, então, o autor da in-
35 · justiça deverá, por questão de justiça, sofrer um castigo ainda mais
severo. Assim, vemos Sófocles, o orador, ao pleitear uma retribuição
1375a1 · para Euctêmon, que cortara a própria garganta diante do ultraje
que sofrera, dizer que não era necessário impor ao culpado uma
pena inferior à que a vítima infligira a si mesma. Também é injustiça de maior grau a que o autor foi o único a cometer, ou o primeiro
a cometer, ou que cometeu com poucos cúmplices; igualmente, a
que obriga a investigar e estabelecer novos meios de puni-la e preveni-
5 · -la – assim, em Argos, pune-se aquele que levou à promulgação de
uma nova lei e aqueles que foram a causa da construção de uma
nova prisão. A injustiça mais brutal é maior, bem como a que indica mais premeditação; também a que inspira nos que dela ouvem falar mais terror do que compaixão. Há inclusive meios retoricamente

110 | RETÓRICA

eficientes de postulá-lo nos seguintes termos: o orador pode declarar que o acusado desconsiderou ou violou muitas disposições
10 · e deveres solenes, como juramentos, compromissos recíprocos, a boa-fé, ou direitos de casamento entre Estados, aqui o crime sendo pior por ser constituído por muitos crimes. Um crime torna-se mais grave quando é cometido em um local reservado ao castigo dos culpados, do que é exemplo os falsos testemunhos ou perjúrio – entende-se que alguém que comete um crime em um tribunal o cometeria em qualquer parte; igualmente, quando a ação criminosa
15 · cobre o criminoso de mais desonra; também quando a vítima foi outrora nosso benfeitor. A injustiça, nesse caso, é em maior grau por diversas razões: primeiramente causamos dano e, em seguida, não devolvemos o bem pelo bem. Igualmente, quando se viola as leis não escritas, já que o mais excelente tipo de pessoa será justo sem ser forçado a sê-lo – as leis escritas dependendo da força, o que não ocorre com as não escritas. Em um sentido distinto, é possível dizer que é mais grave transgredir as leis escritas: aquele que não é desviado da injustiça nem pelo temor das leis, nem pelas punições
20 · previstas – mesmo as terríveis – não hesitará em perpetrar crimes se não houver nenhuma punição a temer.

Basta sobre o grau maior ou menor da injustiça.

15

HÁ TAMBÉM OS CHAMADOS *meios de persuasão independentes da arte*. Cabe-nos, agora, realizar um breve exame deles, mesmo porque são especialmente característicos da oratória forense. São em número de cinco, a saber: as leis, as testemunhas, os contratos, as confissões obtidas mediante tortura e os juramentos.
25 · Comecemos pelas leis e vejamos como podem ser usadas na persuasão e dissuasão, na acusação e na defesa. É evidente que se

LIVRO I | 111

a lei escrita coloca-se contra o nosso caso, é necessário recorrer à lei comum e à equidade como sendo mais justas. É preciso dizer
30 · que julgar "segundo a própria consciência" não significa recorrer a todo o rigor da letra da lei escrita. É necessário insistir que os princípios da equidade são permanentes e inalteráveis, que a lei comum igualmente não muda – pois se conforma à natureza – ao passo que as leis escritas mudam frequentemente. Daí as palavras encontradas na *Antígona* de Sófocles: Antígona defende-se declarando que ao sepultar Polinices transgrediu a lei de Creonte, mas não a lei não escrita...

1375b1 · 		*Pois essa lei não data de hoje, nem de ontem,*
		Razão porque não devia eu recear a ira de qualquer homem... [66]

Diremos, outrossim, que o justo consiste no verdadeiro e no útil, e não se confunde com aquilo que dele possui tão só a aparência; também a lei escrita não é verdadeiramente uma lei na medida em que não cumpre a função de uma verdadeira lei. Que o
5 · justo é como a moeda de prata que deve ser avaliada pelos juízes, se o objetivo é distinguir a genuína da falsificada. Que há mais honestidade em seguir as leis não escritas do que as escritas, e por aquelas orientar-se. Deveremos também examinar se uma lei contradiz uma lei universalmente aprovada, ou contradiz a si mesma;
10 · por exemplo: sucede às vezes de uma lei determinar a validade dos contratos estabelecidos, enquanto uma outra lei proscreve que se estabeleçam estipulações contrárias à lei. Ou se uma lei é ambígua, ela é interpretada de forma a ajustar-se o melhor possível com os interesses da justiça e da utilidade, esse modo de encará-la passando
15 · a ser adotado. Se o que ensejou a criação da lei deixou de existir, ao passo que a lei subsiste, será então necessário empenhar-se em evidenciar essa particularidade e considerar esse viés para combater essa lei. Se, contudo, a lei escrita dá respaldo ao nosso caso, temos que insistir que o juramento de julgar segundo a consciência não deve ser entendido no sentido de fazer os juízes darem um vere-

---

66. *Antígona*, 456-458.

112 | RETÓRICA

dicto que contrarie a lei, mas poupá-los da culpa pelo perjúrio se não compreendem bem o sentido do texto da lei. Diremos ainda que ninguém busca o bem geral, todos buscando, sim, o seu bem 20 · particular. Ou que não utilizar as leis é tão ruim quanto não dispor de lei alguma; ou que, como nas demais artes, não vale a pena tentar ser mais hábil do que o médico – de fato, resulta menos danos dos erros do médico do que do hábito crescente de desacatar as ordens da autoridade no assunto; ou que procurar ser mais sábio que as leis é explicitamente proibido pelos códigos de lei mais aprovados.

25 · No que diz respeito às leis, é provável que tal discussão seja suficiente.

Quanto às testemunhas, são de dois tipos: as testemunhas antigas e as recentes. Entre estas últimas, algumas partilham dos riscos do acusado, enquanto outras não. Por testemunhas antigas entendo os poetas e as demais personalidades cujos juízos são do conhecimento de todos; por exemplo, os atenienses apelaram para 30 · o testemunho de Homero por ocasião de um desentendimento em torno de Salamina, e os habitantes de Tenedos, não há muito tempo recorreram ao testemunho de Periandro de Corinto em sua disputa com os sigeanos. Cleofonte, discursando contra Crítias, fez uso dos dísticos elegíacos de Sólon para censurar Crítias no que tocava à dissolução de longa data da família deste; pois, caso contrário, Sólon jamais teria dito:

Ordenai ao ruivo Crítias que obedeça a seu pai.[67]

1376a1 · Essas testemunhas dizem respeito a acontecimentos passados. No que tange aos acontecimentos futuros, recorre-se aos intérpretes dos oráculos, como Temístocles, que, persuadido de que devia lutar no mar enfrentando a frota inimiga, citou o oráculo da "muralha de madeira". Também os provérbios, como já foi dito, constituem testemunhos ou evidências. Assim, se desejamos aconselhar alguém a não contrair amizade com um velho, invocamos o 5 · testemunho do provérbio "Nunca sejas bondoso com um velho".

---

67. Fragm. 22a, West.

LIVRO I | 113

Do mesmo modo, caso se deseje aconselhar a eliminação dos filhos de pais que foram mortos, cita-se o seguinte adágio: *Tolo aquele que após matar o pai deixa seus filhos para vingá-lo.* Testemunhas recentes são pessoas conhecidas que declararam suas opiniões acerca de algum assunto polêmico. Essas opiniões servirão de respaldo para aqueles que polemizarão posteriormente sobre 10 · os mesmos pontos. Assim, Eubulo utilizava nos tribunais, opondo--se a Cares, a resposta que Platão dera a Arquíbio, ou seja, "Tornou-se costume regular nesta cidade confessar os próprios vícios". A esta classe pertencem os que partilhariam os riscos do acusado em caso da evidência por eles apresentada ser considerada falsa. As testemunhas recentes só têm uma utilidade, qual seja, estabelecer que um fato tenha ocorrido ou não, ocorreu ou não ocorreu. Entretanto, no que 15 · diz respeito à qualidade da ação, digamos se é justa ou injusta, útil ou inútil,[68] seu testemunho não tem validade alguma. Neste aspecto da qualidade, é a opinião daqueles cujo testemunho está distanciado da causa que realmente conta ou que tem maior peso. As mais confiáveis testemunhas são as antigas, visto que são incorruptíveis.

Ao lidar com a evidência das testemunhas, os seguintes argumentos revelam-se úteis: se não se dispõe de testemunhas, deve-se argumentar que os juízes têm que decidir a partir do que é provável; que isso significa julgar "conforme a consciência"; que a probabili-20 · dade não pode se deixar corromper pelo suborno, e que jamais a probabilidade foi pega em flagrante perjúrio. Ao contrário, quando se dispõe de testemunhas, e o adversário não, pode-se argumentar que probabilidades não cabem à justiça e que não se teria sequer necessidade da evidência das testemunhas *se os discursos bastassem para descobrir a verdade.*[69]

Os testemunhos podem referir-se tanto a nós quanto ao nosso 25 · adversário, tanto a questões factuais do próprio caso quanto a ques-

---

68. ...ἀσύμφορον... (*asýmphoron*) também significa danoso, prejudicial.

69. Ou: *[...] se tudo o que tivéssemos de fazer fosse avaliar os argumentos ou contestações aventados por cada parte [...].*

114 | RETÓRICA

tões do caráter pessoal dos litigantes. Assim, evidencia-se que em nenhuma circunstância nos faltará um testemunho útil. Na hipótese de não dispormos de nenhum testemunho no que toca ao próprio caso, que nos favoreça ou desfavoreça o adversário, sempre disporemos, ao menos, da questão dos costumes para demonstrar nossa honestidade e a desonestidade de nosso adversário. Quanto a outros
30 · aspectos que tocam à testemunha – se é amigo, inimigo ou pessoa neutra, ou se tem boa ou má reputação, ou nem uma nem outra, ou outras distinções desse jaez, é necessário recorrer aos mesmos lugares-comuns dos quais extraímos igualmente os entimemas.

No que respeita aos contratos, a argumentação com base em seu uso pode ser empregada na medida em que aumente ou di-
1376b1 · minua a importância e credibilidade deles; deve-se procurar aumentar sua importância e credibilidade se isso nos favorecer, e procurar diminuí-las se favorecerem nosso adversário. A fim de estabelecer o crédito que se deve ou não conceder aos contratos, o procedimento é precisamente idêntico àquele que indicamos para o trato das testemunhas, pois o crédito a ser atribuído a contra-
5 · tos depende do caráter dos que os assinaram ou que têm a sua custódia. Uma vez o contrato seja reconhecido como autêntico pelas duas partes, devemos insistir na sua importância se ele der respaldo ao nosso caso.

É possível argumentar que o contrato é uma lei, ainda que particular e parcial, que apesar do contrato certamente não conferir
10 · autoridade às leis, estas realmente conferem autoridade ao contrato feito de acordo com a legalidade, e que a própria lei como um todo é uma espécie de contrato, de modo que todo aquele que desobedece e desconsidera o contrato está fazendo o mesmo com a própria lei. Argumentar-se-á também que a maioria dos negócios, nomeadamente os que são voluntários, ocorrem através dos contratos, de sorte que se estes perderem sua validade e força de obrigatoriedade, todo o comércio entre os seres humanos deixará de existir. Não é
15 · difícil descobrir os demais argumentos adequados desse naipe. Se o contrato mostra-se desfavorável a nós e favorável ao adversário,

LIVRO I | 115

são úteis neste caso os argumentos adequados para opor-se a uma lei que nos é contrária. Não seria absurdo pensar que podemos não obedecer às leis quando são mal feitas e quando os legisladores se enganam, e nos crermos obrigados a respeitar contratos celebrados em idênticas condições? Argumentaremos também que o juiz,
20 · como aquele que arbitra, é quem delibera e distribui a justiça, não lhe competindo, portanto, indagar pelo significado das cláusulas de um documento, mas sim descobrir onde reside a justiça e propiciar uma solução mais justa; e que é impossível destruir o justo seja por fraude, seja por coação, uma vez que ele é conforme a natureza, ainda que certas convenções possam extrair sua origem da fraude e da coação, um dos contratantes passando a ser vítima de uma ou de outra. Por outro lado, é preciso verificar se os contratos contrariam
25 · alguma lei comum ou lei escrita do Estado a que pertencemos ou de outro, e se contradiz qualquer outro contrato anterior ou posterior, argumentando que o posterior é o contrato válido, ou então que o anterior mostrava-se correto, enquanto o posterior, fraudulento – empreendendo uma ou outra argumentação dependendo do que nos convém. Além disso, precisamos considerar a questão da utilidade, observando se o contrato opõe-se ou não ao interesse dos
30 · juízes, e considerar outros aspectos semelhantes, que não são difíceis de serem captados na óbvia linha de argumentação.

As confissões obtidas mediante tortura constituem uma forma de testemunho particular que parece inspirar confiança e a que se atribui amiúde grande importância, porque tais confissões provêm de uma coação. Neste caso, mais uma vez, não é difícil apontar os meios disponíveis a serem empregados. Se as confissões nos são vantajosas, podemos aumentar seu valor declarando que são os úni-
1377a1 · cos testemunhos verídicos de que dispomos. São-nos contrárias e favoráveis à parte adversária? Podemos refutá-las condenando em termos gerais a confissão sob tortura, e dizendo a seguinte verdade: todos sendo submetidos à coação, aqueles que sofrem a tortura ex-
5 · pressam tanto o falso quanto o verdadeiro, já que enquanto uns obstinam-se em não dizer a verdade, outros mentem facilmente na

116 | RETÓRICA

esperança de ver seus sofrimentos abreviados. [Na argumentação,] devemos ser capazes de citar casos que sejam familiares aos juízes, em que tais fatos realmente ocorreram.

No que toca aos juramentos, é possível distinguir quatro casos: alguém pode *ou tanto* fazer *quanto* aceitar um juramento, *ou* nem uma coisa nem outra, *ou* uma coisa mas não a outra, isto é, pode fazer um juramento mas não aceitar um, ou aceitar um juramento,

10 · mas não fazer um; há também um outro caso a ser admitido: a situação que surge quando um juramento já foi feito por esse mesmo alguém ou por seu adversário.

Recusa-se fazer um juramento sob o argumento de que as pessoas incorrem facilmente em perjúrio, e que, se o adversário jurar, se perderá o dinheiro, ao passo que, se ele não o fizer, se pensará que os juízes o condenarão; argumentar-se-á adicionalmente que se prefere o risco de um veredicto desfavorável, uma vez que se confia

15 · nos juízes, mas não no adversário.

Recusa-se a aceitar um juramento argumentando-se que o juramento é sempre feito por dinheiro; que para fazê-lo bastaria ser um patife, pois de fato mais vale agir como um patife por alguma coisa do que por nada, já que jurando obter-se-á alguma vantagem, ao passo que, ao se recusar a fazê-lo, nada se terá. Assim, a nossa recusa – argumentar-se-á – deverá ser atribuída a nossa virtude e não ao receio de incorrermos em perjúrio; aqui será conveniente recorrer às palavras de Xenófanes, segundo o qual a provocação não é justa

20 · quando um ímpio provoca uma pessoa pia, como um homem forte que desafiasse um homem fraco a atacá-lo ou a ser atacado por ele.

Em caso da aceitação de um juramento, pode-se argumentar que se deposita confiança na própria virtude, mas que se desconfia daquela do adversário, e, invertendo o teor das palavras de Xenófanes, que o justo é o ímpio aceitar o juramento da parte adversária, se

25 · a pessoa pia se dispuser a jurar. Não seria extraordinário recusar-se a jurar em uma questão em que se requer que os juízes devam prestar juramento antes de julgar? Caso aceitemos o juramento da parte adversária, podemos argumentar que a piedade nos dispõe a confiar

LIVRO I | 117

o caso aos deuses; que nosso adversário não deveria desejar outros
juízes além de si mesmo, uma vez que deixamos a decisão em suas
mãos; e, enfim, que seria absurdo nosso adversário recusar-se a jurar
sobre a questão, quando exige o juramento dos outros.

Tal como vimos claramente como argumentar, em cada caso,
separadamente, também vimos como argumentar quando se apre-
30 · sentam em duplas. Por exemplo, se nos dispomos a jurar e a não
aceitar o juramento da parte adversária; ou se aceitamos o juramento da parte adversária e não fazemos o juramento; finalmente,
se assentimos com ambas as coisas, ou se não admitimos nem uma
1377b1 · nem outra. Serão necessariamente combinadas as observações que
fizemos e, por via de consequência, inclusive, os discursos que pro-
nunciaremos serão produtos de tais princípios. Se fizemos antes
um juramento que se opõe ao que fazemos agora, argumentaremos
que inexiste perjúrio, uma vez que só se comete injustiça voluntariamente; que cometer perjúrio incorre no injusto, mas que não
se age voluntariamente quando se é presa da violência e da fraude
alheias. A conclusão – devemos argumentar – que nos cabe tirar
é que o perjúrio está na intenção e não nas palavras. Contudo, se
5 · foi a parte adversária que prestou um juramento contrário ao que
presta agora, argumentaremos que, faltando ao seu juramento, ela
põe tudo a perder, razão pela qual só se aplicam as leis após ter ju-
rado observá-las. "Insistem os meus adversários que vós, os juízes,
10 · devem se conformar ao juramento que fizestes, e, no entanto, não
vos conformareis aos juramentos deles?"

*E isso basta quanto aos meios de persuasão que independem
da arte.*[70]

---

70. Kassel: *[...] Há igualmente outros argumentos passíveis de serem adotados
para aumentar a importância do juramento [...].*

LIVRO II

1

15 · ACABAMOS DE EXAMINAR AS FONTES das quais extrair os argumentos para aconselhar ou desaconselhar, para realizar a censura ou o elogio e para executar a acusação ou a defesa. Vimos igualmente as opiniões e as proposições que são úteis para os meios de persuasão nessas áreas. É a partir dessa matéria e dessas fontes que
20 · construímos os entimemas que se referem, por assim dizer particularmente, a cada gênero de discurso. Ora, porquanto a arte retórica tem por objetivo um julgamento, existindo para afetar a tomada de decisões – com efeito os ouvintes decidem entre um orador deliberativo (político) e outro, e a sentença do tribunal também é uma decisão – é imperioso não se limitar a ter em vista os meios de tornar o discurso demonstrativo e persuasivo; é igualmente necessário que o próprio orador manifeste-se em uma determinada
25 · e adequada disposição de espírito e a inspire no juiz, ou seja, nos ouvintes, a quem cabe decidir. Para suscitar confiança é muito importante, sobretudo na oratória deliberativa, mas também na oratória forense, que o orador se mostre em uma adequada disposição de espírito, leve a crer que a experimenta em relação aos ouvintes e, reciprocamente, os encontre em uma disposição idêntica em relação a ele próprio. *{Que a própria disposição de espírito do orador deva aparecer como adequada é especialmente importante no discurso*
30 · *deliberativo (político), e que os ouvintes devam encontrar-se na conveniente disposição de espírito revela-se mais importante nos discursos*

122 | RETÓRICA

forenses (judiciários)};[71] com efeito, quando as pessoas mostram-
-se amigáveis e tranquilas, abrigam certos pensamentos, ao passo
que, quando experimentam hostilidade ou irritação, ou pensam
1378a1 · algo totalmente distinto ou pensam o mesmo, mas com diferente
intensidade; quando mostram-se amigáveis com o indivíduo que
se apresenta diante delas para ser julgado, sua impressão é que ele
pouco fez de culposo, se é que fez alguma coisa de culposa; quando
sentem animosidade em relação a ele, sua impressão é exatamente
a oposta. Por outro lado, alimentam o desejo e a expectativa de al-
5 · guma coisa? Se o que esperam é agradável, lhes parecerá que deverá
realizar-se e ser algo benéfico. A disposição é de indiferença ou mau
humor? O oposto é que ocorrerá.

A confiança suscitada pela disposição do orador provém de
três causas, as quais nos induzem a crer em uma coisa independentemente de qualquer demonstração: a prudência, a virtude e a
benevolência. Afirmações falsas e maus conselhos devem-se à falta
10 · de uma ou mais dessas três qualidades. Oradores formam opiniões
carentes de veracidade dada a falta de prudência; ou formam opiniões verdadeiras, mas devido à sua falha moral, não dizem o que
realmente pensam e que lhes parece bom; ou, finalmente, embora
prudentes e honestos, falta-lhes benevolência, esta má disposição
para com os ouvintes podendo levá-los a não recomendar o que
sabem ser o melhor curso de ação a ser adotado. Não existem outras
causas senão essas. Conclui-se que todo aquele que é considerado
15 · detentor de todas essas qualidades [que atuam como causas] sus-
citará confiança em sua audiência. Quais os meios de aparentar
prudência e honestidade? Devem ser extraídos da análise que realizamos da virtude. O meio de estabelecer a própria virtude é o
mesmo para estabelecer a virtude de outrem.

20 · Cabe-nos agora discutir as paixões ou emoções, das quais forçosamente fazem parte a amizade e a benevolência. As paixões
(emoções) são as causas das mudanças nos nossos julgamentos e são

---

71. { } Spengel faz constar normalmente; Kassel considera este trecho uma
adição posterior feita pelo próprio Aristóteles.

LIVRO II | 123

acompanhadas por dor ou prazer. São elas: a cólera, a compaixão, o medo e outras paixões semelhantes, bem como os seus contrários. No que tange a cada paixão, convém distinguir três coisas. Se tomarmos, por exemplo, a cólera,[72] começaremos por investigar

25 · qual é a disposição da pessoa que se encoleriza, com que pessoas ela geralmente se encoleriza e quais os motivos que a induzem à cólera. Não basta conhecer um ou dois desses aspectos, pois se não conhecermos os três seremos incapazes de suscitar a cólera no auditório. O mesmo é válido no que respeita às demais paixões ou emoções. Tal como distinguimos e fixamos para as matérias já tratadas um elenco de proposições, faremos o mesmo neste caso na análise do

30 · tema que se nos apresenta.

2

É POSSÍVEL DEFINIR A CÓLERA como uma inclinação penosa para uma manifesta vingança de um desdém[73] manifesto e injustificável de que nós mesmos ou nossos amigos fomos vítimas. Se a cólera for isso que supomos que seja, sempre será necessário experimentada contra um indivíduo particular, por exemplo contra Cleonte, mas jamais contra o ser humano em geral. É necessariamente expe-

1378b1 · rimentada porque uma outra pessoa fez ou tencionou fazer algo a nós ou a algum de nossos aficionados. Todo sentimento de cólera [embora de natureza penosa] é sempre acompanhado de um certo prazer no antegozo da expectativa da vingança. Com efeito, sente-se

---

72. ...ὀργῆς... (*orgês*) – esta palavra tem o sentido restrito e específico de cólera, ira, mas também aquele lato e genérico de *agitação emocional interior*, de modo que, embora a traduzamos neste contexto por *cólera*, o leitor deverá entender também conjunta ou intercambiavelmente os nossos conceitos em português específicos, porém estreitamente aparentados, de indignação, irritação, raiva e correlatos.

73. ...ὀλιγωρίαν... (*oligorían*) – indiferença, desconsideração.

124 | RETÓRICA

prazer em pensar que se obterá o objeto do próprio desejo, e ninguém, de resto, deseja o que lhe parece impossível conseguir, mas
5 · somente o que se lhe afigura obtenível. Assim, [o poeta] referiu-se
com propriedade à cólera:[74]

...*É ela muito mais doce do que o favo de mel que, com doçura goteja,*
Quando se derrama no peito dos homens...[75]

Um certo prazer acompanha a cólera, também porque a vingança povoa nossos pensamentos e as imagens evocadas produzem
prazer, tal como as imagens dos sonhos.

10 · O desdém expressa uma opinião sustentada ativamente em relação a algo que evidentemente carece de importância e não merece
consideração. Julgamos que coisas boas, bem como as más, têm efetiva importância, merecendo a nossa atenção. Pensamos o mesmo
das coisas que tendem a produzir essas primeiras; pelo contrário, as
coisas que não exibem tal tendência ou que a apresentam escassamente são julgadas por nós destituídas de importância e, portanto,
com elas não nos importamos. O desdém assume três formas:
o desprezo, a malevolência e a insolência. O desprezo é uma espécie
15 · de desdém (indiferença); sentimos desprezo pelo que julgamos sem
importância, que é exatamente aquilo que nos causa indiferença.
A malevolência é outra forma assumida pelo desdém e consiste em
criar entraves para os desejos alheios, não para tirarmos proveito
da situação, mas para que a vítima de nossa ação não obtenha nenhum proveito; o desdém reside no fato de não visarmos a nada que
contemple nosso interesse – fica evidente que não pensamos nem
alimentamos qualquer suspeita de que a pessoa que é objeto de nossa
20 · malevolência pode nos prejudicar, pois se assim fosse experimenta-
ríamos medo relativamente a ela, e não desdém; tampouco pensamos
que possa nos prestar algum serviço que valha a pena, caso em que
estaríamos cogitando torná-la nossa amiga. A insolência também

---

74. Aristóteles não usa aqui *orges*, mas θυμός (*thymós*), termo de amplitude
semântica ainda maior do que *orges*, mas empregado nesta oportunidade
em sentido restrito.
75. ...ἀνδρῶν... (*andrôn*) – alusão à *Ilíada* de Homero, Canto XVIII, 109-110.

é uma forma de desdém (indiferença), na medida em que consiste em dizer e fazer coisas que prejudicam e afligem nossa vítima e que, 25 · sobretudo, a humilham. Na insolência não se busca qualquer proveito pessoal, e tampouco qualquer acerto – visa-se apenas à própria satisfação. De fato, quando se recorre a represálias, não se trata de insolência, mas de vingança. A causa do prazer fruído pelo insolente é imaginar-se como sendo muito superior aos outros ao maltratá-los. Daí jovens e pessoas ricas terem propensão para a insolência: julgam que a manifestação de insolência, de sua parte, os torna superiores. Por outro lado, a insolência objetiva difamar os outros, ou seja, sub- 30 · trair a honra que lhes é devida: desonrar é desdenhar. E, de fato, o que não é digno de qualquer consideração, que é desprovido de qualquer importância não atrai respeito algum, seja no bem ou no mal. É isso que leva Aquiles, em sua ira, a bradar:

...*Tomou o prêmio que me coube para si e desonrou-me...*[76]

e...

...*como se fosse eu um estranho de toda a honra destituído...*[77]

...dando a entender que era isso que motivava sua ira. Pensamos que uma grande consideração nos é devida da parte daqueles 1379a1 · que nos são inferiores quanto ao nascimento, o poder, a virtude e, em geral, em todas as esferas em que apresentamos superioridade; por exemplo, no tocante às riquezas, o rico em relação ao pobre; na oratória, o homem eloquente em relação ao que carece de toda capacidade de discursar; o governante em relação ao governado, e aquele que se julga digno de governar relativamente àquele que merece ser governado. Daí se ter afirmado:

...*Grande é a cólera dos reis que descendem de Zeus poderoso...*[78]

5 · e...

...*Mas persistiu seu rancor por muito tempo...*[79]

---

76. Homero, *Ilíada*, Canto I, 356.
77. Homero, *Ilíada*, Canto IX, 648.
78. Homero, *Ilíada*, Canto II, 196.
79. Homero, *Ilíada*, Canto I, 82.

126 | RETÓRICA

O ressentimento ou indignação provém desse sentimento de superioridade. Exigimos respeito igualmente daqueles que, segundo nós, nos devem tratar bem posto que são pessoas que tratamos bem no passado e continuamos a tratar bem, ou que nos predispomos, no presente e no passado, a tratar bem, quer pessoalmente, quer através de nossos amigos, quer através de terceiros a nosso pedido.

Com base no exposto, evidencia-se com que disposição de espírito, com quais indivíduos e por quais motivos as pessoas encolerizam-se. Encolerizamo-nos quando experimentamos aborrecimentos ou pesares: eis a disposição de espírito. É nessa condição que alguém sempre deseja alguma coisa. Um indivíduo pode opor-se diretamente aos nossos desejos, impedindo-nos, por exemplo, de beber quando estamos sedentos; ou indiretamente, o resultado sendo visivelmente idêntico. Conduzem-nos à cólera ao nos criarem obstáculos, ou não nos prestarem qualquer auxílio, ou nos contrariarem de qualquer maneira quando nos encontramos nessa disposição. *{Os doentes, os pobres, os amantes, os sedentos – em síntese, os que têm seus desejos contrariados e não satisfeitos, são irascíveis e facilmente propensos a acessos de cólera, que são principalmente dirigidos contra aqueles que tratam desdenhosamente o estado em que se encontram.}*[80] Assim, uma pessoa enferma encoleriza-se pela desconsideração à sua enfermidade; um indivíduo pobre, por sua pobreza não ser objeto de consideração; aquele que trava uma guerra, pela indiferença de que é objeto essa guerra; o amante, pela indiferença com que tratam o seu amor; o mesmo aplicando-se também a outros casos. No que concerne a cada um de nós, a paixão que nos domina prepara o caminho para a nossa forma particular de cólera. Encolerizamo-nos também quando os acontecimentos contrariam e frustram nossas expectativas: a adversidade totalmente inesperada é particularmente dolorosa, tanto quanto a realização totalmente inesperada de nossos desejos é especialmente prazerosa.

---

80. { } Trecho que consta em Spengel, mas é excluído por Kassel.

LIVRO II | 127

Pelo exposto, indica-se com clareza quais estações, tempos,
25 · disposições e períodos da vida incitam-nos à cólera – e em quais
lugares e quais momentos a ela somos conduzidos. E quanto mais
essas condições encontram acolhida em nós, mais nos predispomos à cólera. Portanto, os que se acham nessas condições é que
são incitados à cólera.

Os indivíduos com os quais nos encolerizamos são os que riem,
zombam e gracejam de nós, pois essa sua conduta insolente nos
30 · ultraja. Encolerizamo-nos igualmente com aqueles que nos causam todas as ofensas que têm a marca da insolência. Tais ofensas
são necessariamente as que não têm nem cunho vingativo, nem
trazem proveito aos que as cometem, já que nesse caso mostram-se
bastante inspiradas pelo desejo do insolente de insultar. Nossa cólera volta-se também contra aqueles que se revelam maledicentes
em relação a nós e desdenham o que constitui o objeto principal de
nossos esforços – por exemplo, os que anseiam obter a reputação
de filósofos encolerizam-se com os que desprezam esse propósito
35 · e sua filosofia; os que se orgulham de sua boa aparência com os
que desprezam sua aparência. O mesmo se aplica aos outros casos.
Sentimo-nos especialmente encolerizados nesse sentido e no que
toca a tais qualidades se suspeitamos que não as possuímos totalmente, ou em um grau considerável, ou que é isso que as pessoas
1379b1 · pensam sobre nós – isso porque, quando estamos convictos de que
somos plenos detentores das qualidades que constituem para nós
o objeto dos gracejos, somos capazes de ignorá-los. Por outro lado,
nos encolerizamos mais com nossos amigos do que com outras pessoas, pois julgamos que os primeiros devem nos tratar bem e não
mal. Encolerizamo-nos contra os que costumavam nos honrar e nos
5 · considerar se ocorre uma mudança e eles passam a ter uma atitude
diferente conosco. Pensamos então que nos desprezam, pois caso
contrário, nos tratariam como antes. Contra os que não retribuem
os benefícios que lhes fazemos ou que não os devolvem adequadamente, ou contra os que contrariam nossos desígnios embora
sejam nossos inferiores, visto que todos que assim agem parecem

manifestar desprezo por nós: aqueles que nos contrariam parecem julgar-nos inferiores a eles próprios, e os que não retribuem nossos benefícios parecem julgar que esses benefícios foram feitos por
10 · inferiores. E encolerizamo-nos, sobretudo, com pessoas que para nós são insignificantes se manifestam qualquer desdém em relação a nós, posto que supomos que a cólera provocada pelo desdém é sentida por pessoas que não têm como justificar o seu desdém por nós, e nossos inferiores não gozam dessa justificação. Por outro lado, encolerizamo-nos com amigos que não nos bendizem ou não nos tratam bem, ou nossa cólera é ainda maior com eles se fazem absolutamente o contrário ou se não notam nossas necessidades, o
15 · que ocorre na peça de Antífon, na qual Plexipos encoleriza-se com Meleagro – essa falta de percepção é um sinal de desdém, pois não deixamos de perceber as necessidades daqueles com os quais nos importamos. Contra os que se regozijam com nossas infelicidades e que, geralmente, mostram-se imperturbáveis ante nossos infortúnios; com efeito, isso indica hostilidade ou desdém. Contra os que não se preocupam em nos causar sofrimento, razão pela qual
20 · também nos encolerizamos com os portadores de más notícias. E contra os que dão ouvidos a histórias a nosso respeito ou se mantêm observando nossas imperfeições, comportamento de pessoas que nos desdenham ou nos odeiam, já que aqueles que nos amam partilham de todas as nossas dores e incomoda a todos ver as próprias fraquezas como objeto de observação. Ademais, contra os
25 · que nos desdenham na presença de cinco classes de pessoas, a saber: nossos rivais, indivíduos que admiramos, indivíduos que gostaríamos que nos admirassem, aqueles que respeitamos, aqueles que nos respeitam; se desdenhados diante de tais pessoas, a cólera em nós despertada revela-se especialmente intensa. Contra também os que desdenham seres que seria desonroso não protegermos, tais como nossos pais, filhos, esposas ou aqueles que dependem de nós. Con-
30 · tra aqueles que não retribuem um favor, pois neste caso o desdém é contra as conveniências e injustificável. Contra os que se mostram irônicos quando falamos sério, pois essa atitude é indício de des-

LIVRO II | 129

dém. *Contra os que nos tratam menos bem do que todas as outras pessoas.*[81] Esta atitude leva-nos a crer que não nos julgam merecedores dos bons tratamentos dos quais todos os outros são merecedores, o que é aparentado ao desdém. Também o esquecimento

35 · é capaz de provocar a cólera, como quando nossos nomes são esquecidos, por mais insignificante que isso pareça ser: de fato, o próprio esquecimento já parece ser um indício de desdém, já que se origina da indiferença ou descaso, o que se identifica com o desdém.

1380a1 · Indicamos as pessoas com as quais nos encolerizamos, a disposição de espírito em que experimentamos a cólera e os motivos que nos levam a experimentá-la. É evidente que o orador, através de seu discurso, deve colocar seus ouvintes na disposição de espírito dos que se predispõem à cólera; deve, igualmente, mostrar que os adversários são os responsáveis pela causa da cólera e que se assemelham àqueles com os quais nos encolerizamos.

3

5 · Como encolerizar-se é o oposto de tranquilizar-se, e a cólera, o oposto da tranquilidade, é preciso ainda explicar em que disposição de espírito, com quem e por quais motivos mostramos tranquilidade. Definimos, hipoteticamente, que a tranquilidade é um restabelecimento ao estado normal ou um apaziguamento da cólera. Se nos encolerizamos com quem nos desdenha e se o desdém (indiferença) constitui um ato voluntário, fica patente que mostramos tranquilidade diante daqueles que nada fazem de seme-

10 · lhante, ou que agem, ou parecem agir, involuntariamente. Diante daqueles que pretenderam o contrário do que realmente fizeram; diante daqueles que nos tratam como tratam a si mesmos, uma vez que se supõe que ninguém desdenha a si mesmo. Diante daqueles

---

81. Ou: *[...] Contra os que tratam bem as outras pessoas, mas não a nós. [...].*

130 | RETÓRICA

que admitem seus erros e se desculpam, pois aceitamos como uma
15 · satisfação o desprazer punitivo que experimentam por seu ato, o
que faz cessar nossa cólera. A punição dos servos constitui essa
situação; quando nos contradizem e negam suas faltas, os fazemos
sofrer uma punição mais rude, ao passo que se reconhecem que a
punição é merecida, a cólera se dissipa. A razão é que é impudente
20 · negar o que é evidente, e impudência demonstra simultaneamente desdém e desprezo. Consequentemente, votar profundo desprezo
a uma pessoa é idêntico a não ter por ela qualquer respeito. Experimentamos tranquilidade também diante daqueles que se humilham perante nós, e não nos contradizem, porque parecem com
isso admitir sua inferioridade relativamente a nós; ora, inferiores
sentem medo e ninguém desdenha a pessoa de que tem medo. Uma
prova patente de que a cólera se dissipa diante dos que se humilham
25 · é os cães não morderem as pessoas quando estas se sentam. Também
nos tranquilizamos com pessoas que se comportam seriamente face
à nossa seriedade, pois, longe de nos desprezar, tratam-nos com
seriedade. Tranquilizamo-nos igualmente com indivíduos que nos
prestaram mais serviços do que nós a eles; com os que têm necessidade de nós e nos imploram, pois com isso demonstram mais
humildade; com os que não recorrem a insultos, à zombaria e ao
30 · descaso com ninguém, ou, ao menos, com pessoas de bem ou as
que conosco assemelham-se. *{Geralmente, para descobrir a fonte da
tranquilidade faz-se necessário tomar o oposto do que se produz na
cólera.}*[82] Mostramos tranquilidade, ou seja, não nos encolerizamos
com pessoas que tememos ou respeitamos – quando nos achamos
nessa disposição não nos encolerizamos, porquanto é impossível
experimentar concomitantemente temor e cólera. Por outro lado,
não sentimos cólera alguma, ou relativamente pouca, com aqueles
35 · que fizeram o que fizeram movidos pela cólera: não sentimos que
assim agiram pelo desejo de nos desdenhar, pois ninguém tomado
pela cólera desdenha alguém, uma vez que o desdém é indolor,

---

82. Kassel considera este trecho em *itálico* e entre chaves uma adição posterior
do próprio Aristóteles.

LIVRO II | 131

1380b1 · ao passo que a cólera é penosa. Tampouco ficamos irados com os
indivíduos que nos respeitam.

Enfim, é evidente que somos tomados de tranquilidade ao nos
encontrarmos nas disposições opostas às que provocam a cólera, por
exemplo quando nos divertimos, rimos ou festejamos; quando vive-
mos dias de felicidade, saboreamos o êxito de um empreendimento;
quando gozamos da abundância. Em síntese, quando estamos livres
5 · do sofrimento, em um estado de prazer desprovido de insolência, ou
de esperança que conduz à indulgência. Também quando o tempo
escoou e nossa cólera não é mais nova, visto que o tempo dá um fim
à cólera. Por outro lado, a vingança antes infligida a uma pessoa
determina o cessar de uma cólera ainda mais intensa experimentada
por uma outra pessoa. *{Assim, Filócrates, constatando a cólera do
povo contra ele, respondeu com acerto à pergunta 'Por que não te de-*
10 · *fendes?' ao declarar 'Não chegou ainda a hora.' 'Mas quando o farás?'*
– [foi a pergunta imediata]: 'Quando vir alguém mais ser acusado' –
[foi sua resposta].}[83] A tranquilidade realmente chega quando esgo-
tamos nossa cólera sobre uma outra pessoa. Isso sucedeu com Ergó-
filo, quer dizer, embora o povo estivesse mais irritado com ele do que
com Calístenes, absolveu-o porque já havia condenado Calístenes à
morte no dia anterior. Também a tranquilidade nos envolve quando
condenamos o responsável por nossa cólera, ou quando os indivíduos que a motivaram padeceram um tratamento pior do que aquele
15 · que lhes teríamos infligido ao experimentarmos a cólera. Pensamos
com isso ter obtido algum tipo de vingança. Tranquilizamo-nos,
ademais, quando pensamos ter cometido uma injustiça e somos
punidos justamente, pois nesta situação não pensamos mais que
sofremos injustificadamente, o que tem a ver, como dissemos, com o
caráter da cólera. Assim, convém começar por reprimendas, pois os
próprios escravos indignam-se menos quando lhes chamamos a atenção antes de serem efetivamente castigados. Tranquilizamo-nos,

---

83. Kassel considera este trecho em *itálico* e entre chaves uma adição posterior
do próprio Aristóteles.

132 | RETÓRICA

20 · inclusive, ao pensar que o causador de nossa cólera não perceberá que é punido por nossa causa e devido à forma que nos tratou. A cólera tem em vista somente o particular, como se pode depreender claramente de sua definição. Daí o poeta ter escrito com acerto:

...*Diz que é Odisseu, o destruidor de cidades...*[84]

...sugerindo que Odisseu não teria sido vingado a menos que o cíclope[85] percebesse por quem e por que fora cegado. Portanto, não

25 · nos encolerizamos com ninguém que seja incapaz de estar ciente de nossa cólera, além do que nossa cólera desvanece relativamente a pessoas que morreram, pois sentimos que o pior lhes ocorreu, e que não sentirão nem sofrimento nem qualquer outra coisa que nós, em nossa cólera, visávamos fazê-los sentir. Assim, o poeta teve razão de fazer dizer,[86] com a finalidade de pôr um fim à cólera de Aquiles contra Heitor morto...

...*Insensível é a terra por ele maltratada em sua ira...*[87]

30 · Fica evidente que, quando se deseja tranquilizar os ouvintes, é preciso recorrer aos lugares-comuns[88] anteriormente indicados por nós e colocar o auditório que pretendemos levar à tranquilidade às disposições convenientes. Apresentar-se-á a ele os indivíduos com os quais está irritado ou como temíveis, ou como dignos de respeito, ou como benfeitores, ou como pessoas que agiram involuntariamente, ou ainda como pessoas muito angustiadas com o que fizeram.

4

DEVEMOS NOS REFERIR AGORA ÀS PESSOAS *que se ama ou que se*
35 · *odeia* e à causa [de se amá-las ou odiá-las]. Mas principiemos por

---

84. Homero, *Odisseia*, Canto IX, 504.
85. Polifemo.
86. Pela boca de Apolo.
87. Homero, *Ilíada*, Canto XXIV, 54.
88. ...τόπων... (*tópon*).

definir o que é amor e amar.[89] Supomos que amar é querer para uma outra pessoa aquilo que temos na conta de bens, e isso em vista de seu interesse e do nosso; cabe a nós, assim, na medida de nossas capacidades, agir no sentido de obter para essa pessoa tais vantagens; *{por outro lado, é amigo aquele que experimenta esse sentimento, ou seja, ama, e desperta o mesmo sentimento em retorno, ou seja, é amado}*.[90] Aqueles que pensam experimentar tal disposição entre si consideram-se amigos. Estabelecido isso, é necessariamente um amigo aquele que compartilha e se regozija com o bem que nos sucede e também compartilha ao nosso lado do mal que nos atinge, exclusivamente em função do benefício da pessoa amada, sem qualquer outra motivação. O prazer resultante desse bem ou a dor que resulta desse mal são os sinais da boa vontade de nosso amigo, uma vez que todos nós alegramo-nos quando os fatos se realizam de acordo com nossa vontade e expectativa, ao passo que nos amarguramos quando ocorre o contrário. Somos também unidos pela amizade quando os bens e os males nos são comuns; *{quando compartilhamos dos mesmos amigos e dos mesmos inimigos}*.[91] Segue-se necessariamente que a vontade é idêntica. Assim, aquele que deseja para o ente amado o que deseja para si mesmo revela-se verdadeiramente seu amigo.

Ademais, nutrimos amizade por aqueles que nos trataram bem ou pelas pessoas por quem zelamos; ou se assim agiram em grande escala, ou prontamente, ou por ocasião de alguma particular crise, desde que tenha sido em nosso próprio interesse. Sentimos amizade também por aqueles que pensamos que têm a predisposição de nos tratar bem e nos fazer o bem; que sejam incluídos, ademais, os ami-

---

89. ...φιλίαν καὶ τὸ φιλεῖν... (*philían kaì tò phileîn*). Φιλία (*Philía*), que traduzimos precariamente ora por amor, ora por amizade, encerra um conceito mais amplo do que ἔρως (*éros*), que, na sua acepção específica, é o amor que se restringe essencialmente ao domínio da sensualidade, ou seja, o amor sexual. O mesmo vale para os verbos correspondentes.

90. Kassel considera este trecho em *itálico* e entre chaves uma adição posterior do próprio Aristóteles.

91. Kassel considera este trecho em *itálico* e entre chaves uma adição posterior do próprio Aristóteles.

134 | RETÓRICA

gos de nossos amigos e os que amam as pessoas que amamos; os que são amados pelas pessoas que amamos; os que têm como inimigos os mesmos indivíduos que são nossos inimigos; que não gostam daqueles de quem não gostamos e que são odiados pelos que odiamos. Todas essas pessoas parecem ter os mesmos interesses que nós, do que se conclui que desejam algo que para nós constitui um bem, que é, como dissemos, o que é próprio de um amigo. É fato que também experimentamos o sentimento de amizade pelos que se dispõem a nos ajudar com seu dinheiro ou assegurando nossa segurança pessoal, razão pela qual temos em grande estima as pessoas generosas, corajosas e justas. Ora, consideramos como tais os que não vivem às expensas de outrem, classe à qual pertencem os que sobrevivem de seu próprio trabalho, entre os quais sobretudo os agricultores e outros que laboram com suas próprias mãos. Também gostamos de pessoas moderadas e sóbrias, porque costumam ser justas, e pela mesma razão, aqueles que cuidam de seus próprios negócios. Aqueles dos quais queremos ser amigos, desde que queiram o mesmo – são estes aqueles cujo mérito reside na virtude, os que gozam de boa reputação, quer junto a todos, quer junto aos mais excelentes, quer junto àqueles que admiramos ou que nos admiram. São também objeto de nosso amor os que nos proporcionam companhia agradável, classe na qual estão os indivíduos bem-humorados, os que não procuram censurar nossas faltas e que não se revelam nem ambiciosos nem polêmicos – todos os que possuem esses defeitos são combativos, e aqueles que nos combatem parecem acalentar vontades que se opõem às nossas. Amamos os que têm tato para gracejar e suportar gracejos, pois em ambos os casos eles visam ao mesmo objetivo de seu interlocutor, pois são capazes tanto de ouvir o gracejo quanto de gracejar na devida medida. Apreciamos igualmente os que elogiam nossas qualidades e, sobretudo, as qualidades das quais receamos não ser efetivos detentores; os que zelam por sua aparência, são asseados e ciosos de seus modos em geral; os que não tendem a nos censurar, nem nossos erros, nem os benefícios com os quais nos contemplaram, pois ambas essas censuras indicam uma tendência a nos tornar alvos de acusação; os que não retêm a lem-

LIVRO II | 135

5 · brança dos maus tratamentos e não guardam rancor, mesmo tendo motivos para isso, e que se reconciliam facilmente – de fato, de nossa parte acreditamos que, no que nos diz respeito, eles se comportarão como presumimos que se comportam com os outros; os que não são maledicentes e que não estão nem interessados nas falhas alheias, incluindo as nossas, mas somente nas qualidades, que é a atitude do homem de bem; os que não nos contrariam quando
10 · estamos encolerizados ou quando estamos preocupados, pois um comportamento oposto a isso seria provocativo; os que exibem em quaisquer circunstâncias, no que nos concerne, uma disposição a nos apreciar, do que são exemplos nossos admiradores, os que nos têm como honestos ou os que prezam nossa companhia; os que se sensibilizam sobremaneira com as qualidades nas quais queremos
15 · especialmente ser admirados, tidos em apreço ou apreciados; os que nos assemelham e que se devotam às mesmas ocupações que nós, contanto que não nos atrapalhem e não extraiam sua subsistência da mesma fonte que nós, pois então seria o caso de "oleiro contra oleiro"; os que alimentam desejos idênticos aos nossos, desde que possamos compartilhar de sua satisfação, pois, se assim não for, incorreremos no mesmo problema anterior; aqueles com os quais relacionamo-nos em tais termos que, ainda que respeitemos suas
20 · opiniões, não somos constrangidos a enrubescer diante deles por fazer o que é convencionalmente errado; os que nos provocam vergonha quando cometemos atos verdadeiramente incorretos. Aqueles cuja consideração buscamos, aqueles com os quais desejamos rivalizar, sem que essa rivalidade degenere em inveja, *são por nós apreciados e desejaríamos fazer deles nossos amigos*.[92] O mesmo vale relativamente àqueles com os quais colaboramos voluntariamente para que obtenham benefícios para si, contanto que isso não acarrete para nós maiores males. São também objeto de nosso amor os
25 · que se mostram nossos amigos, quer estejamos presentes ou não, o que leva, inclusive, todos a sentirem amizade por aqueles que

---

92. Ou traduzindo alternativamente: *[...] ou os apreciamos ou, ao menos, gostaríamos que nos apreciassem [...]*.

136 | RETÓRICA

conservam o sentimento de amizade e lealdade com seus amigos mortos. Conquistam também o amor das pessoas aqueles que são ternamente apegados a seus amigos e que não os abandonam jamais, sobretudo quando enfrentam problemas; com efeito, de todas as pessoas de bem, as que mais amamos são as que se destacam como amigas, isto é, possuem o mérito de saber amar. Queremos bem igualmente os indivíduos que são honestos, sinceros conosco, 30 · inclusive os que chegam a nos falar de seus pontos fracos. Já dissemos que com nossos amigos não nos envergonhamos de atos que são tidos por errados apenas pela opinião geral; e o fato de, ao contrário, nos envergonharmos é sinal de que não os amamos – com efeito, conclui-se que se não nos envergonhamos diante deles por faltas condenadas somente pela convenção é como se efetivamente os amássemos. Amamos, ademais, aqueles que não tememos e em quem temos confiança, pois não é possível que alguém realmente ame uma pessoa que lhe inspira e causa temor.

A amizade apresenta diversas formas, a saber, a camaradagem, a familiaridade,[93] a afinidade e outras. [De outra parte,] 35 · há atitudes que geram amizade, entre as quais a benevolência, os serviços prestados espontaneamente sem terem sido solicitados e prestados sem alarde, o que indica que foram prestados manifestamente pelo bem do beneficiado, excluindo absolutamente qualquer outro motivo.

1382a1 · Está claro que a inimizade e o ódio devem ser analisados tomando como referência os seus opostos. A inimizade pode ser produzida por cólera, descaso ou calúnia. Ora, enquanto a cólera surge de ofensas feitas contra nossa pessoa, a inimizade pode dispensar essas causas; de fato, podemos passar a odiar alguém simplesmente porque supomos que possui este ou aquele caráter. A cólera sempre 5 · se dirige a indivíduos, digamos Cálias ou Sócrates, enquanto o ódio é dirigido também a classes de pessoas. Todos odeiam ladrões e delatores; por outro lado, a cólera é curada com o tempo, ao passo

---

93. Isto é, a amizade estreita.

LIVRO II | 137

que o ódio é incurável. A cólera visa a causar sofrimento, ao passo que o ódio visa a causar dano, causar o mal. O indivíduo colérico deseja que a pessoa que é objeto de sua cólera sinta a opressão de seu sentimento hostil e que saiba quem é que experimenta essa cólera. Quem odeia não se importa com isso. Ora, o que produz so-
10 · frimento sempre afeta nossa sensibilidade, ao passo que os maiores males – a injustiça e a loucura – são os que menos a afetam; de fato, a presença do vício não nos provoca nenhum sofrimento. A cólera é acompanhada de dor, o ódio não, pois aquele que se encoleriza, se irrita, se indigna, sofre, mas quem odeia não. Por outro lado, o colérico, se presenciar os sofrimentos do seu desafeto, é suscetível de experimentar alguma compaixão; quanto a quem odeia, em hipótese alguma se compadecerá de alguém que em alguma oportunidade odiou – o que se explica pelo fato de que o primeiro
15 · quer que o responsável por sua cólera experimente a sua cota de sofrimento, enquanto o segundo quer a destruição de quem odeia.

Das considerações aqui expostas, concluímos que é possível demonstrarmos ou apurarmos a efetiva amizade ou efetiva inimizade das pessoas; se não são amigas ou inimigas, podemos mostrar-lhes como ser; se afirmam ser uma coisa ou outra, podemos contestar essa afirmação; e, finalmente, se discutem motivadas pela cólera ou pelo ódio, podemos encaminhar a ação ao princípio – cólera
20 · ou ódio – ao qual preferirmos atribuir a discussão.

5

Na sequência indicaremos claramente o que e quem tememos, e também em qual disposição de espírito tememos. Definamos o medo como uma forma de padecimento ou perturbação gerada pela representação de um mal vindouro de caráter destrutivo ou penoso. De fato, há alguns males cuja perspectiva não nos

138 | RETÓRICA

amedronta, dos que são exemplos a injustiça e a obtusidade. Só tememos aquilo que pode nos causar profundos sofrimentos e grandes perdas, inclusive nossa destruição. E mesmo isso somente 25 · se parecerem não distantes, mas tão próximos a ponto de serem iminentes. O fato é que não tememos o que está muito distante, do que é exemplo a morte: todos sabemos que vamos morrer, mas isso não nos incomoda porque a morte não apresenta uma proximidade ostensiva. Se nossa definição do medo for exata, o que necessariamente o produz será tudo que se afigura como detentor de um grande poder destrutivo e capacidade de causar danos que 30 · terão como consequências profundos sofrimentos. Daí os próprios sinais de tais coisas mostrarem-se temíveis, fazendo-nos sentir que a própria coisa temível está próxima. E a aproximação do que tememos é o que chamamos de perigo.

Inspiram-nos medo o ódio (inimizade)[94] e a cólera daqueles que detêm os meios de nos prejudicar – está claro que não dispõem para isso somente da possibilidade como também da vontade de realizá-lo, de maneira que sua ação é iminente; a injustiça que pode contar com os meios e poder para isso, pois é a escolha do homem 1382b1 · injusto que o torna injusto; a virtude ultrajada detentora de meios, pois é evidente que jamais deixa de se vingar quando pode, o que supomos lhe ser possível; o medo que suscitamos aos que podem nos prejudicar de um modo ou outro, visto que tais pessoas encontram-se necessariamente predispostas para agir nesse sentido. E, posto que a maioria dos seres humanos tende à maldade – dominados 5 · pela cobiça e covardes diante do perigo –, é, de regra, algo temível estar nas mãos de um outro ser humano; o resultado é que, se fizemos algo horrível, os que estão cientes disso nos atemorizam pelo pensamento que nos ocorre de que podem nos denunciar ou nos abandonar. E tememos aqueles que podem nos fazer mal quando estamos vulneráveis a eles; com efeito, os seres humanos geralmente prejudicam os outros sempre que detêm o poder para isso. Também

---

94. ...ἔχθρα... (*ékhthra*).

LIVRO II | 139

10 · são temíveis os que foram vítimas de injustiça ou que se creem tais, pois estão constantemente atentos para uma oportunidade de se vingarem. Outros que constituem indivíduos a serem temidos são os que cometeram injustiças e possuem poder e meios para agir, pois se conservam, por seu turno, receosos de sofrer vingança. Já mencionamos que a injustiça ou perversidade dotada de meios e poder é temível. Temíveis são igualmente aqueles que competem conosco no caso de ser impossível que os benefícios que eles e nós aspiramos pertençam simultaneamente a eles e a nós, pois haverá

15 · guerra contínua entre nós e eles. Igualmente tememos aqueles que suscitam temor em pessoas mais poderosas do que nós, pois se são capazes de ferir tais pessoas, decerto poderiam nos ferir ainda mais facilmente; por idênticos motivos, tememos os que temem as pessoas mais poderosas do que nós. Certamente tememos aqueles que destruíram pessoas mais poderosas do que nós; igualmente os que atacam pessoas mais fracas do que nós: estes são temíveis ou desde já, ou quando tiverem aumentado suas forças. Entre os indivíduos

20 · aos quais causamos danos, que são nossos inimigos ou nossos rivais, os mais temíveis não são os arrebatados e francos, mas aqueles que nos tratam com brandura, que são fingidos e inescrupulosos – de fato, nunca sabemos se estão prestes a nos atacar e, tampouco, se estão a uma distância segura de nós. Todas as coisas temíveis são ainda mais temíveis se não nos proporcionarem uma chance de reparar um erro – se essa reparação é absolutamente impossível, ou

25 · se depende não de nós, mas dos outros. O mesmo vale com relação àquilo que não admite nenhuma ajuda ou uma ajuda difícil de ser prestada. A nos expressarmos em termos gerais, é de se temer tudo o que, acontecendo ou devendo acontecer aos nossos semelhantes, é passível de provocar compaixão.

O exposto acima indica, aproximadamente, as principais coisas que são temíveis e as que efetivamente tememos. Passemos agora a descrever os estados em que se encontram aqueles que experimen-

30 · tam o medo. Se o medo for associado à expectativa de que algo destrutivo nos sucederá, ficará claro que todo aquele que acredita

140 | RETÓRICA

que nada lhe sucederá não experimentará o medo. Não temeremos acontecimentos que acreditamos não poder nos atingir, nem pessoas que cremos serem incapazes de provocar tais acontecimentos em nossas vidas. Conclui-se que o medo é sentido pelos que acreditam que algo provavelmente lhes acontecerá através da ação e concurso de determinadas pessoas, de uma determinada forma e em um determinado momento.

1383a1 · As pessoas creem não estar sujeitas a isso quando estão, ou pensam estar, em uma maré de prosperidade e felicidade, com o que tendem a comportar-se, diante dos outros, com insolência, desprezo e estouvamento; a riqueza, o vigor físico, o grande número de amigos e o poder tornam-nos assim; igualmente as pessoas que pensam ter experimentado todos os reveses da sorte, e que perma-

5 · necem insensíveis quanto ao futuro, semelhantes a homens que são açoitados até a morte. Para experimentarmos medo, é mister que continue existindo em nós alguma esperança de nos safarmos da ameaça que gera nossa inquietação. A prova disso é que o medo leva-nos a deliberar, quando ninguém delibera se a situação for desesperada. Assim, quando se mostra vantajoso, do ponto de vista de nossa causa, incutir medo nos ouvintes, é necessário transportá-los para um estado em que se creiam ameaçados por alguma coisa, destacando que isso ocorreu com outros que eram mais fortes do

10 · que eles, e que está ocorrendo ou ocorreu com pessoas como eles próprios, nas mãos de pessoas que não faziam parte de sua expectativa, de uma forma inesperada e em circunstâncias relativamente às quais pensavam estar protegidos.

Examinados a natureza do medo, aquilo que o gera e as diversas disposições nas quais ele é experimentado, é-nos possível também ver qual é a natureza da confiança, em relação a quais coisas a sen-

15 · timos e em quais disposições somos levados a experimentá-la. A confiança é o oposto do medo, e o que nos inspira a confiança é o contrário daquilo que gera o medo. Assim, a esperança acompanha a representação de que as coisas que podem nos proporcionar segurança estão próximas e que as temíveis estão ausentes ou distantes.

LIVRO II | 141

Sentimo-nos confiantes se aquilo que é capaz de nos prejudicar
20 · está distante e o que pode nos manter seguros, próximo; se dispomos de meios ou auxílios isoladamente numerosos *ou* eficazes, ou conjunta e simultaneamente numerosos e eficazes, para reparar ou prevenir nossas faltas; se não cometemos injustiça contra outra pessoa nem a sofremos nas mãos de outrem; se não temos, em absoluto, rivais ou não temos rivais expressivos; se estes últimos são nossos amigos ou nos trataram bem ou foram tratados bem por nós; se as pessoas que se beneficiam com as mesmas vantagens que nós são em maior número ou mais poderosas do que nós, ou tanto uma coisa quanto outra ao mesmo tempo.

25 · Quanto à nossa disposição de espírito, experimentamos confiança se acreditamos ter nos saído sempre bem e nunca termos sofrido reveses, ou ter com frequência afrontado o perigo e dele haver escapado com segurança. Com efeito, há duas razões para os seres humanos enfrentarem o perigo sem medo: ou nunca tiveram a experiência do perigo [e dos dissabores que dele resultam], ou dispõem de meios para lidar com ele. Assim, diante dos perigos do
30 · mar, alguns têm confiança no porvir porque não conhecem por experiência uma tormenta, outros porque a prática que adquiriram com a experiência lhes fornece os meios de enfrentar a tormenta. Também sentimo-nos confiantes quando constatamos que nossos semelhantes, nossos inferiores ou aqueles que consideramos como inferiores não têm nada a temer. Ora, cremo-nos superiores em comparação a uma pessoa quando a superamos em alguma coisa, ou a alguém mais poderoso do que ela, ou a seus iguais. Temos confiança se nos cremos superiores aos nossos rivais na quantidade e importância de vantagens que tornam as pessoas superiores e inspiram temor nos outros, quais sejam, muito dinheiro, força física,
1383b1 · quantidade de amigos, terras, equipamentos militares de todos os tipos ou dos mais importantes; se jamais cometemos injustiça a alguém ou se lesamos apenas algumas pessoas ou pessoas das quais
5 · nada temos a temer; *{e, em geral, se nossas relações com os deuses mostram-se satisfatórias, o que será revelado, sobretudo, pelos pres-*

ságios e oráculos}.[95] De fato, a cólera nos torna confiantes, sendo ela estimulada pelo nosso conhecimento de que não somos os agentes da injustiça, mas os injustiçados, e de que se supõe que o poder divino está sempre do lado dos injustiçados. Também se, no início de um empreendimento, acreditamos que não podemos falhar ou 10 · que teremos êxito.

E isso basta no tocante às causas do medo e da confiança.

6

NA SEQUÊNCIA EXPLICAREMOS A NATUREZA daquilo que provoca o pudor ou o despudor. Diante de quais pessoas experimentamos o sentimento de pudor e quais os estados em que o experimen-
15 · tamos? Podemos definir o pudor como uma forma de aflição ou perturbação gerada por ações deploráveis – realizadas no presente, no passado ou no futuro – capazes de nos desonrar. O despudor ou impudência é uma espécie de descaso e de indiferença manifestados relativamente a faltas dessa natureza. Se nossa definição de pudor for procedente, necessariamente experimentaremos o pudor, ou vergonha, por todos os atos considerados desonrosos, quer à nossa pessoa, quer às pessoas pelas quais zelamos. Enquadram-se
20 · nessa classe de atos todos aqueles que resultam de um vício, por exemplo a atitude de, diante do inimigo, pôr de lado o escudo ou fugir à luta, pois esses atos são ditados pela covardia; do mesmo modo, o ato que consiste de reter um depósito, visto que é produto da injustiça. Também constitui um ato dessa natureza ter relações sexuais com pessoas em lugares e circunstâncias despropositadas, o que é resultado do desregramento. Inclui-se também nessa classe de atos o de tirar proveito de coisas tacanhas ou vergonhosas, ou de

---

95. { } Considerado por Kassel um acréscimo posterior feito pelo próprio Aristóteles.

LIVRO II | 143

pessoas incapazes de se defenderem, como os pobres e os mortos,
25 · o que nos lembraria do teor do provérbio que se refere a alguém
capaz de "furtar até de um cadáver" – sendo tudo isso produto
da cupidez e da mesquinharia. Outro ato desse jaez é não prestar
uma ajuda pecuniária quando se pode, ou prestar apenas uma ajuda
insuficiente. Também [mas em sentido inverso,], deixar-se ajudar
por pessoas que têm menos recursos do que nós; semelhantemente, tomar dinheiro emprestado de quem parece nos procurar para
pedi-lo emprestado; pedir dinheiro emprestado quando o tom parece o de solicitar a retribuição de um favor; solicitar a retribuição
30 · de um favor quando soa como pedir dinheiro emprestado. Do mesmo modo, elogiar uma coisa em um tom de quem a está pedindo
e, a despeito da recusa, insistir no pedido: todas essas ações são
indicativas de mesquinhez. *{Elogiar uma pessoa diretamente, isto
é, na sua presença, é indício de lisonja.}*[96]
O mesmo se diga de elogiar excessivamente alguém e atenuar
seus defeitos; analogamente, afligir-se exageradamente com a dor
de alguém que está presente, e todas as posturas desse tipo, que
são sinais de bajulação. Por outro lado, é vergonhoso recusar-se a
1384a1 · suportar *padecimentos e fadigas*[97] suportados por pessoas mais ve-
lhas, de constituição mais delicada, de posição superior e, em geral,
pessoas de resistência inferior à nossa – com efeito, tudo isso é sinal
de *delicadeza*.[98] Também figuram no rol desses atos a aceitação, sobretudo frequente, de benefícios de outra pessoa e, então, censurá-la
5 · por essa prática, ou seja, a de conferi-los, o que denota clara pequenez de alma; também, envaidecer-se de tudo o que fizemos, nos
dispormos a prometer tudo e nos atribuir méritos alheios, o que resulta da jactância. O mesmo vale para ações devidas a cada uma das
demais falhas de caráter, seus sinais e elementos análogos – todas

---

96. {} Considerado por Kassel uma adição posterior feita pelo próprio Aristóteles.
97. ...πόνους... (*pónoys*).
98. Em sentido pejorativo, ...μαλακίας... (*malakías*) é uma mescla de fragili-
dade, tibiez, indolência e efeminamento (este em direta contraposição ao
vigor masculino). Corresponde ao conceito latino encerrado em *mollis*.

144 | RETÓRICA

essas ações têm como efeito a vergonha e a ignomínia. Acrescentemos que também atinge nosso pudor não participar das vantagens
10 · dignas das quais participam todos, ou todos os nossos iguais, ou a
maioria destes. Por *nossos iguais* entendo os que são do mesmo povo
ou raça, os concidadãos, aqueles que são de nossa mesma idade, de
nossa mesma família e, em geral, todos os que estão no nosso próprio
nível, pois já é vergonhoso não compartilhar das coisas dignas que
possuem, por exemplo, não ter o grau de instrução que eles têm, o
mesmo valendo para o resto. Mas sentiremos ainda mais vergonha se
tal situação se deve claramente a uma falta nossa, pelo que devemos
15 · de imediato incriminar principalmente nossas más inclinações, se for-
mos diretamente responsáveis pelas imperfeições pretéritas, presentes e vindouras. Envergonhamo-nos, ademais, ao sofrer (no presente,
passado ou futuro) ações que nos acarretarão desonra e censura,
por exemplo quando nos submetemos a ser ultrajados – cedemos
20 · à luxúria tanto voluntária quanto involuntariamente e à força involuntariamente –, pois não resistir a essa submissão constitui o
produto da falta de virilidade ou da covardia.

Eis o que, acompanhado do que lhe assemelha, provoca o sentimento de pudor. *Como* o pudor é a imagem da desonra em que in-
corremos, sendo, por sua vez, provocado por essa própria desonra,
25 · sem consideração pelas consequências que dela resultam, e *como*
ninguém se preocupa com a deferência de que é objeto exceto em
função dos que a dispensam, conclui-se que nos envergonhamos
das pessoas com cuja opinião a respeito de nós nos importamos. E
estas pessoas são as seguintes: as que nos admiram, as que admiramos, aquelas cuja admiração desejamos, aquelas com as quais
rivalizamos e aquelas cuja opinião sobre nós é por nós respeitada.
30 · As pessoas cuja admiração aspiramos e as que admiramos são todas aquelas possuidoras de alguma vantagem honrosa, ou aquelas
das quais ansiamos obter um bem dos quais são soberanamente
titulares e capazes de nos oferecer, o nosso sentimento sendo semelhante ao de um amante. Rivalizamos com nossos iguais. Buscamos a deferência das pessoas sensatas, quais sejam, anciãos e

LIVRO II | 145

indivíduos instruídos, porque temos conosco que essas pessoas
35 · exprimem a verdade. Sentimo-nos mais envergonhados das ações
realizadas abertamente que se expõem ao olhar de todos, e daí o
adágio "O pudor habita os olhos". Eis porque experimentamos
mais vergonha diante das pessoas que deverão permanecer sempre
ao nosso lado, e diante daquelas que se mantêm atentas relativamente aos nossos atos e gestos: em um caso e noutro somos ob-
1384b1 · jeto de um olhar constante. Sentimos o mesmo pelas pessoas que
não são vulneráveis à mesma imputação que nós, pois é evidente
que suas opiniões a respeito da matéria são contrárias à nossa. *{E
experimentamos pudor diante dos que são duros com qualquer um
cuja conduta julgam errada.}*[99] De fato, não nos indignamos ao
ver ser feito por nosso vizinho aquilo que nós mesmos fazemos;
5 · entretanto, indignamo-nos ao vê-lo fazer aquilo que não fazemos.
Levam-nos também ao pejo aqueles que provavelmente contarão a
todos o que sabem sobre nós, já que não transmitir a outros é tão
bom quanto não acreditar que estamos errados. Os indivíduos que
provavelmente informarão a outros sobre nossos atos são aqueles
que lesamos, uma vez que observam de perto nossa conduta para
nos dar o troco, e os maledicentes, os quais, se maldizem até quem
não cometeu nenhuma falta, encontram maior razão em maldizer
aqueles que as cometeram. Levam-nos também a nos envergonhar-
10 · mos aqueles que se ocupam continuamente das falhas dos outros,
que é o caso dos satíricos e dos autores de comédias, verdadeira
espécie de maledicentes e mexeriqueiros. Envergonhamo-nos também diante de quem jamais demonstrou repulsa por nós, pois,
pelo que parece, somos para eles objeto de admiração. Por idêntica
razão sentimos uma certa vergonha em recusar-lhes um favor que
é pedido pela primeira vez, pois nada fizemos ainda para nos ape-
quenarmos ante seus olhos. Tais pessoas são, em primeiro lugar, as
15 · desejosas de se tornarem nossos amigos; de fato, limitaram-se a ver
somente o nosso melhor lado, o que mostra a justeza da resposta
de Eurípides aos siracusanos; em segundo lugar, são as pessoas

---

99.   { } Considerado por Kassel um acréscimo posterior do próprio Aristóteles.

146 | RETÓRICA

entre os nossos velhos conhecidos que desconhecem totalmente
nossas imperfeições. Tem-se vergonha não só das ações indicadas
por nós, como também de seus sinais; assim, por exemplo, é ver-
20 · gonhoso não só expor os atos sexuais como também os sinais que
os denotam. E nos fazem enrubescer não somente presenciá-los
como ouvir a linguagem referente a eles. Analogamente, experimentamos pudor não só diante dos tipos de pessoas que foram
indicadas, como ainda ante as pessoas que lhes relatarão nossos
atos, por exemplo seus servos e seus amigos. A título de regra geral, não nos envergonhamos diante das pessoas cuja opinião nos
é inteiramente desprezível, isto é, destituída de confiabilidade do
prisma da verdade (ninguém sente vergonha diante de pequenas
25 · crianças ou animais); tampouco envergonhamo-nos das mesmas
coisas perante pessoas que conhecemos com certa intimidade e
estranhos: diante de quem conhecemos coramos do que se afigura
verdadeiramente vergonhoso; diante dos desconhecidos coramos
do que é vergonhoso do ponto de vista da lei.

Eis as disposições nas quais experimentamos vergonha: primeiramente se está presente diante de nós nas mesmas disposições daqueles diante dos quais sentimos vergonha, tal como asseveramos.
Foram por nós indicados, a saber, as pessoas que nos admiram ou
30 · que admiramos, ou por quem desejamos ser admirados; as para
as quais solicitamos algum serviço que só lograremos com a condição de não sermos desconsiderados aos seus olhos; ou então essas
pessoas mantêm o olhar contínua e meticulosamente sobre nossa
conduta, que é como Cídias as representou em seu discurso sobre
a instalação de uma colônia em Samos, ocasião em que pediu aos
atenienses que imaginassem os gregos os circundando, sugerindo
com isso que os gregos não seriam simplesmente informados acerca
35 · de suas deliberações, mas as observariam de perto; ou, ainda, essas
pessoas encontram-se muito próximas de nós e nosso comportamento não lhes passará desapercebido – eis a razão porque na in-
1385a1 · felicidade não desejamos ser observados por aqueles que, invejosos
de nós, buscaram nos imitar, pois essa atitude implica admiração.

LIVRO II | 147

Envergonhamo-nos, ainda, por conta de algum fato ou alguma ação que são desonrosos, e que foram produzidos por nós mesmos, por nossos ancestrais ou por uma pessoa com a qual temos parentesco; e, em geral, sentimos vergonha daqueles cuja própria má conduta nos levaria a senti-la – são estas as pessoas que já indicamos, aquelas
5 · com as quais entretemos relações, aquelas que nos tomam como seus modelos, por exemplo aquelas das quais fomos mestres ou conselheiros; neste mesmo elenco estão aqueles nossos pares com os quais rivalizamos visando às honras, devendo ser destacado que a vergonha que sentimos diante deles nos impele tanto a cometer quanto a deixar de cometer os atos. Toda vez que somos levados, por força das circunstâncias, a nos mostrar e expor nossa vida àqueles que já conhecem nossos atos desonrosos, experimentamos um pejo mais intenso. É isso explicado pelas palavras de Antífon, o poeta, quando
10 · estava prestes a ser açoitado até a morte por ordem de Dionísio e contemplava os que iriam morrer com ele cobrindo seus rostos à medida que franqueavam os portões da cidade: "Por que cobris vossos rostos? Temeis que algum destes espectadores vos veja amanhã?".

Basta quanto ao que toca ao pudor ou vergonha; no que concerne ao despudor, é evidente que será suficiente conceber as situa-
15 · ções opostas para entendermos o que precisamos entender.

7

A SEGUIR DEVEMOS TRATAR DA BENEVOLÊNCIA.[100] Sua definição nos indicará a quem a dispensamos, porque e em quais disposições. Suponhamos, então, que a benevolência é o sentimento por

---

100. ...χάριν... (*khárin*). Χάρις (*Kháris*) é outra palavra para a qual não temos em português nenhum termo único que dê conta de conceito tão rico e lato. É benevolência (literalmente o *querer bem*), mas também é beneficência (o *fazer o bem*), a graça, o favorecimento, a condescendência, a aquiescência, a recompensa (sentidos ativos), bem como o reconhecimento pelos benefícios por parte do beneficiado.

148 | RETÓRICA

força do qual alguém que dispõe de recursos presta ajuda àqueles
que passam privações, não na expectativa de qualquer proveito para
si em retribuição, ou alguma vantagem pessoal, mas exclusivamen-
20 · te no interesse do beneficiado por seu gesto. A benevolência e a
beneficência são grandiosas quando dirigidas ao favorecimento
de alguém que se acha em extrema necessidade, ou que necessita de
algo importante e de difícil obtenção, ou que o necessita em meio
a uma situação crítica; também são grandiosas quando o benevolente e benfeitor é a primeira, única ou principal pessoa a ajudar.
Chama-se de necessidades os desejos naturais, especialmente os
acompanhados de sofrimento ou angústia quando não satisfeitos.
Os apetites são desejos dessa ordem, do que é exemplo o desejo
sexual; incluem-se nessa mesma classe os desejos que experimentamos por ocasião dos sofrimentos físicos, e em situações de perigo.
25 · Assim, aqueles que permanecem ao nosso lado quando suporta-
mos a pobreza ou o exílio, ainda que não possam nos prestar muito
auxílio, mostram-se realmente benevolentes, pois a nossa necessidade é grande e a situação opressiva. É o caso de alguém que no
Liceu deu a uma outra pessoa uma esteira. É, sobretudo, nessas
30 · circunstâncias que é necessário ocorrer a assistência, ou mesmo
em circunstâncias semelhantes ou até de maior gravidade.

Com isso, vimos com clareza com quem, por que e com qual disposição manifesta-se a benevolência. Evidencia-se, então, que é preciso extrair disso os argumentos para mostrar que os atingidos pela
benevolência encontram-se ou se encontraram mergulhados nessas
necessidades e nesses sofrimentos, e que aqueles que os assistem
prestaram ou prestam uma ajuda do tipo descrito que corresponde
à necessidade descrita. Vemos, por outro lado, de quais argumentos podemos nos servir para eliminar a ideia de benevolência e
fazer parecer nossos opositores não benevolentes: podemos ale-
1385b1 · gar que eles estão ajudando ou ajudaram visando simplesmente a
promover seu próprio interesse, o que, como foi dito, não é benevolência nem beneficência, ou que o benefício prestado foi apenas
produto do acaso, ou do constrangimento de que foram objeto, ou

LIVRO II | 149

ainda que não estavam propriamente prestando um serviço, mas simplesmente retribuindo um, cientes ou não disso – em um caso ou noutro só podemos falar de uma simples retribuição, permuta de favores, não se tratando, mesmo no último caso, de benevolência.

5 · No exame desse tema, é necessário, inclusive, considerar todas as categorias já que a benevolência varia segundo certas condições de natureza, quantidade, qualidade, tempo ou lugar. À guisa de evidência da ausência de benevolência, podemos destacar que a pessoa em necessidade não foi atendida em um serviço menor, ou que um serviço idêntico, igual ou maior foi prestado aos inimigos; é evidente que tais serviços não tinham em vista o interesse da pessoa supostamente favorecida. Pode-se ainda alegar enfaticamente que

10 · o benefício prestado era insignificante, o que era do conhecimento daquele que assumia o papel de prestador do auxílio; ninguém, com efeito, admitirá que necessita de coisas insignificantes.

E[101] basta isso, quanto ao que nos interessa, no que respeita à benevolência e à ausência desta.

8

Passemos agora a examinar a compaixão, perguntando-nos quais coisas a despertam, por quem a sentimos e em quais estados de espírito. Podemos definir a compaixão como um sentimento doloroso gerado por um mal aparente capaz de nos aniquilar ou de nos afligir, mal esse que atinge alguém que não merece ser por ele atingido e que, presumimos, também pode nos atingir, ou a nossos

15 · aficionados e, principalmente, quando a ameaça desse mal parece próxima, podendo ele nos atingir brevemente. Realmente, o fato de ser suscetível de sentir compaixão necessária e obviamente implica na nossa capacidade de presumir que algum mal (como o que indi-

---

101. Kassel inicia aqui o capítulo 8.

150 | RETÓRICA

camos anteriormente ou semelhante) pode nos ocorrer ou àqueles
20 · do nosso círculo. Esta é a razão porque os que estão completamente
arruinados não experimentam a compaixão; pensam que mais nenhum mal pode lhes suceder, uma vez que o pior já lhes sucedeu;
o mesmo é verdadeiro quanto aos que se supõem no ponto mais
alto da felicidade – o sentimento ao qual tendem é, ao contrário,
o da desmedida, pois, ao imaginarem que possuem todas as boas
coisas da vida, acreditam igualmente não estarem sujeitos a padecer
nenhum mal, sendo isso também um dos bens dos quais eles dis-
25 · põem. Aqueles que supõem que o mal pode lhes suceder são os que
já o provaram e dele escaparam seguramente; nessa classe devem ser
incluídos os velhos, devido ao seu bom senso e a sua experiência; os
fracos e, ainda mais, os excessivamente tímidos, que são inclinados
à covardia; os instruídos, devido à sua aptidão para o raciocínio.
Também se presumem sujeitos a serem atingidos pelo mal aqueles
que têm pais vivos, filhos ou esposas, pois estes seres constituem
uma parte deles mesmos, estando expostos aos males que mencionamos anteriormente. Acresçam-se os que não se encontram sob o
30 · domínio de uma paixão suscetível de gerar a coragem, como a cólera ou a audácia, paixões que não levam em conta o futuro; os que
não se acham em um estado de espírito que os incita à insolência:
pessoas insolentes também não levam em conta a possibilidade de
que algum mal lhes acontecerá. É necessário estar em um estado
intermediário para experimentar a compaixão, razão pela qual não
a experimenta aquele que é presa de uma apreensão intensa (pessoas
aterrorizadas não sentem compaixão porque o pavor que as possui
monopoliza o seu sofrer). Por outro lado, para sentir compaixão, é
1386a1 · necessário crer que ao menos algumas pessoas são boas, pois se pensamos que nenhuma o é, concluiremos que todos os seres humanos
merecem os males que os atingem. E, em geral, sentimos compaixão
sempre que estamos em condições de lembrar que semelhantes infelicidades já nos atingiram ou a quem amamos no passado, e que
são de esperar para o futuro.

Basta relativamente às disposições em que sentimos compaixão.

LIVRO II | 151

No que tange às causas que geram a compaixão,[102] estão clara-
5 · mente expressas na própria definição. Entre as coisas desagradáveis e dolorosas, as que são capazes de causar nosso aniquilamento
podem todas suscitar a compaixão; o mesmo aplica-se a todas as
que são suscetíveis de nos arruinar, bem como a todos os males importantes devidos à sorte. Os males dolorosos e destrutivos são: as
diversas formas de morte; os golpes, ferimentos e maus tratamentos infligidos ao corpo, a velhice, as doenças e a falta de alimento.
Os males causados pela sorte são a falta de amigos, a escassez de
10 · amigos (constitui algo impiedoso ser arrancado dos amigos, companheiros e familiares), a disformidade, a debilidade, o estropia-
mento; que se some a esse elenco o mal proveniente de uma fonte
da qual deveria provir o bem, especialmente se esse infortúnio
repete-se com frequência. Que se inclua também a obtenção de
um bem somente após ter sofrido o pior, que é o que aconteceu
15 · a Diopeites, o qual já se achava morto quando lhe chegaram os
presentes do rei; também não tirar proveito de nenhum bem ou
não poder fruir dos bens que nos cabem.

Tais são as causas, e outras que lhes são similares, que nos levam
a sentir compaixão.

Experimentamos compaixão pelas pessoas que conhecemos,
desde que não sejam nossos parentes muito próximos, pois neste
caso sentimos como se nós mesmos estivéssemos a sofrer. Isso explica
20 · por que Amasis não chorou – diz-se – ao ver seu filho ser conduzido
à execução, tendo, ao contrário, derramado lágrimas sentidas ao ver
um de seus amigos pedir-lhe esmola: esta última visão era de causar
compaixão, ao passo que a primeira era terrível; o terrível difere do
que causa compaixão, tende a expulsar a compaixão e frequentemente é até útil para provocar emoções contrárias à compaixão. De
fato, não sentimos mais compaixão quando o perigo nos ameaça
de perto. Por outro lado, sentimos compaixão por pessoas que se
25 · assemelham a nós na idade, no caráter, nas qualidades, na posição

---

102. Ou seja, *o que constitui o objeto de nossa compaixão.*

152 | RETÓRICA

social ou no nascimento, pois em todos esses casos parece mais provável que os mesmos infortúnios que os atingem possam também
nos atingir. Em geral, devemos admitir aqui que todos os males
que receamos para nós mesmos provocam nossa compaixão quando
percebemos que as outras pessoas são vítimas deles. Dessa maneira,
portanto, os males que parecem estar próximos fazem despertar a
compaixão; não é possível lembrarmos de males que ocorreram há
30 · milhares de anos, nem anteciparmos o que ocorrerá daqui a milhares de anos, de sorte que a ocorrência desses males em geral não
produz nenhuma compaixão, ou produz menos. Conclui-se disso
que aqueles que intensificam o efeito de suas palavras com gestos,
tom de voz e aparência adequados e, em geral, adotam a teatralidade,
obtêm particular êxito quanto a despertar a compaixão: exibem os
1386b1 · desastres aos nossos olhos e os aproximam de nós, sejam vindouros
ou passados. Tudo aquilo que acabou de acontecer ou que está na
iminência de acontecer constitui, por isso, material mais suscetível
de produzir compaixão. É assim com os sinais e ações, por exemplo:
as roupas das pessoas falecidas e outras coisas semelhantes; palavras
e todas as manifestações das pessoas que sofrem, como aqueles que
5 · estão para morrer. Seremos tomados pela compaixão principalmente ao presenciar pessoas boas em tais situações. Na totalidade
desses casos, pelo fato de o perigo parecer próximo, a compaixão
mostra-se mais intensa. Ocorre o mesmo quando a pessoa que sofre
não o merece, e quando sua dor é exibida diante de nossos olhos.

9

10 · Opõe-se direta e mais particularmente à compaixão o
sentimento que chamamos de indignação[103]. Em um certo sentido,
o sofrimento na boa sorte sem merecimento opõe-se ao sofrimen-

---

103. ...νεμεσᾶν... (*nemesân*).

LIVRO II | 153

to na má sorte não merecida, um e outro devendo-se ao mesmo
caráter. Ambos os sentimentos estão vinculados ao bom caráter.
Devemos externar simpatia e compaixão diante do infortúnio não
15 · merecido e experimentar indignação diante do sucesso não merecido; de fato, tudo o que é imerecido é injusto, razão pela qual
atribuímos aos deuses a indignação punitiva. Poder-se-ia, inclusive, supor que a inveja[104] é, analogamente, o oposto da compaixão,
sob o fundamento de que a inveja está estreitamente aparentada à
indignação, ou lhe é mesmo idêntica. Mas não é. É verdade que
a inveja é também uma dor que nos perturba ao contemplarmos
o sucesso alheio. Mas este sucesso, contudo, não é o de alguém
20 · que não o merece, mas de uma pessoa que é igual ou semelhante a
nós. Ora, tanto na indignação quanto na inveja necessariamente
não se devem a algo adverso que provavelmente nos atingirá, mas
unicamente ao que sucede ao nosso próximo. O sentimento deixa
de ser inveja em um caso e indignação no outro, convertendo-se em
medo se a dor e a perturbação são causadas pela perspectiva de algo
ruim para nós mesmos na qualidade de produto da boa sorte de uma
outra pessoa.

25 ·   É evidente que a indignação e a compaixão serão acompanhadas
de sentimentos opostos de satisfação. Com efeito, aquele que experimenta desprazer ante as felicidades sem merecimento alheias
experimentará prazer ao presenciar a infelicidade dos que a merecem. Por exemplo, nenhum homem de bem experimentará desprazer diante da punição merecida de parricidas e de assassinos. São fa-
30 · tos que nos devem trazer regozijo, como o deve trazer a prosperidade
dos que a merecem. Ambos esses sentimentos são justos e geram
prazer ao homem de bem; é forçoso que esperemos obter aquilo
que acontece ao nosso semelhante; todos esses sentimentos estão
vinculados ao mesmo caráter, ao passo que seus contrários ao caráter
oposto. Aquele que experimenta prazer com os infortúnios alheios
1387a1 · é idêntico àquele que inveja o sucesso alheio; de fato, todo aquele

---

104. ...φθόνος... (*phthónos*).

que sofre com a ocorrência ou existência de uma determinada coisa, necessariamente rejubila-se com a inexistência ou destruição dessa coisa. É-nos facultado agora perceber que todos esses sentimentos têm o pendor de barrar a compaixão, ainda que difiram entre si devido aos motivos indicados, de modo que todos eles revelam-se 5 · igualmente úteis para neutralizar o recurso à compaixão.

Principiemos pelo exame da indignação, dos que a provocam, de suas causas e das disposições de espírito em que nos encontramos quando experimentamos a indignação. Realizado esse exame, procederemos ao demais tópicos. Eis um ponto que evidencia o que dissemos, a saber, se a indignação é o sofrimento experimentado diante da visão do êxito não merecido de uma pessoa, fica 10 · claro, em primeiro lugar, que não é possível nos indignarmos indiferentemente de todos os bens. Assim, alguém pode ser justo ou corajoso, praticante da virtude, e não nos indignaremos com ele por esse motivo, não mais do que sentiríamos por ele compaixão diante dos contrários dessas virtudes. A indignação é suscitada 15 · pela visão da riqueza, do poder e de similares – por todas as coisas, em uma palavra, que são do merecimento das pessoas de bem e daqueles que detêm bens da natureza, digamos a origem nobre, a beleza e outros bens semelhantes.

Ademais, o que está estabelecido há muito tempo parece afim com o que existe naturalmente e, portanto, experimentamos uma indignação mais acentuada por aqueles que, possuindo um certo bem, adquiriram-no recentemente, devendo-lhe sua prosperidade. De fato, nosso desprazer é mais profundo à vista dos novos ricos 20 · do que à vista daqueles que há muito são ricos e o são por herança. O mesmo vale para os que ocupam cargos públicos, detêm poder, que têm muitos amigos, uma boa família etc. Identicamente, a indignação é ainda maior se esses bens são para eles um instrumento para adquirir outros. Por isso, é compreensível que, ao vermos novos ricos conquistarem o poder através de sua própria 25 · pria riqueza, nos sintamos mais penalizados do que se tratasse de pessoas que já há muito eram ricas. O mesmo é verdadeiro para outras questões. A razão é que uns parecem ter à sua disposição bens que lhes pertencem, enquanto outros não, pois aquilo que se apresenta sempre sob o mesmo estado parece ser real, de maneira que as posses dos novos ricos não parecem realmente lhes pertencer. Além disso, todos os bens não tocam indiscriminadamente a toda e qualquer pessoa. A harmonia consiste em uma certa conveniência. Por exemplo, a beleza e a qualidade das armas não correspondem ao homem justo, mas ao homem corajoso; do mesmo modo, os grandes casamentos não convêm aos novos ricos, mas aos indivíduos bem-nascidos. Se, portanto, uma pessoa de bem não obtém o que com ela se harmoniza, isto é motivo para indignação. Algo idêntico ocorre quando uma pessoa inferior luta com uma de condição superior, sobretudo com uma pessoa que é superior em algum aspecto particular, e daí as palavras:

Apenas o embate busca evitar com Ajax, filho de Telamon,
Que Zeus se zangava quando ele alguém mais forte atacava.[105]

Se há desigualdade no que toca ao sujeito, surge motivo para indignação quando uma pessoa inferior, de uma maneira ou outra, enfrenta alguém que lhe é superior, como por exemplo, se um músico confronta-se com um homem justo, uma vez que a justiça supera a música.

Vimos, com o que acabamos de expor, quais são as pessoas e as causas que provocam a indignação. São as que indicamos e outras que se lhes assemelham. As pessoas que a sentem são as dignas dos mais elevados bens e que os obtiveram – pois não é conforme à justiça pessoas que não são seus iguais obterem vantagens iguais às suas; em segundo lugar, as pessoas honestas e virtuosas, uma vez que seus juízos são íntegros e abominam a injustiça; as que são ambiciosas e que vivem à cata de ações suscetíveis de atrair honras, principalmente quando sua ambição é por aquilo que outros estão obtendo sem disso serem dignos. Em geral, os indivíduos que julgam a si merecedores de coisas das quais julgam outros in-

---

105. Homero, *Ilíada*, Canto XI, 542-543.

156 | RETÓRICA

divíduos não merecedores indignam-se com esses indivíduos no que concerne a essas coisas. Isso explica o fato de pessoas servis, desprezíveis e que nada ambicionam não serem suscetíveis de indignação, uma vez que nada há de que se julguem merecedoras.

15 · O que acabamos de dizer nos leva a ver com clareza em quais situações a infelicidade, o infortúnio ou o insucesso devem nos causar prazer ou, ao menos, não nos causar dor. Aquilo que acabamos de descrever permite-nos depreender imediatamente os princípios contrários. Consequentemente, se nosso discurso coloca os juízes em tais disposições de espírito e lhes mostra que os que reivindicam sua compaixão com determinados fundamentos não a merecem, mas, ao contrário, merecem que ela não seja concedida a eles, então

20 · será impossível suscitar a compaixão dos juízes.

10

NÃO É DIFÍCIL PERCEBER QUAIS OS MOTIVOS que provocam a inveja, quais as pessoas que constituem o seu objeto e as disposições em que nos encontramos ao senti-la. A inveja é uma forma de sofrimento produzido pelo conspícuo êxito, no que tange aos bens indicados anteriormente, conquistado por um de nossos pares. Esse sofrimento nada tem a ver com a ideia de obtermos um certo bem para nós mesmos, sendo, sim, produzido pelo fato de que outras pessoas o possuem. De fato, todos aqueles que têm

25 · pares ou parecem tê-los se ressentirão da inveja. Chamo de pares aqueles que são nossos iguais por nascimento, parentesco, idade, disposição, distinção e posses em geral. Sentimos inveja também quando pouco nos falta para possuir todos os bens, razão pela qual pessoas de elevada posição e prósperas a sentem, como se pensassem que todas as outras pessoas estão tomando o que a elas

30 · pertence. Também são invejosos os indivíduos que recebem es-

LIVRO II | 157

pecial destaque em função de alguma coisa particular, sobretudo se essa coisa particular for sabedoria ou felicidade. Os amantes das honras são mais invejosos do que aqueles que delas não são aficionados; que se diga o mesmo daqueles que desejam passar-se por sábios, visto que ambicionam a reputação gerada pela sabedoria. Na verdade, em geral os que visam a ser reputados por alguma coisa são invejosos no que toca a esse ponto em particular. Os que têm mentalidade tacanha[106] também são invejosos, uma vez que tudo lhes parece grande.

Referimo-nos aos bens que provocam a inveja. As ações ou 1388a1 · posses que despertam o amor às honras e à reputação, além do desejo de glória e dos diversos dons da fortuna são quase sempre geradores da inveja, e isso é particularmente pronunciado quando nossos desejos são intensos ou quando pensamos ter direito a essas coisas, ou ainda quando sua posse nos conferiria uma ligeira superioridade ou uma ligeira inferioridade em relação aos outros.

5 · Fica igualmente claro que tipo de pessoas invejamos, o que já incluímos nas considerações anteriores. Invejamos aqueles que estão próximos a nós no tempo, no espaço, na idade e na reputação. *{Daí a sentença:*

Também sabem os parentes experimentar inveja.}[107]

Aqueles que temos como rivais, aqueles com os quais rivalizamos são os por nós indicados. Em contrapartida, ninguém experimenta inveja por aqueles que viveram há milhares de anos atrás, por aqueles que viverão daqui a milhares de anos, ou pelos mortos; tampouco pelos que vivem junto às Colunas de Héracles.[108] O mesmo aplica-se àqueles que, aos nossos olhos ou aos olhos de outros, são sumamente inferiores ou sumamente superiores a nós, ou quem quer que seja que se encontra em condições análogas. Assim, também rivalizamos com aqueles que perseguem as mesmas metas

---

106. ...μικρόψυχοι... (*mikrópsykhoi*): *pequenos de alma.*
107. { } Considerada por Kassel uma adição posterior realizada pelo próprio Aristóteles. A sentença é do poeta trágico Ésquilo.
108. O estreito de Gibraltar.

158 | RETÓRICA

que nós, ou seja, competimos com nossos rivais nos esportes ou no
15 · amor, e geralmente com aqueles que ambicionam os mesmos bens
que nós – é, sobretudo, em relação a esses necessariamente que nos
inclinamos a experimentar inveja, e daí a conhecida frase: o oleiro contra o oleiro. *Também invejamos aqueles que obtêm o sucesso facilmente
enquanto o êxito para nós custa muito ou topamos com um fracasso.*[109]
Invejamos aqueles cujas riquezas ou cujo êxito representam uma
censura para nós, sendo eles nossos próximos e nossos pares, pois é
evidente que se não obtivemos o que eles possuem foi devido a uma
falta nossa – e uma vez que essa consideração nos causa constrangimento e é penosa, acabamos por invejá-los. Invejamos igualmente
os que possuem aquilo que deveríamos possuir, ou que obtiveram
20 · o que realmente possuímos outrora; consequentemente, os velhos
invejam os jovens. Aqueles que muito gastaram para conseguir uma
coisa invejam aqueles que despenderam pouco para consegui-la.
E indivíduos que não obtiveram uma coisa ou que ainda não a obtiveram invejam aqueles que rapidamente a obtiveram.

Percebe-se nitidamente, também, em relação a quais pessoas,
por quais razões e em quais disposições as pessoas levadas à inveja
experimentam prazer. As mesmas disposições que as levam a expe-
25 · rimentar sofrimento devido à privação as levam, no caso contrário,
a experimentar prazer. O resultado é que se os juízes são colocados
em tais estados de inveja e se aqueles que suplicam sua compaixão
ou desejam obter algo vantajoso são representados pelos invejosos
aos quais acabamos de nos referir, é evidente que não conseguirão
despertar a compaixão de seus juízes.

---

109. Este trecho em *itálico* não consta no texto estabelecido por Kassel.

11

NAS CONSIDERAÇÕES QUE SE SEGUEM veremos claramente
30 · em que condições experimenta-se a emulação,[110] quais são suas
causas e por quais pessoas é experimentada. Podemos definir a
emulação como uma forma de sentimento penoso produzido
pela visível posse, por parte daqueles que são naturalmente nossos iguais, de bens tidos em alta estima e que nós mesmos poderíamos obter. Mas tal sentimento é experimentado não porque
outros possuem esses bens, mas porque nós não os possuímos.
Disso conclui-se que a emulação é um sentimento conveniente e
equilibrado, e experimentado por pessoas de bem, ao passo que a
inveja é um sentimento desprezível somente experimentado por
35 · pessoas desprezíveis. De fato, a emulação nos torna dignos de obter
esses bens, enquanto a inveja nos torna desejosos de impedir que
outros os possuam.
1388b1 · Portanto, a emulação tende a ser sentida por pessoas que
acreditam merecer certos bens que não obtiveram. {Com efeito,
ninguém pretende bens que parecem inacessíveis.}[111] Assim, tal sentimento é experimentado pelos jovens e por indivíduos detentores de grandeza de alma, e inclusive por aqueles que já possuem
bens análogos merecidos por pessoas que são por todos honra-
5 · das, bens tais como a riqueza, o grande número de amigos, os cargos
públicos e todos os bens desse gênero; como lhes cabe ser honestas,
e pelo fato da posse desses bens convir às pessoas honestas, experimentam a emulação relativamente a bens desse tipo. O mesmo
ocorre com os indivíduos que as pessoas julgam dignos desses
bens. Sentimos emulação também relativamente a qualquer coisa
pela qual nossos antepassados, parentes, amigos chegados, nosso
povo ou Estado tenham eleito como especial objeto de honra,

---

110. ...ζηλοῦσι... (zeloŷsi).
111. { } Considerado por Kassel um acréscimo posterior feito pelo próprio
Aristóteles.

160 | RETÓRICA

10 · considerando essa coisa como algo realmente que nos é próprio, e sentindo que merecemos tê-la.

Se todos os bens que trazem honra suscitam a emulação, necessariamente as virtudes enquadram-se no mesmo tipo, tal como tudo o que permite prestar serviços e fazer o bem aos outros, já que honramos os benfeitores e as pessoas virtuosas. É preciso dizer outro tanto acerca de todos os bens dos quais frui o próximo, do que são exemplos a riqueza e a beleza, mesmo preferivelmente à saúde.

Pode-se distinguir com clareza as pessoas que despertam a emu-
15 · lação, sendo estas as que possuem os bens indicados e bens análogos, os quais foram anteriormente enumerados por nós; entre eles, citamos, à guisa de exemplo, a bravura, a sabedoria e o poder.[112] Aqueles que comandam estão efetivamente em condição de beneficiar a muitas pessoas – referimo-nos aos generais, oradores e todos os outros que detêm poderes semelhantes. Também as pessoas às quais muitos querem se assemelhar, aquelas que têm muitos conhe-
20 · cidos ou amigos; ou aquelas admiradas por muitos ou que nós mesmos admiramos; e aquelas que foram objeto de elogios e panegíricos por parte dos poetas ou prosadores. Despreza-se, em contrapartida, aqueles cujo caráter é o oposto, o desprezo sendo o contrário da emulação, do mesmo modo que o fato de provar a emulação é o oposto de desprezar. Conclui-se necessariamente que aqueles que se encontram no estado quer de sentir quer de provocar emulação
25 · têm necessáriamente a propensão de desprezar indivíduos e coisas detentoras das deficiências que se opõem às qualidades que suscitam a emulação. Daí suceder amiúde desprezarmos os favorecidos pela sorte, se esta os atinge isoladamente, isto é, sem estar acompanhada dos bens que temos em estima.

Com o exposto anteriormente, damos por completa a discussão dos meios através dos quais é possível produzir ou fazer dissipar as

---

112. ...ἀρχή... (*arkhé*). O termo é genérico, mas a alusão, a julgar pela imediata sequência, é ao poder detido por aqueles que comandam ou conduzem atividades ou negócios do Estado.

LIVRO II | 161

30 · diversas paixões ou emoções, e dos quais dependem os meios de persuasão associados às paixões ou emoções.

12

EXAMINEMOS AGORA OS TIPOS DE CARACTERES[113] do ponto de vista das paixões, das disposições, das idades e das sortes[114]. Chamo de paixões a cólera, o apetite e todas as emoções de idêntica natu-
35 · reza às quais já nos referimos. Por disposições entendo as virtudes e os vícios, dos quais também já tratamos, indicando a escolha que cada uma dessas disposições nos leva a fazer e os atos que nos leva a praticar. As idades são a juventude, a idade madura e a velhice.
1389a1 · Por sorte entendo a origem nobre, a riqueza, o poder e seus opostos – em resumo, a boa sorte e a má sorte.

Quanto ao caráter dos jovens, cumpre dizer que são inclinados aos desejos intensos e capazes de satisfazê-los indiscriminada-
5 · mente. No tocante aos desejos físicos, tendem mais para os desejos sexuais, não sabendo como dominá-los. São volúveis e não tardam a se aborrecer com o que desejaram; quanto mais violentos são seus desejos, menos duram; seus impulsos são entusiásticos, mas sem raízes e efêmeros, como os acessos de fome e sede dos enfermos.
10 · São coléricos e destemperados, geralmente cedendo aos seus ímpetos. São subjugados por seu ardor. Devido ao seu amor pelas honras, não são vítimas do desdém e indignam-se se julgam ser objeto de uma injustiça. Amam as honras, mas ainda mais a vitória, pois a juventude é ávida de superioridade, e a vitória constitui um tipo de superioridade. Honras e vitória os tentam mais do que o dinheiro,
15 · o qual têm em pouquíssima conta, não tendo aprendido ainda o que significa a sua falta, como testemunhamos pela observação

---

113.   ...ἤθη... (*éthe*).
114.   ...τύχας... (*týkhas*).

162 | RETÓRICA

que Pítaco dirige a Anfiarau. Veem mais o lado bom das coisas do que o mau, já que não testemunharam ainda muitos exemplos de maldade. Também são crédulos porque não foram ainda muito enganados. Estão saturados de ditosas esperanças; assemelham-se aos indivíduos tomados pelo vinho, como eles mantêm o sangue aquecido, mas isso por determinação da natureza e porque não experimentaram ainda muitos reveses. Vivem de esperança a maior parte do tempo, e não de lembranças, já que a esperança diz respeito ao futuro, ao passo que as lembranças concernem ao passado, sendo que para a juventude há um longo futuro diante de si e pouco passado. Nos primórdios de nossa vida nada temos para recordar, ao passo que tudo podemos esperar. Os jovens são fáceis de ser ludibriados pela razão que mencionamos relativa às suas amplas expectativas. São mais corajosos do que as pessoas o são em outras idades, sempre prontos a se encolerizar e propensos a esperar um bom resultado de suas ações; a cólera os faz ignorar o medo, enquanto a esperança transmite-lhes confiança; é fato que quando estamos encolerizados, nada tememos, ao passo que o fato de alimentar esperança de algum bem também nos mantém confiantes. São inclinados a se envergonhar e tendem a aceitar as regras da sociedade em que foram educados, não acreditando ainda em qualquer outro padrão de honra. São magnânimos porque a vida ainda não os humilhou e não experimentaram ainda suas necessárias limitações. Ademais, sua disposição esperançosa os faz crer que estão à altura de grandes feitos, o que os liga à magnanimidade. Nas ações preferem o nobre ao útil, isso porque suas existências são mais norteadas pelo caráter do que pelo cálculo racional; ora, o cálculo racional nos leva a optar pelo útil, ao passo que a virtude nos leva à escolha do nobre. Mais do que nas outras idades, são afeiçoados aos seus amigos e companheiros, isto porque extraem prazer da vida em companhia dos outros e não se acostumaram ainda a julgar as coisas com base no seu interesse ou na utilidade, e tampouco naqueles de seus amigos. Seus erros são mais graves e mais incisivos, contrariando a afirmação de Quílon,

LIVRO II | 163

5 · pois são excessivos em tudo; amam com excesso, odeiam com excesso e sua postura em todas as situações é excessiva. Julgam-se oniscientes e sustentam muito convictamente suas opiniões, o que representa ainda uma das razões de seus excessos em tudo. Quanto às injustiças que perpetram, o que as inspira é a desmedida e não a maldade. São compassivos porque supõem todos virtuosos e melhores do que são de fato. Sua própria inocência constitui seu 10 · padrão de julgamento dos outros, de maneira que imaginam que infligimos um tratamento imerecido às pessoas. Gostam do riso, o que os leva a serem bem humorados e espirituosos; de fato, a espirituosidade é uma espécie de insolência bem educada.

Eis, portanto o caráter dos jovens.[115]

13

Os velhos e aqueles que ultrapassaram a idade madura exibem, a maior parte do tempo, caracteres praticamente con-
15 · trários aos dos jovens; como viveram muitos anos, frustraram-se frequentemente, cometeram muitos erros e porque, em geral, a maioria dos assuntos humanos tem um mau desfecho, eles não têm certeza sobre nada e mostram em tudo menos força do que deveriam. Possuem opiniões, mas nunca certezas; irresolutos, às suas declarações não deixam jamais de acrescentar um "é provável" ou um "talvez". É sempre assim que se exprimem, e nada afirmam de positivo, de categórico. Apresentam também uma espécie de 20 · mau caráter, no sentido de que tendem a ver tudo negativamente. Acresça-se que são suspeitosos, já que a experiência os inspirou a serem desconfiados. Por idêntica razão, nem suas afeições nem seus ódios são intensos – segundo o preceito de Bias, amam como se devessem um dia odiar e odeiam como se devessem um dia

---

115.   Kassel principia o capítulo 13 com esta frase.

164 | RETÓRICA

25 · amar. Têm mentalidade tacanha porque foram humilhados pela vida. E seus desejos nada visam de expressivo e extraordinário, salvo estritamente o que é necessário à existência. São mesquinhos porque o dinheiro é indispensável à vida, e também porque a experiência os ensinou a respeito de todas as dificuldades para obtê-lo e a respeito de quão fácil é perdê-lo. São medrosos e passam todo o tempo antecipando o perigo, já que suas disposições são opostas

30 · às dos jovens. São frios, enquanto os jovens são calorosos. Assim, a velhice pavimentou a estrada para a pusilanimidade, o medo sendo uma espécie de arrefecimento. Os velhos apegam-se à vida, sobretudo à aproximação de seu dia derradeiro, porque o objeto de todo desejo é o que nos falta, e também porque nosso desejo mostra-se mais intenso pelo que nos falta com mais premência. São excessi-

35 · vamente egoístas, o que persiste sendo um traço de sua mentalidade tacanha.[116] Suas vidas colimam exclusivamente o útil, e não

1390a1 · o nobre, o que ocorre por conta de um certo excesso e do egoísmo, uma vez que o útil é o bem relativamente a nós mesmos, enquanto o nobre é o bem em si mesmo. São mais propensos à impudência do que à timidez; menos ciosos do que é nobre do que com o que é útil, menosprezando o que as pessoas possam pensar acerca deles. São pouco inclinados à esperança, isto por força de sua experiência, já que, de fato, a maioria dos negócios humanos é deplorável e

5 · muita coisa não corresponde à expectativa, além do que para essa falta de esperança contribui em parte os medos da velhice. Vivem mais de lembranças do que de esperanças, porque o que lhes resta de vida é pouco comparado ao seu longo passado; é evidente que a esperança volta-se para o futuro, enquanto a lembrança, para o passado, o que é inclusive uma razão de serem tão loquazes – falam

10 · ininterruptamente do passado, pois esta recordação lhes traz muita alegria. Seus acessos de cólera são súbitos e vivos, mas débeis. No tocante aos seus apetites, ou já se extinguiram completamente ou perderam seu vigor. Consequentemente, sentem pouco tais apetites sensuais, e suas ações são determinadas mais pelo seu amor ao

---

116. ...μικροψυχία... (*mikropsykhía*): pequenez de alma.

LIVRO II | 165

ganho do que pelo que realmente sentem. Daí ter-se a impressão
15 · de que nessa idade os homens apresentam um certo autocontrole;
o fato é que há um afrouxamento de seus desejos, mas são subjugados pela cupidez. Os velhos orientam suas vidas mais pelo
cálculo racional do que pelo caráter natural, o primeiro visando
ao útil, enquanto o segundo visa à virtude. Quando perpetram
injustiças, seu intento é prejudicar e não insultar. É possível que
experimentem compaixão, como acontece com os jovens, mas não
20 · pelos mesmos motivos. Os jovens compadecem-se por humani-
dade, enquanto os velhos compadecem-se por debilidade, porque
julgam que todos os males podem facilmente abater-se sobre eles,
e, como vimos, esta é uma das causas da compaixão. Resulta disso também serem eles sempre lamurientos, nem apreciadores dos
gracejos nem do riso; com efeito, a disposição para os queixumes é
precisamente o oposto da disposição para o riso.

Tais são, portanto, os caracteres dos jovens e dos velhos. As
25 · pessoas sempre veem com bons olhos os discursos que se ajustam ou
que refletem seu próprio caráter, com o que podemos depreender
como compor nossos discursos de modo a ajustar tanto eles quanto
nós mesmos aos nossos auditórios.

14

30 · OS HOMENS, NA IDADE MADURA, apresentarão decerto um caráter
intermediário entre os que acabamos de examinar, se suprimirmos
os extremos de um e outro. Não têm nem o excesso de confiança
que beira a temeridade nem medos exagerados, colocando-se, sim,
em uma justa medida entre esses dois extremos. Não confiam em
todos, mas também não desconfiam de todos, fiando-se mais na
verdade para julgar as pessoas. Suas vidas não terão como exclu-
1390b1 · siva diretriz aquilo que é nobre ou aquilo que é útil, mas serão
orientadas por ambos. Não se deixam prender nem pela avareza

166 | RETÓRICA

nem pela prodigalidade, mantendo-se nesse caso na justa medida. O mesmo lhes sucede no que toca à cólera e aos desejos. Seu autocontrole é acompanhado de coragem, bem como sua coragem é acompanhada de autocontrole, enquanto no que tange aos jovens e velhos, essas virtudes estão dissociadas, pois a juventude é simultaneamente corajosa e desregrada, e a velhice autocontrolada e medrosa. Em suma, todas as vantagens que os jovens e os velhos detêm separadamente estão reunidas na idade madura; onde jovens e velhos pecam devido ao excesso ou à deficiência, a idade madura demonstra uma proporção justa e conveniente. Do ponto de vista do corpo, a idade madura varia entre trinta e trinta e cinco anos; daquele da alma, situa-se em torno dos quarenta e nove anos.

Tais são os tipos de caráter que distinguem a juventude, a velhice e a idade madura. E isso nos basta no que se refere a este assunto.[117]

15

TRATAREMOS AGORA DAQUELAS VANTAGENS proporcionadas pela sorte que afetam o caráter do ser humano e que acarretam nele modificações. Comecemos pela origem nobre. O efeito da nobreza no caráter é tornar os seus detentores mais ambiciosos. Todo ser humano que possui alguma coisa presta-se a acrescentar outras a esta. Ora, a nobreza é uma forma de dignidade transmitida pelos ancestrais. A pessoa bem-nascida desprezará mesmo os seus pares que têm valor igual aos seus próprios antepassados, porque qualquer distinção remota parece mais honrosa do que coisa idêntica que se acha próxima, e mais apropriada para se gabar. A nobreza consiste na virtude da raça, e um indivíduo pertence a uma boa raça ou linhagem quando não perde suas qualidades familiares

---

117. Com este período Kassel inicia o capítulo 15.

LIVRO II | 167

naturais. Entretanto, isso ocorre apenas raramente considerando-
-se que muitos nobres não se distinguem do vulgo. Nas gerações
25 · dos homens,[118] bem como nos produtos da terra, ocorrem safras
diversas: ocasionalmente, quando a linhagem é boa, homens[119]
excepcionais são gerados durante algum tempo, depois do que se
instala a decadência. As famílias bem dotadas passam a produzir, pela degenerescência, caracteres extravagantes, como foram
30 · aqueles dos descendentes de Alcibíades e de Dionísio, o antigo;
por outro lado, linhagens que mostram um caráter estável acabam
degenerando em tipos caracterizados pela obtusidade e uma espécie de inércia indolente, como é o caso dos descendentes de Címon,
de Péricles e de Sócrates.

16

O TIPO DE CARÁTER PRODUZIDO PELA RIQUEZA patenteia-se
aos olhos de todos. Os ricos são insolentes e arrogantes, e a posse
1391a1 · da riqueza afeta seu entendimento. Dir-se-ia que esse seu comportamento é motivado pelo fato de que se creem senhores de todos
os bens. A riqueza converte-se em uma espécie de padrão de valor
para aquilatar tudo o mais, e o resultado é os ricos imaginarem que
ela compra tudo. Os ricos são igualmente efeminados, indolentes
e cheios de ostentação: efeminados e indolentes devido ao luxo e
indolência em que vivem e porque desejam exibir sua prosperidade;
5 · são cheios de ostentação e vulgares porque, como outras pessoas,
ocupam suas mentes regularmente com o objeto do que amam e
do que admiram, e também porque imaginam que a ideia de felicidade dos outros é idêntica à deles, isto é, pensam que as outras
pessoas almejam os mesmos bens que eles. E é bastante natural
que assim pensem, uma vez que se a pessoa tem muito dinheiro há

---

118. ...γένεσιν ἀνδρῶν... (*génesin andrôn*): mais uma vez a exclusão do feminino.
119. ...ἄνδρες... (*ándres*).

168 | RETÓRICA

sempre um cortejo de indivíduos que a procura para pedi-lo. E daí as palavras de Simônides acerca dos sábios e dos ricos, na resposta de Hierão à esposa, que lhe perguntara o que era melhor: ser rico ou

10 · sábio – "Rico," ele respondeu, "porque vejo os sábios passarem o seu tempo diante das portas dos ricos". Os ricos julgam-se dignos de governar, uma vez que se consideram já possuidores de tudo o que justifica sua pretensão de governar e administrar cargos do Estado. Em síntese, o tipo de caráter produzido pela riqueza é aquele de um tolo atulhado de prosperidade. Há uma diferença de caráter entre

15 · os novos ricos e aqueles que são ricos há muito tempo: os novos ricos possuem todas as más qualidades mencionadas sob uma forma exacerbada e pior, porque na riqueza recente há, por assim dizer, uma falta de educação na riqueza. Quando cometem injustiças, os ricos não tencionam propriamente causar dano, mas o fazem por insolência ou desregramento, como é o caso dos que infligem maus tratamentos ou praticam adultério.

17

20 · NO QUE CONCERNE AO TIPO DE CARÁTER produzido pelo poder, estamos também facultados a dizer que se trata de um tipo que salta aos olhos. Alguns traços desse tipo são comuns entre ricos e poderosos, enquanto outros são [distintos] e melhores. As pessoas que detêm poder são mais ambiciosas e de caráter mais destemido do que os ricos, o que se explica por sua aspiração de realizar as grandes façanhas possibilitadas pelo poder que possuem. A responsabilidade

25 · os torna mais circunspetos e mais vigilantes: por um lado têm que atentar para as obrigações determinadas pela posição que ocupam, por outro, precisam estar atentos quanto à sua própria proteção. Mostram dignidade e não arrogância, pois o respeito de que são objeto inspira-lhes a dignidade e, consequentemente, a moderação;

LIVRO II | 169

sua dignidade, a rigor, constitui uma forma suave e polida de arrogância. Quanto às injustiças por eles cometidas, não são causadoras de danos de pouca monta, mas de danos em grande escala.

30 · Quanto à boa sorte, esta concede aos seus favoritos parte dos caracteres indicados por nós, uma vez que parece que os tipos de boa sorte mais importantes tendem a conferir a riqueza e o poder. Acrescentemos que a boa sorte nos coloca em uma condição de superioridade que nos permite ter uma boa e grande prole e vanta-

1391b1 · gens do ponto de vista do corpo. Disso conclui-se que seus favoritos revelam um irresistível pendor para a arrogância e a completa insensibilidade. A boa sorte traz consigo uma única consequência feliz: torna seus favoritos mais devotos relativamente aos deuses, imbuindo-os de uma disposição peculiar para com o poder divino; afinal, eles têm a mais plena confiança nos deuses por conta dos bens que a boa sorte lhes concedeu.

E basta no que diz respeito aos tipos de caráter que correspon-
5 · dem às diferenças de idade ou de sorte. Se quisermos compreender os tipos opostos aos descritos, quais sejam, o do pobre, o daquele que não é favorecido pela sorte e daquele que não tem poder, bastará olhar para as qualidades contrárias.

18

{O objetivo do emprego do discurso persuasivo é levar a uma deliberação ou julgamento,[120] *(uma vez que, no que tange aos pontos por nós conhecidos e acerca dos quais já deliberamos ou julgamos, não há mais necessidade de discurso). Há deliberação ou julgamento nas seguintes*
10 · *situações: se empregamos o discurso dirigindo-o a um único ouvinte visando a aconselhá-lo ou desaconselhá-lo, como se faz ao chamar a*

---

120. ...κρίσιν... (*krísin*).

170 | RETÓRICA

atenção de alguém acerca de sua conduta ou incitando-o a se decidir –
nesse caso, esse único ouvinte não deixa de ser um juiz, porque a pessoa
que se deve persuadir é, pura e simplesmente, um verdadeiro juiz; em
segundo lugar, se discursamos contra um opositor, ou se combatemos
uma tese aventada, pouco importa – nesse caso, é forçoso empregar ade-
quadamente o discurso visando a destruir os argumentos contrários,
15 · *como se combatêssemos a parte adversária; enfim, o mesmo aplica-se*
aos discursos epidíticos. O auditório ao qual esse discurso é dirigido é
tratado como seu juiz. Todavia, a bem da verdade, só é um autêntico
juiz aquele que nos debates públicos pronuncia-se a respeito dos as-
suntos controvertidos. Ora, é em torno das questões debatidas e que
constituem o objeto de uma deliberação que se busca uma decisão.}[121]

20 · Quanto ao que concerne aos caracteres a serem apresentados
de acordo com as diversas formas de governo, isso já foi abordado
anteriormente quando nos referimos ao gênero deliberativo (oratória política).

Podemos agora considerar como definido por completo como e
por quais meios é necessário atribuir ao discurso um caráter moral.
Uma vez, portanto, que cada gênero de discurso tem um objetivo
distinto, uma vez que igualmente com respeito a todos os gêneros,
25 · colhemos as opiniões e as proposições que são próprias para o forne-
cimento dos meios de persuasão,[122] seja com respeito ao discurso deliberativo (político), o demonstrativo (epidítico) ou o forense, e uma
vez que, afinal, precisamos os meios a serem utilizados para conferir
aos discursos um caráter relativamente aos vários costumes, cabe-
-nos agora passar a discutir os argumentos *comuns a esses gêneros.*[123]

Todos os oradores veem-se obrigados a utilizar em seus discursos, além dos tópicos ou lugares particulares, os tópicos comuns
30 · do possível e impossível, isso porque uns prestam-se a mostrar que
uma coisa ocorrerá, enquanto os outros que ocorreu. Ademais, há

---

121. Todo este texto em *itálico* e entre chaves é tido por Kassel como uma adição
     feita posteriormente por Aristóteles.
122. Ou seja, nas quais é possível basearmos nossos argumentos.
123. Ou: *[...] comuns a toda oratória [...].*

LIVRO II | 171

outras considerações comuns a todos os discursos, quais sejam, as que dizem respeito à grandeza. Os oradores têm que argumentar que as coisas são maiores ou menores do que parecem, quer estejam 1392a1 · proferindo discursos deliberativos, discursos de louvor ou censura, acusando ou defendendo nos tribunais.

Analisadas essas questões, nos empenharemos em tratar em geral, se é que nos resta ainda algo a dizer, dos entimemas e dos exemplos. Desse modo, após termos acrescido o que ainda temos a expressar, 5 · poderemos completar o projeto inicial que estabelecemos. Dos lugares-comuns anteriormente indicados, a amplificação é, como dissemos, o que melhor convém aos discursos epidíticos; o fato pretérito, o mais apropriado ao gênero forense, já que a decisão necessária é sempre sobre o passado; o possível e o futuro são mais convenientes ao gênero deliberativo (político).

19

Tratemos primeiramente do possível e do impossível. De dois contrários, se um pode ser ou ter sido, o outro parecerá possível – por exemplo, se é possível que um homem esteja em bom 10 · estado de saúde, também o é que esteja doente, pois os contrários possuem idêntica potência enquanto contrários. Se um semelhante é possível, o outro semelhante o é igualmente. Se o que é mais difícil é possível, o que é mais fácil o é igualmente. Se uma coisa pode atingir um certo grau de excelência e de perfeição, pode igualmente 15 · limitar-se a existir, já que é mais difícil possuir uma bela casa do que possuir simplesmente uma casa. Se o início de uma coisa é possível, também o é o seu fim, pois nada do que é impossível existe ou pode começar a existir – por exemplo, a medida comum entre o diâmetro e o lado do quadrado não pode começar a existir nem 20 · existir. Se o fim de uma coisa é possível, seu começo o é igualmente porque tudo comporta um começo. Se aquilo que se produz poste-

172 | RETÓRICA

riormente, em virtude da substância ou da geração, é possível, o que
se produz anteriormente também o é – por exemplo, se é possível
a existência de um homem, também o é a de um menino, pois se é
primeiramente menino; reciprocamente, se é possível a existência
de um menino, também o é a de um homem, porque a infância é
um começo. São igualmente possíveis as coisas que naturalmente
25 · amamos ou desejamos, porque ninguém, usualmente, ama ou deseja
o que é impossível. É possível igualmente que o objeto das ciências
e das artes seja (exista) e seja gerado (venha a ser). São igualmente
possíveis as coisas cujo princípio de geração esteja em nosso poder de constranger ou persuadir, classe na qual ingressam aqueles
aos quais somos superiores, aqueles dos quais somos os senhores
e os amigos. Algo cujas partes são possíveis também é possível na
30 · sua totalidade; reciprocamente, se a totalidade é possível, as partes
também são possíveis usualmente. Se é possível confeccionarmos
uma parte superior do calçado, uma biqueira e uma pala, é possível
confeccionarmos igualmente o calçado inteiro; reciprocamente, se
é possível fazermos o calçado, é também possível fazermos dele uma
parte, uma biqueira e uma pala. Quando o gênero pertence às coisas
1392b1 · possíveis, a estas igualmente pertence a espécie; reciprocamente,
se a espécie é possível, o gênero o é igualmente – por exemplo, se é
possível construir um navio, é igualmente possível construir uma
trirreme; e, reciprocamente, se uma trirreme é possível, um navio
em geral também o é. Se de duas coisas mutuamente relativas, uma é
5 · possível, a outra o é igualmente – por exemplo, se o dobro é possível,
a metade o é também; e, reciprocamente, se a metade é possível, o
dobro também o é. Se uma coisa pode existir sem arte e sem preparo, com maior razão pode existir uma coisa que contou com arte e
cuidados. Daí as palavras de Agaton:

Pela arte pode-se fazer algumas coisas, enquanto outras
A essas somam-se por força da necessidade e da sorte.[124]

---

124. Fragm. 8, Nauck.

LIVRO II | 173

10 ·   O que é possível ser executado por pessoas inferiores, mais fracas e mais obtusas o é igualmente, por maior razão, por indivíduos dotados de qualidades opostas. Isso explica ter Isócrates declarado que seria algo estranho não poder ele descobrir alguma coisa que Eutino descobrira. No que diz respeito ao impossível, é evidente que é necessário extrair os argumentos dos princípios contrários aos que indicamos.

15 ·   Questões ligadas a fatos passados podem ser examinadas das maneiras que se seguem. Em primeiro lugar, se uma coisa cuja ocorrência é menos frequente, não obstante isso, ocorre, com maior razão deve ocorrer aquela cuja ocorrência é mais frequente. Se aquilo que de ordinário ocorre posteriormente se produz, aquilo que ocorre anteriormente também se produz – por exemplo, se esquecemos alguma coisa, é porque outrora a conhecemos. Se alguém dispunha do poder e da vontade de realizar uma coisa, ele a fez, pois toda
20 · vez que se tem a possibilidade e a vontade, não se deixa de passar à execução, porquanto nada nos impede de fazê-lo. Acontece o mesmo se tivemos a vontade e nada nos reteve; se contamos com a possibilidade e estávamos na ocasião encolerizados; se dispomos da possibilidade e do desejo, pois usualmente não se deixa de executar o que se anseia executar desde que se disponha do poder e dos meios – os maus, devido ao descontrole; as pessoas de bem, porque seus desejos só se voltam para o que é bom. Se algo estava na iminência de
25 · ser realizado ou se havia a intenção de realizá-lo, pois é provável que aquele que tem a intenção de agir de fato aja. Pode-se afirmar que uma coisa ocorreu se aquilo que devia naturalmente precedê-la ou produzi-la ocorreu – por exemplo, se relampejou, teve igualmente que trovejar, *e se alguém desejou cometer um atentado aos costumes, pode-se disso concluir que o cometeu.*[125] *{De maneira recíproca, se tudo aquilo que se produz naturalmente de modo sequencial e que constitui*
30 · *o fim de uma outra coisa ocorreu, aquilo que precede e que tendia para esse fim também ocorreu – por exemplo, se trovejou é porque anterior-*

---

125. Kassel: *[...] e se um ação foi realizada, foi tentada [...].*

174 | RETÓRICA

mente relampejou; se alguém cometeu um atentado contra os costumes, é porque teve a intenção para isso.}[126] Entre todos esses casos, alguns ocorrem necessariamente, enquanto outros apenas usualmente. Quanto aos argumentos ou lugares a favor da não ocorrência de uma coisa ou outra, obviamente podem ser descobertos examinando-se os opostos daqueles que foram indicados.

1393a1 · Para saber se algo acontecerá, está claro que se recorrerá aos mesmos argumentos. Com efeito, aquilo que está na esfera de nosso poder e de nossa vontade, será realizado. O mesmo vale para o que é objeto de nosso desejo (apetite), de nossa cólera e de nosso cálculo racional, desde que tenhamos para isso o poder. Pode-se dizer que algo ocorrerá quando alguém esboçar o primeiro movi-

5 · mento no seu sentido ou experimentar o propósito de executá-lo. Na maior parte do tempo, aquilo que se acha prestes a realizar-se tem mais chances de acontecer do que aquilo que não se encontra nesse estado. Do mesmo modo, algo acontecerá se todos os seus antecedentes naturais já ocorreram – por exemplo, se o céu estiver densamente nublado, é provável que choverá. Se o meio para um fim ocorreu, é provável que o fim ocorrerá. Por exemplo, se foram feitos os alicerces, uma casa será construída.

As considerações precedentes orientam-nos claramente quanto

10 · ao que toca à grandeza e pequenez das coisas, quanto à sua grandeza e pequenez relativas e, em geral, às coisas grandes e pequenas. Na discussão do gênero deliberativo da retórica, referimo-nos à grandeza relativa de vários bens e ao maior e ao menor em geral. Considerando-se que, conclusivamente, em cada tipo de oratória o objeto discutido é algum tipo de bem – o útil, o nobre ou o justo – fica claro que todo orador deve extrair os elementos para

15 · amplificação do efeito oratório desses canais. Ir além disso e tentar estabelecer leis abstratas da grandeza e da superioridade equivale a argumentar na ausência de um objeto. Na vida prática, mais valem fatos particulares do que generalizações.

---

126. { } Período ausente no texto de Kassel.

No que toca ao possível e ao impossível, ao acontecimento
20 · passado ou futuro ocorrido ou não, e à grandeza e pequenez das
coisas, basta isso.

20

TENDO JÁ DISCORRIDO SOBRE OS MEIOS DE PERSUASÃO peculiares a cada gênero de oratória, cabe-nos agora tratar dos argumentos comuns a todos os tipos de oratória. Há dois tipos de meios
25 · comuns de persuasão: o exemplo e o entimema,[127] já que a máxima constitui uma parte do entimema. Comecemos pelo exemplo,
uma vez que este assemelha-se à indução, sendo esta um princípio
do raciocínio. Temos duas espécies de exemplos: a primeira consiste
em relatar fatos reais passados, ao passo que a segunda consiste na
própria invenção do orador. Desta última distinguem-se, de um
30 · lado, a parábola e, de outro, as fábulas de Esopo ou as fábulas líbias.
Eis, aproximadamente, o que é um exemplo [da primeira espécie]:
suponhamos que alguém (o orador) diga que é necessário fazer os
preparativos [para a guerra] contra o grande rei,[128] de modo a não
permitir que ele conquiste o Egito. Dirá que Dario teve o cuidado
de não atravessar [o mar Egeu] enquanto não tomou o Egito, mas
o tendo feito, atravessou; que Xerxes, por sua vez, não nos atacou
enquanto não tomou o Egito e que o tendo tomado, realizou sua
1393b1 · travessia. Portanto, se o atual rei conquistar o Egito, também ele
fará sua travessia e, assim, é necessário não permitir que o conquiste.

A parábola é o tipo de argumento usado por Sócrates. Supo-
5 · nhamos que alguém (o orador) diga que não convém que os magistrados sejam eleitos por sorteio, que seria como selecionar atletas
por sorteio, em lugar de escolhê-los em função de sua capacidade

---

127. ...παράδειγμα καὶ ἐνθύμημα... (*parádeigma kaì enthýmema*).
128. Isto é, o rei da Pérsia.

176 | RETÓRICA

para participar dos jogos, ou como empregar o sorteio para eleger
entre os marinheiros o timoneiro, como se devêssemos recorrer ao
indicado pelo sorteio e não ao homem que sabe como pilotar.

Quanto à fábula, apresentamos dois exemplos. O primeiro é
a fábula de Estesícoro acerca de Falaris; o segundo é a fábula de
10 · Esopo, na qual ele defende um líder popular. O povo de Himera
elegera Falaris como general, detentor de poderes políticos absolutos, e dispunha-se a dar-lhe um guarda-costas. Estesícoro, entre
outras coisas ditas com certa prolixidade, narrou a esse povo a fábula do cavalo que tinha somente para si um prado. Logo surgiu um
cervo que se pôs a estragar seu prado. O cavalo, querendo vingar-se
15 · do cervo, indagou ao homem se podia ajudá-lo em sua vingança. O
homem disse que sim, mas desde que o cavalo permitisse que ele
lhe colocasse rédeas e o montasse com seus dardos à mão. O cavalo
concordou e o homem o montou, mas ao invés de realizar sua vingança, o cavalo tornou-se doravante o escravo do homem. "Vosso
20 · caso", disse Estesícoro, "é idêntico. Tomai cuidado, ao desejardes
vingar-vos de vossos inimigos, para não sofrer a mesma sorte do
cavalo. Ao fazerdes de Falaris um ditador militar, já permitistes
que rédeas vos fossem colocadas. Se a ele derdes um guarda-costas
e se deixardes que ele monte sobre vossas costas, vos tornareis imediatamente os escravos de Falaris."

Esopo, defendendo diante dos cidadãos de Samos um líder
popular acusado de um crime capital que podia levá-lo à morte,
contou-lhes a seguinte fábula: "Uma raposa que atravessava um rio
25 · foi tragada por um profundo buraco nas rochas; não podendo daí
sair, por longo tempo sofreu horrores devido a um enxame de carrapatos que passaram a atormentá-la. Um ouriço, que perambulava
por ali, avistou a raposa, teve pena dela e perguntou-lhe: 'Queres
que eu te livre de teus carrapatos?' Mas a raposa respondeu que
não, e quando o ouriço indagou a razão de sua recusa, respondeu-
30 · -lhe: 'É que estes carrapatos já estão empanturrados do meu sangue e já não me sugam tanto, mas, se os removeres, surgirão outros
esfaimados que sugarão o pouco de sangue que me resta.' Da mesma

LIVRO II | 177

1394a1 · maneira, cidadãos de Samos, este homem doravante não vos prejudicará mais, pois está rico. Mas se o condenardes à morte, virão outros cuja pobreza os estimulará a vos roubar e a dissipar o dinheiro público.".

As fábulas são adequadas aos discursos dirigidos às assembleias populares, tendo inclusive a vantagem de que, se é difícil encontrar paralelos com fatos passados reais, é muito mais fácil inventar 5 · fábulas. Para concebê-las, tal como as parábolas, basta perceber as analogias, capacidade desenvolvida pelo exercício intelectual e que facilita a filosofia. Mas embora seja mais fácil suprir argumentos através da invenção de fábulas, do ponto de vista do orador deliberativo (político), é mais importante supri-los mediante a citação de fatos que realmente sucederam, pois muito amiúde o futuro assemelha-se ao passado.

10 · Conclui-se, portanto, que, na falta de entimemas, é necessário servir-se de exemplos como de demonstrações, contribuindo estes para o convencimento do auditório. E mesmo quando dispomos de entimemas, convém recorrer a exemplos a título de posteriores testemunhos suplementares aos entimemas. [Neste caso,] se os usarmos anteriormente aos entimemas, transmitirão ao argumento um cunho indutivo – e a indução, salvo em um reduzido número de casos, não convém à retórica –, ao passo que, empregados posteriormente aos entimemas, atuam como testemunhos, e o testemunho é, em quaisquer circunstâncias, um elemento de 15 · persuasão. Por idêntica razão, se são colocados antes dos entimemas, é preciso dispor de um grande número deles, enquanto se são colocados em último lugar, basta um. Até mesmo uma única testemunha tem valia se for boa.

Com isso fica suficientemente estabelecido quantas espécies de exemplo existem, e de que forma e em qual ocasião devem ser empregadas.

178 | RETÓRICA

21

No TOCANTE À ARTE DE EXPRIMIR-SE por meio da máxima,[129] ver-se-á sem qualquer dificuldade, ao definirmos o que é a máxi-
20 · ma, com quais assuntos, quando e com qual tipo de orador convém nos discursos lançar mão das máximas. A máxima é um meio de traduzir um modo de ver, mas que não dá conta de um caso particular, por exemplo o caráter de Ifícrates, mas do geral; tampouco refere-se ao geral em toda sua extensão, como quando se afirma
25 · que a reta é o contrário da curva. Trata-se do geral relativamente aos atos, e ao que o indivíduo busca e evita no que respeita à ação. Disso resulta que, sendo os entimemas uma forma de silogismo acerca desses assuntos práticos, as conclusões e as premissas dos entimemas são máximas, se consideradas independentemente do silogismo como um todo. Por exemplo:

Não convém jamais, quando se é homem naturalmente sensato,
30 · *Proporcionar aos filhos sabedoria excessiva.*[130]

Aí temos uma máxima. Entretanto, se juntamos a causa e o porquê à máxima, o todo formará um entimema, de sorte que...

Pois, em muito da ociosidade que os filhos contraem
Tudo que extraem é a inveja e a hostilidade de seus concidadãos.[131]

1394b1 · e...

Não há homem que em tudo seja feliz.[132]

e...

Não há homem entre nós que seja livre...

5 · ...são máximas, mas se acrescermos o que se segue, teremos um entimema, ou seja:

Pois todos são escravos ou do dinheiro ou do acaso.[133]

---

129. ...γνώμη... (*gnóme*).
130. Eurípides, *Medeia*, 294-295.
131. Eurípides, *Medeia*, 296-297.
132. Eurípides, fragm. 661, Nauck.
133. Eurípides, *Hécuba*, 864-865.

Sendo a máxima como a definimos, há dela forçosamente quatro espécies, uma vez que a máxima apresentará ou não um epílogo.
Requerem demonstração todas as máximas que apresentam algo de
paradoxal ou de contestável. Todas as que nada têm de paradoxal
10 · são destituídas de epílogo, ou porque a opinião expressa já é uma
verdade conhecida, por exemplo...

*A maior das bênçãos para o homem é a saúde – ao menos é o que
a mim parece.*[134]

...sendo essa a opinião geral, ou porque tão logo a opinião é
expressa, mostra-se clara para qualquer um e chama a atenção,
15 · por exemplo...

Nenhum amante é verdadeiro exceto aquele que ama para sempre.[135]

Das máximas seguidas por um epílogo, algumas constituem
uma parte de um entimema, como por exemplo...

Não convém jamais, quando se é homem sensato...

...enquanto outras possuem o caráter essencial do entimema
sem ser expressas como partes de entimemas, sendo estas últimas
20 · as reputadas como as melhores: são aquelas nas quais a razão para
o parecer expresso está simplesmente implícita, como no exemplo...

Oh, homem mortal, não aninhes uma cólera imortal.[136]

Dizer simplesmente "não se deve aninhar uma cólera imortal"
é uma máxima. As palavras adicionadas "Oh, homem mortal" for-
necem o porquê. Ocorre algo análogo quando se diz:

25 · *Devem os mortais acalentar pensamentos mortais, e não imortais.*[137]

Com base no que foi exposto, vimos claramente as espécies
de máxima e a quais assuntos cada espécie mostra-se conveniente.
Não devem ser empregadas sem epílogo se expressarem opiniões
paradoxais ou contestáveis, sendo necessário, nesse caso, *ou* co-
locarmos o epílogo anteriormente e transformar a conclusão em

---

134. Epicarmo, fragm. 19, Diels-Kranz.
135. Eurípides, *As Troianas*, 1051.
136. Frag. 79, Nauck.
137. Epicarmo, fragm. 20, Diels-Kranz.

180 | RETÓRICA

30 · uma máxima – por exemplo, se dissermos: "A meu ver, como não devemos nem nos expor à inveja, nem vivermos na ociosidade, digo que não convém proporcionar educação às crianças", *ou* então invertermos a ordem e acrescentarmos posteriormente o que havia sido colocado anteriormente. No que toca às máximas que embora nada apresentem de paradoxal, não contêm toda a evidência desejada, receberão a adição do porquê do modo mais conciso possível.

1395a1 · Em tais casos, tanto as sentenças lacônicas quanto as enigmáticas revelam-se adequadas, de maneira a podermos dizer, como disse Estesicoro aos lócrios: "Não deveis incorrer na desmedida para que as cigarras não sejam reduzidas a cantar sobre a terra.".

O emprego de máximas é apropriado apenas às pessoas de idade e tendo como objeto somente assuntos nos quais o orador é experiente. De fato, é inconveniente aos que não atingiram a velhice
5 · utilizar máximas e narrar fábulas, e fazê-lo tratando de matérias nas quais não têm experiência é tolo e vulgar. Prova suficiente disso é o fato das pessoas do campo serem particularmente inclinadas a cunharem máximas, não tendo nenhuma dificuldade para o fazer e estando sempre prontas para as divulgá-las.

Expressar-se em termos universais acerca de um tema que nada tem de universal convém principalmente quando *se requer*
10 · *ser lamentoso ou exagerado,*[138] a título de intróito ou após a demonstração dos fatos. Mesmo máximas demasiado usadas e que são lugares-comuns devem ser utilizadas, se tiverem serventia ao nosso propósito. O próprio fato de serem lugares-comuns parece atrair para elas o assentimento unânime, e acabam sendo tomadas por corretas. Assim, qualquer comandante que esteja convocando suas tropas para o combate, sem ter conduzido os sacrifícios prescritos, exclamará:

...O presságio mais propício é combater pela defesa da pátria...[139]

---

138. Kassel: *[...] se lida com sentimentos de horror e indignação do auditório [...]*.
139. Homero, *Ilíada*, Canto XII, 243.

LIVRO II | 181

Dir-se-á a uma tropa em menor número quando se quer que esta ataque uma força superior:

15 · *Enyalios é comum a ambos os lados.*

Desde que se queira incitar alguém a eliminar os filhos inocentes de seus inimigos, dir-se-á:

Tolo aquele que após matar o pai deixa seus filhos para vingá-lo.

Alguns provérbios também atuam como máximas, como por exemplo: "Um vizinho ático". Deve-se igualmente empregar máximas até quando se trata de contestar expressões que entraram em 20 · domínio público (entendo por estas fórmulas como "Conhece-te a ti mesmo" e "Nada em excesso"). Deve-se assim agir quando esta prática fizer crescer a opinião dos ouvintes a respeito do caráter do orador, ou isso criar um efeito de intensa emoção. Por exemplo, um orador encolerizado poderia muito bem exclamar: "É falso que deveríamos conhecer a nós mesmos; de fato, se alguém conhecesse 25 · a si mesmo, jamais se julgaria apto a comandar um exército.". O caráter do orador granjeará melhor cotação por parte das pessoas, se ele disser, por exemplo "Não convém, como se afirma, *amar como se devêssemos um dia odiar, mas, muito pelo contrário, odiar como se devêssemos um dia amar.*"[140] Deve-se, através da maneira de se expressar, exibir as próprias preferências, se não acrescentar à guisa de epílogo a razão do que se propõe, como quando dizemos: "Não deveríamos tratar os amigos como se afirma ordinariamente, mas como se eles fossem continuar a ser nossos amigos sempre", e deveríamos acrescentar à guisa de epílogo: "[...] pois a atitude indicada 30 · ordinariamente é a de um traidor.". Pode-se também exprimir-se da seguinte maneira: "Não poderia satisfazer-me com a fórmula corrente, pois um verdadeiro amigo tratará seu amigo como se este fosse ser seu amigo para sempre.". E ainda: "Tampouco aprovo a fórmula 'Nada em excesso', pois devemos odiar excessivamente os maus.".

---

140. Ou, traduzido mais livremente: "[...] tratar nossos amigos como futuros inimigos, mas muito pelo contrário, tratar nossos inimigos como futuros amigos [...]."

182 | RETÓRICA

1395b1 ·   As máximas constituem um grande recurso para os oradores por conta de duas razões. A primeira vincula-se à vulgar vaidade dos ouvintes, os quais regozijam-se quando o orador, discursando em termos universais, vai ao encontro da opinião que cada um, pessoalmente, professa. Isto que antecipo agora esclarecer-se-á na sequência e pela maneira que indicarei, ao mesmo tempo, de como devemos perseguir as máximas requeridas. Como já asseverei, a
5 · máxima é uma forma de expressão de caráter geral; ora, as pessoas apreciam ver expresso em termos gerais aquilo que já conceberam antes individualmente. Por exemplo, aqueles que têm maus vizinhos ou maus filhos não deixarão de dar boa acolhida a qualquer um que declare que "nada é mais penoso do que ter vizinhos", ou então "Não há pior insensatez do que gerar filhos.". A conclusão é que o orador deve ter em vista apurar quais são as disposições de
10 · seus ouvintes no tocante aos assuntos relativamente aos quais eles realmente já detêm opinião e quais são essas opiniões; em seguida *deve externar-se de uma maneira geral acerca desses assuntos.*[141] Eis aí a primeira vantagem do uso de máximas. A segunda é ainda mais importante na medida em que confere caráter ao discurso. Esse caráter[142] se faz presente em todo discurso em que a escolha do orador é conspícua. Todas as máximas produzem esse efeito,
15 · uma vez que aquele que as utiliza exibe de uma maneira geral quais são suas preferências, ou seja, o que deve ser escolhido; assim, se as máximas forem íntegras, mostrarão o orador como um homem de caráter íntegro.

   E basta no que tange à máxima, a saber, sobre sua natureza, espécies, emprego apropriado e utilidade.

---

141. Kassel: *[...] deve expressar, como verdades gerais, essas mesmas opiniões sobre esses mesmos assuntos [...].*
142. ...ἦθος... (*éthos*).

22

20 · FALEMOS AGORA DOS ENTIMEMAS EM GERAL: primeiramente sobre a maneira adequada de buscá-los e, em seguida, o que constitui algo distinto disso, sobre os lugares-comuns dos quais os extraímos. Afirmamos anteriormente que o entimema é uma espécie de silogismo, em que medida o é, e o que o diferencia dos silogismos 25 · dialéticos. Não devemos fazer seu raciocínio recuar demasiado, sob pena de conferir uma extensão ao nosso argumento que produzirá obscuridade; tampouco devemos fazer com que tudo abarque para concluir, sob pena de desperdiçar palavras no dizer o que é evidente. É esta simplicidade que torna os indivíduos sem instrução mais eficientes do que os instruídos quando se trata de dirigir-se a auditórios populares. Como dizem os poetas, os oradores incultos discursam 30 · com maior habilidade diante da multidão. Pessoas instruídas formulam amplos princípios gerais, ao passo que pessoas destituídas de instrução argumentam com base no conhecimento comum e tiram conclusões óbvias. Não devemos, portanto, partir de toda e qualquer opinião, mas somente daquelas de tipos específicos de pessoas: nossos juízes ou aqueles cuja autoridade é por eles reconhecida; não 1396a1 · deve haver, ademais, nenhuma dúvida no espírito da maioria dos juízes, se não de todos eles, de que as opiniões aventadas sejam realmente desse tipo. Acrescentemos ainda que não cabe ao entimema concluir proposições necessárias, mas proposições na maioria dos casos verdadeiras.

Que se compreenda bem em primeiro lugar que, quer se trate de 5 · um raciocínio político ou de tipo inteiramente distinto, precisamos conhecer alguns, se não todos os fatos acerca do assunto sobre o qual discorreremos e argumentaremos. Se assim não for, não teremos nenhum material do qual extrair uma conclusão. Darei disso um exemplo a seguir. Como se poderia aconselhar os atenienses a travar ou não a guerra se desconhecemos seu poder militar – se pos-10 · suem um exército ou uma força naval, ou ambos ao mesmo tempo;

184 | RETÓRICA

se desconhecemos quais são seus efetivos, quais os recursos de seu erário e quem são seus aliados e seus inimigos; e se desconhecemos quais guerras eles já travaram, se obtiveram vitória ou não e assim por diante? Como poderíamos louvá-los se ignorássemos a batalha naval de Salamina, ou a batalha de Maratona, ou o que fizeram para defender os heraclídeos, ou quaisquer outros fatos desse gênero? Afi-

15 · nal, é dessas façanhas, reais ou supostas como tais, que todos os oradores retiram o material para os seus encômios. Analogamente, visando a censurar, lançamos mão dos contrários: o orador efetua um exame para verificar que atos vis – reais ou imaginários – servem para desacreditar aqueles que são alvo de seu ataque. Assim, ele censurará os atenienses por terem comprometido a liberdade grega,

20 · por terem escravizado povos que haviam lutado ao lado dos gregos e tinham se conduzido com valentia, como os eginetas e os potideatas, e recordará todos os demais fatos desse jaez que os atenienses têm em seu desfavor. De maneira idêntica, os oradores, ao acusarem ou defenderem, fundamentam sua acusação ou sua apologia nos elementos de que dispõem. É indiferente se trata-se dos atenienses ou

25 · dos lacedemônios, de um homem ou de um deus. O procedimento é sempre o mesmo. Suponhamos que é Aquiles quem queremos aconselhar, louvar, censurar, acusar ou defender. Aqui também temos que nos basear nos fatos – reais ou imaginados – que devem ser nosso material, seja para louvá-lo ou censurá-lo pelos atos nobres ou vis que cometeu, para acusá-lo ou defendê-lo pelo tratamento

30 · justo ou injusto que deu aos outros, ou para aconselhá-lo sobre o que é ou não é de seu interesse. Isso é aplicável a qualquer objeto de estudo. Por exemplo, tratando-se da justiça, se desejarmos mostrar que é ou não um bem, teremos que extrair a argumentação dos caracteres que são próprios à justiça e ao bem. Assim, todos os oradores baseiam evidentemente suas demonstrações nesses fundamentos,

1396b1 · quer seus raciocínios apresentem maior ou menor precisão e rigor. Na verdade, não constroem sua argumentação com base em todas as espécies de proposição, mas sim naquelas presentes em cada assunto particular que abordam. A propósito, no âmbito do discurso

é impossível demonstrar por outro meio. Consequentemente, como consta nos *Tópicos*,[143] em primeiro lugar necessitamos ter à mão uma seleção de proposições sobre questões que podem ser suscitadas e
5 · cujo manejo se nos afigura apropriado; em um segundo momento, no que se refere ao que é improvisado, devemos empreender sua busca pelo mesmo caminho, fixando o olhar não em proposições indeterminadas, mas nas que pertencem propriamente ao discurso e incluindo neste o maior número possível das que a ele vinculam-se
10 · mais de perto; com efeito, quanto mais se tiver à disposição essas proposições, que têm pertinência com o assunto, mais fácil será proceder à demonstração; e quanto mais se vincularem de perto a ele, mais serão próprias ao discurso e menos serão comuns. Por *comum* entendo, por exemplo, o louvor a Aquiles declarando ser ele simultaneamente homem e semi-deus, ou que participou da expedição contra Troia. Ora, essas qualificações dizem respeito a muitos outros
15 · personagens, e um tal louvor não se endereça mais a Aquiles do que a Diomedes. Por *particular* entendo o que sucedeu exclusivamente a Aquiles, por exemplo o fato de ter matado Heitor, o mais excelente dos troianos, e Cicno, o qual tirou proveito de sua invulnerabilidade para impedir o desembarque [dos gregos], e o fato de ter sido o mais jovem dos homens a ingressar na expedição, não participar dela por força de uma juramento e demais coisas específicas nessa linha.
20 ·   Com isso temos o nosso primeiro e mais importante critério de seleção de entimemas, aquele referente aos lugares-comuns.
Tratemos agora dos elementos dos entimemas. Por elemento entendo o mesmo que lugar do entimema. Abordemos primeiramente o que deve necessariamente ser abordado primeiramente. Há, com efeito, duas espécies de entimemas. A primeira é a dos
25 · entimemas demonstrativos, os quais demonstram que uma coisa é ou não é; a segunda é a dos entimemas refutativos. A diferença entre essas duas espécies é a mesma existente entre a refutação e o silogismo na dialética. No entimema demonstrativo, conclui-se a

---

143. Quinto tratado do *Órganon*.

186 | RETÓRICA

partir de premissas aceitas pelo opositor; no refutativo, chega-se a conclusões não aceitas pelo opositor.

30 · Podemos agora dizer que temos em mãos os lugares-comuns que são úteis e necessários a cada espécie de entimema. Colhemos para cada uma as premissas, ainda que já tenhamos à nossa disposição os lugares-comuns que constituem nossa fonte dos entimemas relativos ao bem ou ao mal, ao *nobre ou ao vil*,[144] ao justo ou ao injusto, e aos caracteres, às paixões e às disposições.

1397a1 · Consideremos, na sequência, todos os lugares-comuns em geral examinando-os com a inclusão dessa nova distinção entre lugares--comuns refutativos, lugares-comuns demonstrativos e lugares--comuns dos entimemas aparentes, os quais não são verdadeiros entimemas porque tampouco são silogismos.

Após esses esclarecimentos, passaremos a definir refutações e 5 · objeções, indicando a partir de onde podem ser produzidas para combater os entimemas.

23

HÁ UM LUGAR PARA OS ENTIMEMAS DEMONSTRATIVOS, que é aquele obtido dos contrários; na verdade, convém verificar se o contrário possui efetivamente a qualidade de contrário, pois, se não possuir, estar-se-á refutando a proposição original do opositor; se possuir, estar-se-á estabelecendo a própria tese – por exemplo, 10 · sustentar-se-á que ser controlado é bom porque viver no desregramento é prejudicial, ou então, como no discurso de Messênia: "Se a guerra é a causa de nossos males atuais, é da paz que necessitamos para corrigirmos as coisas."[145] [Ou:]

Uma vez que nem sequer malfeitores deveriam conduzir-nos à Cólera por involuntariamente nos fazer o mal,

---

144.   ...καλοῦ ἢ αἰσχροῦ... (*kaloý è aiskhroý*): entenda-se também ao *belo* ou ao *feio*.
145.   Alcidamas, fragm. 2.

LIVRO II | 187

15 · *Tampouco teríamos um débito de gratidão com aqueles*
Que foram constrangidos a nos fazer o bem.[146]

Ou...

Como neste mundo é possível que mentirosos granjeiem cre-
dibilidade,

Que se esteja igualmente certo do oposto, ou seja, de que este mundo
Ouve muitas verdades e a estas não dá crédito.[147]

20 · Um outro lugar-comum é o obtido das desinências fortuitas
que apresentam semelhança. É preciso que duas palavras derivadas de uma raiz idêntica possam admitir ou não admitir o mesmo
atributo; por exemplo, se dizemos: o *justo* nem sempre significa o
benéfico, pois se assim fosse *justamente*[148] significaria sempre *bene-*
ficamente, enquanto agora não é desejável ser *justamente* executado.

Um outro lugar-comum é obtido de ideias correlativas. Por
exemplo, se é verdadeiro que alguém proporcionou a uma outra pes-
25 · soa um tratamento digno ou justo, poder-se-ia dizer que esta outra
pessoa recebeu um tratamento digno ou justo, havendo idêntica relação entre ter ordenado e ter obedecido. Nesse sentido, Diomedonte,
o coletor de impostos, exprimia-se nos seguintes termos a respeito
dos impostos: "Se para vós não há nenhuma vergonha em negociá-
-los, tampouco há para nós em comprá-los.". Do mesmo modo, se
uma ação é nobre e justa para quem dela foi o objeto, ela o é igualmente para o seu agente, a recíproca sendo válida. Entretanto, esse
raciocínio pode ser enganoso. Do fato de uma pessoa ter sido objeto

---

146. Fragm. 80, Nauck.
147. Eurípides, fragm. 396, Nauck.
148. Δίκαιος (*Díkaios*) corresponde ao nosso adjetivo *justo* e δικαίως (*dikaíos*),
ao nosso advérbio *justamente*. Essas palavras gregas são muito semelhantes
e pertencentes a uma mesma raiz; nas línguas românicas em geral, como no
português, também pertencem a uma mesma raiz, mas são diferenciadas
geralmente por um sufixo, como o advérbio de modo em pauta. Como
Aristóteles está pensando em grego e no grego (língua declinada), ele se
refere, ademais, às desinências das palavras quando declinadas. Quanto a
ser *justamente executado*, significa ser executado por condenação da Justiça.

188 | RETÓRICA

30 · desse tratamento justo conclui-se que o tratamento concedido foi justo, mas não que foi concedido por ti. Assim, é necessário considerar separadamente dois pontos distintos: se o paciente submeteu-

1397b1 · -se justamente e se o agente agiu justamente, depois do que se deve realizar a aplicação que for conveniente. Nesse caso, às vezes ocorre uma discordância, nada se opondo ao que se diz, com o que se pode ficar facilmente em uma posição como no *Alcméon* de Teodectes...

E não houve ninguém que abominasse o crime de tua mãe?...

...ao que Alcméon responde:

5 · *Bem, há duas coisas a serem consideradas aqui distintamente...*

...e quando Alfesibeu lhe pergunta o que quer dizer com isso, ele responde:

Julgaram que a ela cabia morrer, mas não que cabia a mim matá-la.

{Podemos também mencionar o processo de Demóstenes e os assassinos de Nicanor: como os juízes decidiram que eles o haviam matado justamente, *foi considerado também que a morte de Nicanor*

10 · *fora justa. Registramos ainda o exemplo do indivíduo que morreu em Tebas; ordenou-se que fosse julgado se ele merecia morrer porque se pensava não haver injustiça em matar um homem cuja morte era justa.}*[149]

Um outro lugar-comum é obtido do *mais* e do *menos*, quando, por exemplo, dizemos: Se mesmo os deuses não são oniscientes, decerto os seres humanos não o são. Isso corresponde a dizer que se uma qualidade não pertencer a um sujeito, o qual devia possuí-la

15 · *mais*, tampouco pertencerá evidentemente ao sujeito que deveria possuí-la *menos*. Por outro lado, afirmar que o indivíduo que agride seu próprio pai também agride seus vizinhos apoia-se neste raciocínio: *quem possui o menos também possui o mais, raciocínio que pode ser útil tanto em um caso como noutro, dependendo da necessidade de mostrar que uma qualidade pertence ou não a um sujeito.*[150] De

---

149. { } Considerado por Kassel um acréscimo posterior efetuado pelo próprio Aristóteles.

150. Kassel: *[...] se o que é menos provável é verdadeiro, o que é mais provável também é, pois é menos provável um indivíduo agredir seu pai do que os vizinhos. Ou pode-se insistir que se algo não é verdadeiro onde é mais prová-*

LIVRO II | 189

outra parte, pode ser que não se trate de *mais* ou de *menos*, mas de paridade, como se constata a seguir:

Sim, teu pai é de se lamentar devido à perda de seus filhos,

20 · *E Oeneu não será lamentado, ele que perdeu seu filho, a glória [da Hélade]?*[151-152]

E pode-se dizer inclusive: se Teseu não foi culpado, tampouco o foi Alexandre;[153] se os filhos de Tindareu eram inocentes, Alexandre também o era; se Heitor não cometeu crime algum ao matar Pátroclo, também Alexandre não cometeu nenhum ao matar Aquiles. Se os que praticam as outras artes não são pessoas desprezíveis, tampouco o são os filósofos; se generais não são indivíduos des-

25 · prezíveis ainda que sejam *derrotados frequentemente em batalhas,*[154] tampouco o são os sofistas. Ademais, "se cada indivíduo entre vós deve zelar pela *vossa reputação,*[155] deveis todos vós zelar pela reputação dos gregos".

Um outro lugar-comum é obtido a partir da consideração do tempo. Ifícrates empregou-o no seu discurso contra Harmódio expressando-se nos seguintes termos: "Se antes de agir, eu tivesse negociado convosco no sentido de receber de vós uma estátua se obtivesse êxito, teríeis concordado com isso... e agora que obtive

30 · êxito, vós a recusareis a mim? Não deveis fazer promessas quando esperais que algo seja feito a vosso favor, e recusar-vos a cumpri-las quando tal coisa foi feita.". Um outro exemplo: para induzir os

1398a1 · tebanos a permitirem a passagem de Felipe através de seu território para a Ática, foi argumentado que "se ele houvesse insistido nesse ponto antes de tê-los ajudado contra os fócios, teriam prometido atendê-lo; seria absurdo, portanto, que, por não tomar essa precau-

---

vel, ou se é verdadeiro onde é menos *provável, e assim por diante, conforme precisarmos mostrar que algo é ou não é verdadeiro [...]*.

151.   Entre colchetes em Spengel.

152.   Autor desconhecido, fragm. 81, Nauck.

153.   Páris.

154.   Kassel: *[...] condenados frequentemente à morte [...]*.

155.   Kassel: *[...] reputação de sua própria cidade [...]*.

190 | RETÓRICA

ção e por ter depositado confiança neles, não devessem permitir que ele agora atravessasse seu território".

Um outro lugar-comum pode ser extraído das palavras proferidas contra nós e que fazemos retornar ao opositor. Trata-se de um lugar-comum excelente, que é inclusive utilizado na tragédia
5 · *Teucer.* Ifícrates empregou-o contra Aristofonte, quando lhe perguntou se entregaria sua frota por dinheiro. "Não," foi a resposta de Aristofonte. "Então," retrucou Ifícrates, "tu, Aristofonte, não entregarias a frota e eu o faria, eu que sou Ifícrates?" Há, contudo, nesse caso a ressalva de que o opositor deve estar mais propenso do que nós a cometer o crime em pauta. Caso contrário, o argumento soaria ridículo, por exemplo se tal lugar-comum fosse usado para
10 · responder a uma acusação de Aristides; na verdade, supõe a existência de condições que possibilitem, a nos expressarmos assim, desacreditar o acusador. Em síntese, o acusador deseja mostrar-se como uma pessoa mais digna do que o acusado, precisamente a pretensão que é necessário, em todas as circunstâncias, contestar. O emprego, porém, de tal argumento revelar-se-á geralmente desproposidado se o ataque a outros for feito com base no que nós próprios fazemos ou faríamos, ou se instássemos outros a fazer o que nem fazemos nem nos proporíamos a fazer.
15 · Um outro lugar-comum é obtido a partir da definição. Por exemplo se dizemos que um *dáimon* é ou um deus ou a obra de um deus. Ora, admitir a obra de um deus significa necessariamente também admitir a existência dos deuses. Um exemplo adicional: a declaração de Ifícrates ao seu opositor de que o homem mais virtuoso é também o mais nobre. "Ora," acrescenta, "nem Harmódio,
20 · nem Aristógiton detinham nada de nobre antes de realizar sua ação nobre." Argumentou também que ele próprio aparentava-se mais a Harmódio e a Aristógiton do que o seu próprio opositor. "De qualquer modo, minhas ações guardam mais afinidade com as de Harmódio e Aristógiton do que as tuas." Outro exemplo pode ser encontrado na Apologia de Alexandre: "Não há ninguém que deixe de concordar que entende por pessoas debochadas as que não

se satisfazem com os prazeres de um só corpo.". Outro exemplo é
25 · proporcionado pela razão oferecida por Sócrates para não comparecer à corte de Arquelau: "Sentimo-nos ultrajados tanto pela
incapacidade de retribuir benefícios quanto por aquela de retribuir
ofensas.". Em todos esses casos, as pessoas começam por definir e
precisar o significado essencial de uma coisa, para depois raciocinar
em torno do ponto em questão.

Um outro lugar-comum é baseado nos vários sentidos de um
vocábulo, como procedemos nos *Tópicos* acerca da acepção correta
dos vocábulos.[156]

Um outro lugar-comum é obtido da divisão. Por exemplo, se to-
30 · dos os homens cometem o mal por três motivos, a saber, *este, aquele* e
um terceiro, é impossível invocar no caso em pauta os dois primeiros;
quanto ao terceiro, os próprios opositores não se referem a ele.

Um outro lugar-comum pode ser obtido da indução. Assim,
a partir do caso da mulher de Pepareto, seria possível argumentar
que em todos os lugares as mulheres, no que diz respeito aos filhos,
1398b1 · são capazes de determinar a verdadeira paternidade. Um outro
exemplo disso aconteceu em Atenas no caso do orador Mantias e
seu filho, ocasião em que a mãe do menino revelou os verdadeiros
fatos. E ainda registra-se um outro caso em Tebas, envolvendo
Ismênias e Estilbonte, que divergiram sobre a paternidade de Tetalisco. Dodonis provou ser Ismênias o pai de seu filho Tetalisco,
e consequentemente os tebanos sempre o consideraram como tal.
5 · Um outro exemplo nos é fornecido pela lei de Teodectes, que diz:
"Se não se confia os próprios cavalos a indivíduos que cuidaram
mal dos cavalos alheios, ou navios aos que arruinaram navios
alheios, e se isso se mostra verdadeiro em relação a tudo o mais,
então aqueles que falharam na segurança dos outros não devem
ser empregados para cuidarem de nossa própria segurança.". Alcidamas também se serve da indução para mostrar que não há
10 · ninguém que não honre os sábios: "Os parianos prestaram hon-

---

156. Kassel acrescenta: *Esse vocábulo é* agudo. Ver *Tópicos,* 106a14 e segs.

192 | RETÓRICA

ras a Arquíloco, por mais maledicente que ele fosse; os habitantes de Quios prestaram honras a Homero, ainda que não fosse
seu compatriota; os habitantes de Mitilene prestaram honras a
Safo, ainda que fosse uma mulher; os lacedemônios admitiram
Quílon como membro de seu senado, apesar do mínimo pendor
que experimentam pelas letras; *{os italiotas prestaram honras a*
15 · *Pitágoras}*;[157] os habitantes de Lampsaco ofereceram um funeral
público a Anaxágoras, a despeito de ser um estrangeiro para eles,
e prestam-lhe honras até hoje; os atenienses foram venturosos com
as leis de Sólon e os lacedemônios com as de Licurgo, enquanto
Tebas, enfim, tornou-se uma cidade venturosa logo que *{os filósofos*
passaram a governá-la}.[158]

Um outro lugar-comum tem como fonte um julgamento já
pronunciado sobre um caso idêntico, ou um caso análogo, ou sobre
um caso contrário, especialmente se em todas as circunstâncias
20 · obteve a unanimidade daqueles que se pronunciaram, ou a maioria
deles, ou todos os sábios ou a maioria destes, ou as pessoas de bem;
ou os atuais juízes do caso em questão, ou aqueles cuja autoridade
é notória; ou aqueles aos quais é impossível opor um julgamento
contrário, do que são exemplos aqueles que detêm um poder absoluto sobre nós; ou aqueles aos quais não convém opormos um
julgamento contrário, do que constituem exemplos os deuses,
25 · nossos próprios pais ou nossos mestres. Autocles nos fornece um
lugar-comum desse tipo ao dirigir-se a Mixidemides nos seguintes
termos: "Se as deusas veneráveis julgaram conveniente submeter-se
ao julgamento do Areópago, como Mixidemides se furtaria a ele?".
Safo, lançando mão do mesmo lugar-comum, declarou: "Morrer
é um mal. Os deuses inclusive assim o julgaram, pois caso contrário, morreriam.". Do mesmo modo, Aristipo dirigiu-se a Platão,
30 · o qual, a seu ver, exprimia-se com uma certa presunção: "Certamente, o nosso camarada" – referia-se ele a Sócrates – "jamais
falou nesses termos.". Analogamente, Hegesipos, que antes con-

---

157.   { } Não consta no texto de Kassel.
158.   { } Kassel: *[...] os governantes tornaram-se filósofos.*

LIVRO II | 193

1399a1 · sultara o oráculo em Olímpia, indagou ao deus de Delfos se era da
mesma opinião de seu pai, dando a entender que seria desonroso
assistir à contradição de seus discursos. Isócrates, na mesma linha,
argumentou que Helena devia ser uma boa mulher, uma vez que
Teseu a julgara como tal, no que se referia a Alexandre,[159] que também era um bom homem, considerando-se que as deusas o haviam
5 · elegido como juiz; quanto a Evagoras, o considerou igualmente
um bom homem, pois Cônon, no seu infortúnio, sem procurar o
conforto junto a qualquer outro, veio refugiar-se junto a ele.

Um outro lugar-comum é conseguido pela dissociação das
partes, como é indicado nos *Tópicos*, a saber: "Que tipo de movimento é a alma? Ora, tem que ser este ou aquele." Eis outro
exemplo retirado do *Sócrates* de Teodectes: "Que templo ele pro-
10 · fanou? Quais deuses reconhecidos pelo Estado não foram por ele
reverenciados?".

Um outro lugar-comum é obtido da constatação seguinte: geralmente o mesmo fato resulta simultaneamente em algum bem
e algum mal. É, portanto, baseando-se na consequência do fato
que se pode aconselhar ou desaconselhar, acusar ou defender,
louvar ou censurar. Por exemplo, a educação acarreta um mal,
nomeadamente a malevolência ou inveja de que nos tornamos
objeto; por outro lado, nos proporciona sabedoria, o que é um
bem. Consequentemente, argumentaríamos que não convém nos
educarmos, pois não convém sermos objeto de malevolência ou
inveja; contudo, poder-se-ia replicar que convém nos educarmos,
15 · pois convém ter sabedoria. A *Arte* de Cálipos é constituída por
esse lugar-comum mais a adição daqueles da possibilidade e dos
demais que indicamos.

Um outro lugar-comum é possível quando nos cabe estimular
ou desestimular um curso de ação que pode ser levado a cabo de
duas maneiras contrárias – de uma ou outra – e temos que aplicar o
método que já foi indicado anteriormente para ambas. A diferença

---

159. Páris.

194 | RETÓRICA

entre este e aquele caso é que, naquele, duas coisas indiscriminadas
20 · são colocadas em antítese, enquanto neste elas têm que ser necessariamente opostos. Por exemplo, uma sacerdotisa não se dispunha
a permitir que seu filho falasse em público "[...] porque," dizia, "se
proferires o que é justo, os seres humanos te odiarão, ao passo que
se proferires o que é injusto, serão os deuses que te odiarão". O seguinte raciocínio, portanto, deveria nortear o discurso em público:
"Se proferes coisas justas, serás amado pelos deuses; se proferes coi-
25 · sas injustas, serás amado pelos seres humanos.". Isso corresponde
ao provérbio *Comprar a região pantanosa salífera e o sal*. Eis um
argumento que podemos chamar de *cambaio*: dois termos sendo
contrários, cada um deles é seguido de um bem e de um mal e cada
um deles acarreta uma consequência oposta à do outro.

Um outro lugar-comum baseia-se no fato de que as coisas que
as pessoas aprovam abertamente não são as que aprovam secreta-
30 · mente. Abertamente, os principais objetos de louvor são a justiça
e a nobreza; todavia, no fundo do coração, o que goza de maior
apreço e é mais desejável é aquilo que é útil. Face a isso, convém
empenhar-se em instaurar o ponto de vista que o opositor não adotou. Esta é a mais eficiente forma de argumento entre as que contradizem a opinião ordinária e correntemente aceita.

Um outro lugar-comum é obtenível da analogia proporcional
que se pode estabelecer na observação das situações. Por exemplo,
Ifícrates, na ocasião em que tentavam obrigar seu filho, um jovem
ainda na menoridade, a ocupar um cargo público às suas próprias
expensas porque ele era alto, declarou: "Se considerais que os meninos altos são homens, ireis, em seguida, decretar que os homens
1399b1 · baixos são meninos.". E Teodectes declarou em sua lei: "Concedeis,
a título de recompensa por seus méritos, cidadania a mercenários
como Estrabax e Caridemos. Não condenareis ao exílio os cidadãos
5 · entre os mercenários que cometeram faltas irreparáveis?".

Eis um outro lugar-comum que é retirado do seguinte raciocínio: se o efeito é idêntico, as causas desse efeito também o são. Por
exemplo, Xenófanes dizia que afirmar que houve um nascimento

dos deuses é tão ímpio quanto afirmar que morrem: a consequência de ambas as afirmações é que há um tempo em que os deuses não existem. Essa linha de demonstração supõe geralmente que o efeito de qualquer coisa dada é sempre o mesmo. Por exemplo, "Ireis deli-
10 · berar não sobre Isócrates, mas sobre o estudo ao qual ele se dedica, ou seja, sobre a questão de saber se convém filosofar". Analogamente, se diz "Dar terra e água significa escravidão", ou "participar de uma paz comum significa acatar ordens". Cabe-nos fazer ou essas suposições ou as que a elas se opõem, como melhor nos convir.

Há um outro lugar-comum que se apoia no fato das pessoas não
15 · fazerem a mesma escolha antes e depois, mas invertirem as coisas. Disso é exemplo o seguinte entimema: "Quando éramos exilados, lutávamos para retornar à pátria... e agora que retornamos, seria estranho escolher optar pelo exílio para não ter de lutar.". Em uma ocasião, optam por ser fiéis às suas pátrias ao custo da luta, enquanto na outra escolhem fugir à luta ao custo de abandonar suas pátrias.

20 · Um outro lugar-comum consiste em pretender que o fim possível de uma coisa, quer no presente quer no passado, constitui o seu efetivo fim tanto no presente quanto no passado. Por exemplo, se dirá que uma pessoa dá um presente à outra a fim de lhe causar sofrimento através de sua posterior subtração. Tal noção está contida nas seguintes linhas:

A muitos outorga a divindade amiúde grande prosperidade.

Não a outorga por benevolência, mas para deles evidenciar as desventuras.[160]

25 · O mesmo ocorre com esta passagem do *Meleagro* de Antífon:

Não tencionavam matar a fera, mas queriam se capacitar a testemunhar perante a Grécia o valor de Meleagro.[161]

Podemos igualmente citar as palavras de *Ajax* de Teodectes: "Se Diomedes escolheu Odisseu, não foi para honrá-lo, mas para

---

160. Autor desconhecido, fragm. 82, Nauck.
161. Fragm. 2, Nauck.

196 | RETÓRICA

contar com um companheiro que lhe fosse inferior", sendo possível
30 · ter sido esse o motivo que levou Diomedes a agir.

Um outro lugar-comum, empregado igualmente por oradores
forenses e oradores políticos, consiste em examinar os móveis que
nos induzem a uma ação e os que dela nos dissuadem, bem como
os fins que nos determinam tanto a empreender uma ação quanto
a evitá-la. Essas são as condições que nos levam a empreender a ação
se nos favorecem, e que nos levam a nos abster da ação se são desfa-
voráveis, isto é, somos levados a agir se a ação é possível, fácil e útil
35 · para nós mesmos ou nossos amigos, ou prejudicial aos nossos inimigos; isso se revela verdadeiro mesmo que a ação acarrete perda,
desde que esta tenha menos peso do que uma sólida vantagem.
1400a1 · Esses mesmos argumentos formam inclusive os expedientes para
a acusação ou a defesa, os elementos de dissuasão sendo destaca-
dos pela defesa, enquanto os elementos que induzem são enfati-
zados pela acusação. Este lugar-comum constitui toda a *Arte* de
Pânfilo, bem como toda a de Cálipos.
5 ·   Um outro lugar-comum é extraído de fatos que se supõem que
ocorram e que, não obstante, parecem incríveis. Consiste em declarar que neles não se creria se não houvessem se produzido ou se
não houvessem estado na iminência de se produzirem, razão a mais
para lhes dar crédito; com efeito, admite-se somente aquilo que
existe verdadeiramente ou aquilo que é provável. Entretanto, não
sendo o fato em questão nem crível nem provável, tem chances de
ser verdadeiro, já que não é devido ao seu cunho provável e possível
que parece tal. É assim que Androcles, do demo de Pito, declarou,
10 · ao criticar a lei e ao notar que suas palavras suscitavam murmúrios:
"As leis necessitam de uma lei que as retifique; os peixes certamente
necessitam de sal, por mais improvável e incrível que isso pudesse
parecer para criaturas criadas na água salgada; também as azeitonas
necessitam de azeite – afirmação inverossímil pelo fato da azeitona
de que se extrai o azeite necessitar de azeite.".
15 ·   Um outro lugar-comum, próprio da refutação, consiste em
examinar os pontos em relação aos quais não se está de acordo

com o opositor – por exemplo, se o desacordo nasce de circunstâncias variadas, quais sejam, lugares, tempos, ações, discursos, e
atribuir as contradições à parte ao opositor, digamos nos seguintes
termos: "Ele se atreve a dizer que é vosso amigo e conspirou com os
Trinta", ou à parte ao próprio orador: "Ele ousa afirmar que gosto
de processos e não foi capaz de vos provar que tenha eu algum
dia instaurado um único!". Ou, enfim, à parte ao orador e ao seu
20 · opositor: "*Ele* jamais emprestou um centavo a alguém, enquanto
eu já resgatei muitos de vós.".

Um outro lugar-comum consiste, no caso de pessoas ou fatos
que foram objeto de difamação ou pareceram sê-lo, em exprimir
a razão desse fato aparentemente chocante, uma vez que há uma
causa que produz essas imputações. Por exemplo, uma mulher que
25 · impingiu seu filho a uma outra mulher foi considerada a amante
do rapaz, porque o abraçou e o cobriu de beijos; mas uma vez esclarecida sua ação, ficou demonstrado que a acusação carecia de
fundamento e a difamação desapareceu. Um outro exemplo pode
ser encontrado no *Ajax* de Teodectes, onde Odisseu explica a Ajax
porque, embora sendo ele realmente mais corajoso do que Ajax,
não parece que é, e não é assim considerado.

Um outro lugar-comum consiste em mostrar que se a causa
está presente, o efeito se produzirá, e, se está ausente, o efeito não
30 · se produzirá. De fato, causa e efeito são inseparáveis e nada existe
que não tenha uma causa. Assim, Trasíbulo acusou Leodamas que,
tendo seu nome sido inscrito em uma estela da Acrópole como
marcado pela infâmia, ele apagara a inscrição no tempo dos Trinta
35 · Tiranos. A isso Leodamas replicou: "Impossível, pois os Trinta teriam tanto mais confiado em mim se a estela tivesse conservado
esse testemunho de meu ódio contra o povo.".

Um outro lugar-comum consiste em considerar se o acusado
pode ter ou poderia ter tido uma melhor conduta do que aquela
que está recomendando ou tendo, ou que teve. Evidentemente, se
1400b1 · assim não é, ele não é culpado, uma vez que ninguém voluntária
e cientemente opta pelo que é mau. Esse argumento, contudo, é

198 | RETÓRICA

falacioso, pois com frequência evidencia-se após o evento como a ação poderia ter sido melhor, ainda que antes do evento isso, de modo algum, se mostrasse evidente.

Um outro lugar-comum consiste em examinar, quando nossa conduta vindoura deve ser contrária à nossa conduta passada, as 5 · duas atitudes ao mesmo tempo. Assim, Xenófanes, respondendo aos eleatas que lhe indagavam se deviam fazer um sacrifício a Leucoteia e por ela enlutar, deu-lhes o seguinte conselho: "Se credes ser ela uma deusa, não vos enluteis por ela; se credes ser ela uma mulher, não fazei para ela sacrifícios.".

Um outro lugar-comum consiste em transformar erros anteriores cometidos em fundamentos para os argumentos de acusação e de 10 · defesa. Por exemplo, na *Medeia* de Carcino, os acusadores alegam que Medeia matou seus filhos, já que estes *não eram mais vistos em lugar algum*; o erro de Medeia consistira em mandar seus filhos para longe. No que tocava a ela, defende-se alegando que não é seus filhos que teria matado, mas Jasão. Se ela não o fizera, correspondia a isso o seu verdadeiro erro, admitindo-se que cometera o outro erro de que 15 · era acusada. Este lugar-comum entimêmico e esta espécie particular compõem a totalidade da arte do primeiro tratado de Teodoro.

Um outro lugar-comum é obtido da etimologia, como por exemplo faz Sófocles:

Não é por acaso que Sidero[162] *é assim chamado.*[163]

Esse lugar-comum aparece ordinariamente nos louvores dirigidos aos deuses. Assim, também Cônon chamava Trasíbulo de 20 · homem *de deliberações arrojadas*,[164] Heródico dizia a Trasímaco: "Tu és sempre um *combatente arrojado*",[165] e a Pólo: "És sempre um

---

162. Σίδηρος (*Síderos*) é ferro ou qualquer instrumento ou arma de ferro. Alusão ao coração empedernido de Sidero.

163. Fragm. 597, Nauck.

164. Etimologicamente θρασύβουλον (*thrasýboylon*) significa *de deliberações arrojadas*.

165. Etimologicamente θρασύμαχος (*thrasýmakhos*) significa *combatente arrojado*.

LIVRO II | 199

potro"[166] e do legislador Drácon: "As leis não são de um ser humano, mas de um *dragão*",[167] devido à sua severidade. É assim ainda que Hécuba, em Eurípides, refere-se a Afrodite: "É com acerto que o nome da deusa inicia-se como a palavra loucura.".[168] E dizia Que-
25 · remonte: "Penteu, assim chamado por conta do nome da aflição vindoura.".[169] Entre os entimemas, os refutatórios recebem melhor cotação do que os demonstrativos. A razão disso é que o entimema refutatório, sob uma forma sumária, aproxima os contrários, além do que argumentos colocados lado a lado mostram-se mais claros ao auditório. Mas de todos os silogismos [entimemas], quer refu-
30 · tatórios, quer demonstrativos, os que produzem maior efeito são aqueles cuja conclusão já é, desde o início, prevista pelo auditório, isto sob a condição de não serem superficiais. O motivo disso é que o auditório em parte já se regozija consigo mesmo na medida em que produz seu antegozo. A esses pode-se acrescer todos os entime-mas que o auditório acompanha suficientemente bem a ponto de compreendê-los à medida que são enunciados.

24

ALÉM DOS SILOGISMOS VERDADEIROS, é possível que haja silo-
35 · gismos com aparência de verdadeiros, mas que não o são. Assim, como o entimema constitui um tipo particular de silogismo, a conclusão é que podem existir entimemas com aparência de serem verdadeiros, mas que não o são.

---

166. Πῶλος (*Pôlos*) significa *potro*.
167. Δράκων (*Drákon*) significa *dragão*.
168. *Loucura* é Ἀφροσύνη (*Aphrosýne*). A citação é de *As Troianas*.
169. O verbo πενθέω (*penthéo*) significa prantear, estar de luto e o substantivo πένθος (*pénthos*), luto, infelicidade, aflição. A citação corresponde ao fragm. 4, Nauck.

200 | RETÓRICA

1401a1 ·   Entre os lugares-comuns formadores dos entimemas aparentes,
o primeiro a ser indicado é o que surge das palavras particulares
que são utilizadas. Uma variedade deste tipo é encontrada quando,
como ocorre na dialética, sem ter realizado todo um processo de
raciocínio, enunciamos uma afirmação final como se fosse a conclusão de tal processo, a saber: "Uma coisa não é isso e aquilo e,
portanto, é necessariamente isso e aquilo.". Na verdade, nos entime-
5 · mas uma expressão compacta e antitética passa por um entimema,
sendo essa linguagem pertencente ao domínio do entimema. Realmente, esse procedimento parece derivar da própria forma da expressão. Para exprimir-se de uma forma que se assemelhe à do silogismo, revela-se útil sumarizar os resultados de um grande número
10 · de silogismos: "Alguns ele salvou, outros ele vingou, os gregos ele
libertou.". Cada uma dessas afirmações foi previamente demonstrada com base em outros fatos, mas a sua formulação conjunta
causa a impressão ou ilusão de que se está estabelecendo alguma
nova conclusão. Uma outra espécie de entimema aparente é obtida
da homonímia, do que é exemplo o argumento de que o rato é um
animal nobre, pois dele derivam os Mistérios, estes que são os mais
15 · augustos ritos iniciatórios.[170] Um outro caso é o do indivíduo que,
pretendendo louvar um cão, compara-o ao cão celeste (Sírio) ou a
Pan, sob o pretexto de que Píndaro declarou:

> Ó tu, abençoado!
> Tu que os olímpicos chamaram
> De o cão de múltiplas formas
> Que acompanha a grande deusa.[171]

Pode-se também argumentar que, pelo fato de constituir suma
20 · desonra não ter junto a si um cão, seria honroso ser um cão. O procedimento é análogo quando se afirma que Hermes, entre os deuses,
é o mais disposto a partilhar e o mais comunicativo (κοινωνικὸν
[*koinonikòn*]) porque é, com exclusividade, chamado de o deus

---

170. *Rato* é μῦς (*mýs*) e *Mistérios* é μυστήρια (*mystéria*).
171. Fragm. 96, Snell.

público, comum a todos (κοινὸς [*koinós*]). Ou ainda se dizemos que o *discurso* é o que há de mais precioso, uma vez que os homens de bem são dignos não de dinheiro mas de *discurso*, a expressão *digno de estima* tendo igualmente o significado de *digno de discurso* (λόγου ἄξιον [*lógoy áksion*]).

Um outro lugar-comum consiste em reunir na argumentação
25 · o que estava separado ou em separar o que estava reunido. Uma vez que nessas condições uma coisa parece ser idêntica a si mesma, ainda que amiúde não seja, é preciso escolher a alternativa que se revela a nós a mais vantajosa. É esta a argumentação de Eutidemo quando, por exemplo, ele diz que sabe que há uma trirreme no Pireu, visto que se conhece cada um dos dois termos. Há também o argumento de que, se conhecemos as letras, conhecemos a palavra, visto que esta é tão só composta dessas letras, ou seja, a palavra é idêntica às
30 · letras que a compõem; ou que, se uma dupla porção de uma certa coisa é nociva à saúde, consequentemente uma única porção não pode ser classificada como saudável, posto que seria absurdo que duas metades boas constituíssem um todo mau. Apresentado desta maneira, o entimema é refutatório, ao passo que apresentado da maneira que se segue, é demonstrativo, a saber, caso se dissesse: "Não é possível que uma coisa sendo boa, duas dessas coisas seriam más.". De resto, todo esse lugar-comum é falacioso. Mencionemos mais uma vez as palavras de Polícrates com referência a Trasíbulo:
35 · Trasíbulo eliminou trinta tiranos – onde o orador acumula-os um a um; ou as palavras de Teodectes que, no seu *Orestes*, procede por divisão, isto é, o argumento procede da parte para o todo, nomeadamente: "É justo que a mulher que matou seu marido morra; é igualmente justo que o filho vingue a morte de seu pai.". De fato,
1401b1 · essas duas ações foram realizadas por Orestes. Ainda assim, talvez ambas as ações, se somadas, não constituam um ato correto. É possível que estivéssemos diante de um entimema por omissão, uma vez que o orador deixa de dizer quem executou a esposa culpada.

Um outro lugar-comum consiste no emprego do exagero com o fito de estabelecer ou refutar uma argumentação. Opera-se assim

202 | RETÓRICA

5 · quando, sem demonstrar a realidade dos fatos, pinta-se com cores intensas a situação: se o acusado assim age, ele cria uma impressão ou aparência de que é inocente; por outro lado, se o acusador o faz, cria a impressão de que o acusado é culpado. Neste caso não há um entimema autêntico, já que o auditório infere culpa ou inocência a despeito de nenhuma prova ter sido apresentada, com o que a inferência é falaciosa.

10 · Um outro lugar-comum é obtido do signo, mais um caso em que não há silogismo. Aqui cabe o seguinte exemplo: "Os amantes são úteis aos Estados, porque o amor de Harmódio e Aristógiton provocou a queda do tirano Hiparco.". Ou, se fosse dito: "Dionísio é um ladrão porque é um homem sem virtudes.". Também aqui não há silogismo: nem todo homem sem virtudes é um ladrão, embora todo ladrão seja um homem sem virtudes.

15 · Um outro lugar-comum é extraído do evento acidental, por exemplo se Polícrates dissesse aludindo aos ratos: "Eles prestaram um serviço ao Estado por roerem as cordas dos arcos dos inimigos.". Ou caso se afirmasse: A mais expressiva marca de honra é ser convidado para um banquete, já que foi pelo fato de não ter sido convidado para o banquete dos gregos em Tenedos que Aquiles imbuiu-se de ressentimento contra os aqueus. Na verdade, o que causou seu ressentimento foi o insulto de que foi objeto; a forma assumida pelo insulto representou algo meramente acidental.

20 · Um outro lugar-comum é obtido da consequência de um fato. Por exemplo, em *Alexandre*, nos referindo a Alexandre, dizemos que ele tinha grandeza de alma pelo fato de, desprezando a sociedade mundana, viver sozinho no monte Ida, afastado de todos. Baseamo-nos na existência de uma forma de comportamento característica das pessoas dotadas de grandeza de alma e, por via de consequência, poderíamos ser levados a crer que Alexandre possuía grandeza de alma. Do mesmo modo que a partir da constatação de que um homem veste-se elegantemente e sai à noite, concluíssemos ser ele adúltero, sob o pretexto de que essas maneiras caracterizam

25 · o homem adúltero. Um raciocínio análogo indica que os mendi-

LIVRO II | 203

gos cantam e dançam nos templos, que os exilados podem morar onde desejam e que, como essas vantagens tocam àqueles que parecem felizes, os detentores de tais vantagens poderiam dar a nítida impressão de serem felizes. O que importa, entretanto, são as circunstâncias em que essas vantagens são fruídas. Assim, esse lugar--comum também enquadra-se no elenco das falácias por omissão.

30 · Um outro lugar-comum é o que apresenta aquilo que não é causa como causa, sob o fundamento de que uma coisa se produziu simultaneamente a uma outra ou depois dela. E se assume então que como B se produziu depois de A, produziu-se por causa de A, isto é, é seu efeito. Esse procedimento é utilizado, sobretudo, pelos políticos – por exemplo, Demades declarou que a política de Demóstenes era a causa de todos os males, visto que a guerra aconteceu depois dela.

35 · Um outro lugar-comum consiste em silenciar quanto a em que momento e em quais circunstâncias alguma coisa se produziu. Por exemplo, seria alegável declarar que Alexandre (Páris) tinha o direito de tomar Helena, uma vez que o pai desta lhe concedera o direito de escolher seu marido. Mas presumivelmente esse direito não detinha validade perpétua, referindo-se apenas à sua primeira escolha, pois a autoridade de um pai não vai além disso. Poder-se-ia

1402a1 · também dizer que *golpear um homem livre constitui um ultraje*. Mas não é verdadeiro em todos os casos, mas somente quando não há provocação para isso.

Um outro lugar-comum, como ocorre nas discussões erísticas, é baseado na confusão feita entre o absoluto e o não absoluto, resultando em um silogismo aparente – por exemplo quando na

5 · dialética sustenta-se que o *não-ser é*, porque o não-ser é enquanto não-ser; ou ainda que o incognoscível é objeto de conhecimento, na medida em que o incognoscível enquanto incognoscível é objeto de conhecimento.[172] Desse modo, na retórica, um entimema *aparente* origina-se daquilo que não apresenta probabilidade absoluta, mas

---

172. Ou seja: [...] na medida em que pode ser conhecido que ele é incognoscível [...].

204 | RETÓRICA

apenas probabilidade relativa. Ora, nenhuma probabilidade particular é probabilidade universal, como diz Agaton:

10 ·   *Pode-se facilmente colocar no rol das coisas prováveis*
         Que acontece aos mortais muitas coisas improváveis.[173]

O improvável realmente acontece e, consequentemente, é
provável que ocorrerão eventos improváveis. Admitido isso, seria
cabível alegar que o que é improvável é provável. Mas não há verdade absoluta nisso. E, como na erística, o que torna o argumento
15 · capcioso é não acrescentar qual a medida, qual a relação e qual a
maneira. Na retórica, a impostura resulta do fato de que o provável não o é absolutamente, mas apenas de um maneira relativa.
A *Arte* de Corax é composta desse lugar-comum. Por exemplo, se
um homem não se presta a uma acusação, digamos, se um homem
fraco é processado por assalto violento, ele alegará que sua possível
culpabilidade não apresenta nenhuma probabilidade. Mas se ele
20 · se presta à acusação, ou seja, ele é um homem forte, ele alegará que
sua culpabilidade não é provável porque, segundo a probabilidade,
ele deveria parecer sê-lo.

O mesmo ocorre nas demais circunstâncias, ou seja, relativamente a qualquer outra acusação, pois de duas coisas, uma: necessariamente nos prestamos à acusação ou não nos prestamos. E embora os dois casos pareçam prováveis, apenas um deles é realmente
provável, o outro não o sendo absolutamente, porém somente da
maneira que indicamos. Essa modalidade de argumento constitui
o exemplo de como fazer parecer melhor um argumento pior. Isso
também explica e justifica a indignação daqueles que se voltaram
25 · contra a instrução que Protágoras se dispôs a ministrar-lhes. De fato,
tratava-se de um logro, de uma simples aparência de verdade que
não encontramos em arte alguma, exceto na retórica e na erística.

Com isso, descrevemos o bastante com respeito aos entimemas
verdadeiros e aparentes.[174]

---

173. Fragm. 9, Nauck.
174. Kassel inicia com esta oração o capítulo 25.

LIVRO II | 205

25

30 · NA SEQUÊNCIA, CABE-NOS TRATAR DA REFUTAÇÃO. Pode-se refutar empregando o contra-silogismo ou introduzindo uma contra-proposição (objeção). Está claro que contra-silogismos podem ser formados a partir dos mesmos lugares-comuns, uma vez que os silogismos são extraídos de opiniões prováveis. Ora, em muitos casos essas opiniões prováveis apresentam contradição entre si. As 35 · contra-proposições, como aparece nos *Tópicos*, podem ser suscitadas de quatro modos: ou retirando a contra-proposição do próprio entimema, isto é, atacando diretamente a própria afirmação do opositor, ou aventando uma outra afirmação a ela semelhante, ou aventando uma afirmação que lhe seja contrária, ou trazendo à baila, a título de citação, decisões que já são precedentes. Por *reti-* 1402b1 · *rar a contra-proposição do próprio entimema (atacar diretamente a própria afirmação do opositor)* entendo o seguinte: por exemplo, se o opositor sustenta que o amor é sempre um sentimento honesto, a contra-proposição poderia ser estabelecida de duas maneiras: ou generalizando que toda carência é um mal, ou fazendo a afirmação particular de que não haveria ensejo para falar de amor de Cáunios se não houvesse tanto maus amores quanto bons amores.

Uma contra-proposição (objeção) a partir de uma afirmação 5 · contrária é levantada quando, por exemplo, o entimema do opositor conclui que um homem bom faz o bem a todos os seus amigos e se objeta que tampouco um homem mau faz mal a todos os seus amigos.

[Por outro lado,] eis um exemplo de uma contra-proposição (objeção) extraída de uma afirmação semelhante: tendo o entimema indicado que pessoas que são maltratadas sempre odeiam aqueles que as maltrataram, replica-se que, entretanto, nem sempre pessoas que são bem tratadas amam aqueles que as trataram bem.

Quanto às decisões que já constituem precedentes, são as que provêm de homens conhecidos. Por exemplo, se o entimema que foi utilizado concluiu que se deve praticar uma certa tolerância com

206 | RETÓRICA

10 · transgressores que transgrediram em estado de embriaguez, uma
vez que não sabiam o que estavam fazendo, a contra-proposição
será a seguinte: Então Pítacos mostra-se censurável, pois não teria
sancionado leis especialmente severas para aqueles que cometem
delitos devido ao estado de embriaguez.

Os entimemas são extraídos de quatro lugares-comuns: a probabilidade, o exemplo, a evidência e o signo. Entimemas baseados
15 · em probabilidades são aqueles *cuja argumentação é feita a partir
do que existe ou parece usualmente existir*,[175] posto que os outros
baseiam-se na indução pelo semelhante, pelo único ou pelo múltiplo
quando, tomando como premissa o universal, deste conclui-se em
seguida dedutivamente o particular por meio do exemplo; entime-
20 · mas baseados em evidências são aqueles cuja argumentação é feita
a partir do necessário e real; entimemas baseados em signos são
aqueles cuja argumentação é feita com base em alguma proposição
universal ou particular, *existente ou não*.[176]

Como uma probabilidade é aquilo que ocorre usualmente,
mas não sempre, entimemas baseados em probabilidades podem,
obviamente, ser sempre refutados antepondo-se alguma contra-
-proposição (objeção). Todavia, essa refutação carece de autenticidade, sendo apenas aparente, porque através dessa contra-proposição
(objeção) demonstra-se não que a coisa não é provável, mas que não
25 · é *necessária*.[177] Assim, o defensor sempre dispõe de mais vantagem
do que o acusador ao empregar essa falácia. De fato, o acusador
funda sua acusação em probabilidades, e refutar uma conclusão
como improvável não é o mesmo que refutá-la como não necessária.

Qualquer argumento baseado no que ocorre usualmente mostra-se
sempre vulnerável à contra-proposição (objeção): afinal, não seria
uma probabilidade se não ocorresse usualmente, mas sempre, caso
30 · em que seria necessário. Contudo, os juízes, se a refutação assume

---

175. Ou: *[...] cuja argumentação é feita a partir do que é, ou se supõe ser usualmente verdadeiro [...]*.
176. Ou: *[...] verdadeira ou falsa [...]*.
177. Ou: *[...] necessariamente verdadeira [...]*.

LIVRO II | 207

essa forma, pensam ou que o caso do acusador não é provável ou que não devem julgá-lo – no que são capciosos, como já afirmamos. De fato, cabe-lhes não apenas julgar com base no necessário, como também com base no provável, o que corresponde precisamente a julgar *em conformidade com a própria consciência*. Portanto, não basta refutar mostrando que algo não é necessário, sendo mister 35 · que a refutação também mostre que não é provável. Esse resultado será atingido se a contra-proposição (objeção) apoiar-se principalmente naquilo que se produz com maior frequência. A contra--proposição pode apresentar-se, assim, de duas maneiras: por meio 1403a1 · do tempo e por meio dos fatos, e se revelará mais convincente se participar da conjunção dessas duas maneiras. Quanto mais algo ocorre com frequência e de um modo semelhante ao fato em pauta, maior a probabilidade deste.

Refuta-se também os signos e os entimemas baseados no signo, 5 · ainda que sejam reais, como afirmamos no início. Todo signo, como demonstramos nos *Analíticos*, é incompatível com o silogismo (dedução). Os entimemas com base no exemplo admitem a mesma refutação daqueles que têm como base a probabilidade. Uma vez disponhamos de um único exemplo, obtém a refutação, já que a alegação do opositor não é necessária, ainda que usualmente os fatos produzam-se e repitam-se de uma maneira distinta. Se usualmente os fatos produzem-se e repetem-se como o sustenta o opositor, convém fazer frente a este sustentando que o caso em pauta ou não 10 · apresenta semelhança, ou não se produz de maneira semelhante, ou comporta alguma diferença. No que toca às evidências e aos entimemas que delas são extraídos, é impossível refutá-los na medida que forem incompatíveis com o silogismo (dedução), como vimos nos *Analíticos*. Tudo o que podemos fazer, nesse caso, é demonstrar a inexistência do fato alegado pelo opositor. Pelo contrário, se 15 · a realidade do fato é patenteada e também é patenteado que ele constitui uma evidência, não existirá nenhuma refutação possível, e a demonstração torna tudo claro.

26

A AMPLIFICAÇÃO E A ATENUAÇÃO não são elementos do entimema. Por elemento entendo o mesmo que lugar-comum; de fato, um elemento é um lugar-comum que abarca numerosos tipos particulares de entimemas. A amplificação e a atenuação são empregadas para mostrar que uma coisa é grande ou pequena, bem como que é boa ou má, justa ou injusta e assim por diante, no que tange às demais qualidades. Ora, todas essas coisas constituem a matéria de silogismos e entimemas; nenhuma delas constitui um lugar-comum para um entimema, não o sendo, tampouco, a amplificação e a atenuação.

Os argumentos que são úteis para a refutação de um entimema são da mesma espécie dos que são úteis para os estabelecer. É evidente que se refuta, quer através de uma demonstração, quer aventando uma contra-proposição. Propõe-se a contra-demonstração do fato oposto – por exemplo, se o opositor mostrou que um fato ocorreu, mostraremos que não ocorreu. Se o opositor mostrou que não ocorreu, mostraremos que ocorreu. Assim, no que diz respeito a esse aspecto, não haveria diferença: ambos os partidos utilizariam meios idênticos; para provar que algo *é* ou *não é* são sempre os entimemas que são aventados pelas partes. No tocante à contra--proposição (objeção), não é um entimema, mas, como é afirmado nos *Tópicos*, ela consiste em propor uma opinião que terá como resultado indicar claramente que o opositor não deduziu corretamente ou que partiu de uma premissa falsa. Como há três pontos a serem discutidos no que concerne ao discurso, restringimo-nos ao exposto anteriormente sobre os exemplos, as máximas e os entimemas e, no geral, ao que se refere à inteligência – sobre o modo de conceber e refutar argumentos. Compete-nos, na sequência, tratar do estilo e do arranjo das partes do discurso.

LIVRO III

1

5 · Na formação de um discurso, como já antecipamos, três pontos devem ser estudados: começa-se pelo meio de produção da persuasão, o segundo ponto sendo o estilo a ser empregado, e o terceiro sendo o correto modo de dispor as várias partes do discurso. Já nos ocupamos das fontes da persuasão. Dissemos que são 10 · em número de três, o que são e por que existem apenas essas três; de fato, a persuasão, em todos os casos, é construída ou atuando sobre as emoções dos próprios juízes, ou lhes transmitindo a correta impressão do caráter do orador, ou demonstrando a verdade das afirmações feitas.

Referimo-nos também aos entimemas e às fontes das quais devem ser extraídos, pois distingue-se, por um lado, as diferentes espécies de entimemas e, por outro, os lugares-comuns.

15 · Nosso assunto seguinte é o estilo, já que não é suficiente dispor da matéria do discurso, sendo necessário exprimir-se na forma conveniente, o que é sumamente importante para investir o discurso de uma aparência satisfatória. O que temos a examinar primeiramente, de acordo com a ordem natural, é como a persuasão pode 20 · ser produzida a partir dos próprios fatos. A segunda questão a ser abordada é a do estilo que permite ordená-los e a terceira é uma questão de extrema importância, jamais tratada antes, a saber, o próprio método da prática oratória. Na verdade, foi só tardiamente que essa prática oratória ingressou na esfera da tragédia e da rapsó-

212 | RETÓRICA

dia, porquanto no início os poetas desempenhavam eles próprios suas tragédias. Fica evidente, nesse sentido, que essa questão diz
25 · respeito tanto à arte retórica quanto à arte poética. No que toca à poesia, alguns trataram tal questão, como Gláucon de Teos. É, essencialmente, uma questão do correto manejo da voz no sentido de expressar as diversas emoções, no que diz respeito a discursar com voz forte, suave ou intermediária; envolve também o estudo dos
30 · distintos tons que podem ser assumidos pela voz, em um momento agudo, noutro grave ou médio, já que se ocupa da cadência a ser empregada em cada circunstância. São estas as três coisas que constituem o objeto da atenção dos oradores: o timbre da voz, a modulação e a cadência. Quando são possuídas, prêmios geralmente são ganhos nos concursos públicos; no teatro, os atores atualmente superam os poetas; e, na competição política, a prática oratória assume maior importância do que o próprio tema, por conta da
35 · imperfeição das instituições políticas. Até hoje nenhuma *arte*[178] foi composta que fosse voltada para essas questões; na verdade, o estudo das regras da elocução é bastante recente. Além disso, a
1404a1 · rigor, esse assunto não é tido como uma séria matéria de estudo, mas como algo fútil. De qualquer modo, como o assunto global da retórica tange unicamente ao que se relaciona com a opinião, é necessário voltar nossa atenção para esse ponto, reconhecendo que, a despeito de não ser assunto digno de estudo, faz-se a nós indispensável. O justo no tocante ao falar realmente é estarmos
5 · satisfeitos não em aborrecer nossos ouvintes sem tentarmos trazer-lhes contentamento. Devemos, de maneira justa, pugnar por nosso caso contando para isso com os meros fatos. Nada deve, portanto, interessar, exceto a demonstração desses fatos. Entretanto, devido às deficiências do auditório, como já foi afirmado, outros fatores afetam consideravelmente os resultados. Assim, essas reservas à parte, a questão do estilo ocupa um espaço necessário em todo
10 · ensino; não é destituído de importância, quando se trata de expor um assunto com clareza, exprimir-se de uma maneira ou de outra.

---

178. ...τέχνη... (*tékhne*), mas entenda-se tratado, estudo.

LIVRO III | 213

Todavia, não se deve exagerar a importância do estilo. Todas essas artes são imaginativas e visam a seduzir o auditório. Para ensinar geometria, ninguém recorre a esses procedimentos.

Quando os princípios da prática oratória são empregados, produzem o mesmo efeito produzido no palco. Certos autores já procuraram enunciar alguns preceitos no que se refere a esse assunto, como é o caso de Trasímaco no seu *Tratado sobre como*
15 · *recorrer à compaixão.* Que se acrescente que o talento dramático se deve muito mais a um dom natural do que ao ensino, ao passo que tudo o que se relaciona com o estilo pertence ao âmbito da arte e é passível de ser ensinado. Eis a razão porque os detentores a um grau eminente dessas qualidades abiscoitam os prêmios, tal como ocorre igualmente com oradores que são capazes da prática oratória, pois os discursos escritos valem mais pelas qualidades da expressão do que pelo pensamento que encerram. Como é natural,
20 · foram os poetas que inicialmente se ocuparam da questão, pois as palavras representam as coisas, e a voz é, de todos os instrumentos, o que melhor se presta a essa representação. Daí surgiram as artes do rapsodo, do cômico e outras. Considerando-se que parecia que os poetas, apesar da superficialidade de seus assuntos, granjeavam
25 · fama graças ao estilo, recorreu-se primeiramente ao estilo poético, postura adotada por Górgias. Ainda hoje, muitas pessoas que carecem de instrução supõem que o estilo poético é o responsável pelos melhores discursos. Na verdade, não é bem assim, e o estilo oratório difere do estilo poético. Os próprios fatos o comprovam nitida-
30 · mente, na medida em que os trágicos deixaram de empregar essa forma de expressão. Tal como os *iâmbicos* substituíram os *tetrâmetros*, porque essa primeira métrica aproxima-se mais do que as outras do discurso ordinário, do mesmo modo baniram a utilização de todas as palavras que chocam o uso corrente, vocábulos que
35 · decoravam o drama primitivo e que ainda são empregados pelos autores de poemas em hexâmetros. Assim, seria ridículo imitar uma forma poética que os próprios poetas deixaram de utilizar. A conclusão é que fica evidente que não nos cabe tratar minuciosa

214 | RETÓRICA

e exaustivamente do estilo, mas exclusivamente das questões vinculadas ao estilo oratório que nos interessa nesta oportunidade. Quanto a outra parte, dela tratamos na *Poética*.

2

1404b1 · RESTRINJAMO-NOS A ESSAS OBSERVAÇÕES e estabeleçamos que a excelência do estilo consiste na clareza deste. E o que o indica é que se o discurso não torna manifesto o seu objeto, não cumpre sua função. Ademais, o estilo não deve incorporar nem baixeza nem exagero, mas ser apropriado ao seu tema. O estilo poético provavel-
5 · mente não incorre na baixeza, mas não convém à prosa do discurso. Entre os substantivos e verbos, os termos próprios são representados pelos substantivos e verbos que tornam o estilo claro. Evitar-se-á a baixeza de estilo, dotando-o de elegância através do emprego de todos os substantivos que indicamos na *Poética*. Afastar um vocábulo de sua acepção ordinária permite transmitir ao estilo mais dignidade. Tal como as pessoas não se sentem do mesmo modo diante de estrangeiros e de seus compatriotas, ocorre com o que experimen-
10 · tam relativamente ao estilo. É, portanto, conveniente conferir ao discurso cotidiano um tom não familiar; as pessoas apreciam o que as impressiona e são impressionadas pelo que foge da rotina vindo de longe. Na poesia, muitos meios produzem esse efeito e harmonizam-se à natureza dos versos; realmente, os fatos e as pessoas que servem de objeto à narrativa exibem um certo distanciamento da vida ordinária. Na prosa pura e simples, contudo, convém utilizar procedimentos menos refinados, porque o assunto é mais ordinário. Naquele caso, se um escravo ou um homem muito jovem produzisse belas frases em torno de um tema trivial, feriria o decoro. Todavia,
15 · mesmo na poesia, a expressão conveniente poderá ser às vezes condensada e atenuada, outras vezes amplificada. Tanto mais na prosa, onde o assunto é menos elevado. Assim procedendo, o autor do dis-

LIVRO III | 215

curso deve dissimular sua arte e dar a impressão de discursar natural e não artificialmente. Esta é a condição para obter a persuasão e sem a qual se obtém um efeito contrário, na medida em que o auditório
20 · sente-se prejudicado e passa a suspeitar que o orador está tramando algo contra ele, tal como quando se suspeita de vinhos misturados. A voz de Teodoro, a propósito, era nitidamente superior à dos outros atores cômicos; no seu caso acreditava-se estar ouvindo a fala do próprio personagem, enquanto isso não acontecia com os outros, suas vozes parecendo afetadas. Pode-se obter êxito na dissimulação do artifício compondo o discurso com termos selecionados da lin-
25 · guagem ordinária. Isso é realizado na poesia de Eurípides, que foi o primeiro a oferecer exemplos dessa prática. O discurso é composto de substantivos e verbos. Quanto aos substantivos, são dos diversos tipos examinados na *Poética*. Termos dialetais, nomes compostos,
30 · bem como termos cunhados devem ser escassamente usados e em raras oportunidades, as quais indicaremos mais tarde. A justificativa dessa restrição é que se desviam do estilo conveniente, pecando pelo excesso. No que toca ao estilo do discurso puro e simples, há somen-te duas modalidades de expressão que se revelam úteis: os termos
35 · regulares e próprios às coisas e a metáfora. O que o comprova é que são as duas únicas classes de expressões que são utilizadas por todos; de fato, não há ninguém que na conversação corrente deixe de fazer uso das metáforas e dos termos regulares e próprios.

Podemos agora perceber que um bom autor é capaz de produ-zir um estilo não familiar e claro, sem ser inoportuno, e que ao mesmo tempo preserva a dissimulação, preenchendo assim todos os requisitos no que toca às qualidades da boa prosa oratória. Subs-tantivos de sentido ambíguo mostram-se especialmente úteis ao sofista, na medida em que lhe permitem manobras ardilosas que logram o auditório. Os sinônimos são úteis ao poeta. Entendo
1405a1 · por sinônimos palavras cujo significado ordinário é o mesmo, do que é exemplo avançando[179] e caminhando[180]: uma e outra são,

---

179. ...πορεύεσθαι... (*poreýesthai*).
180. ...βαδίζειν... (*badízein*).

216 | RETÓRICA

simultaneamente, palavras ordinárias próprias e mutuamente si-
nônimas. No tocante à natureza de cada um desses termos, às dis-
5 · tintas espécies de metáforas, aos motivos que tornam estas muito
importantes, quer na poesia, quer na prosa, reiteramos que isso foi
discutido na *Poética*. O orador, sobretudo, tem que atentar cui-
dadosamente para as metáforas, uma vez que seus outros recursos
são em menor número do que os do poeta. A metáfora, ademais,
constitui o meio que mais contribui para conferir ao pensamento
clareza, encanto e o tom não familiar a que nos referimos, sem
mencionar o fato de que não é possível que alguém ensine o seu
10 · uso a outra pessoa. Deve-se, portanto, selecionar os epítetos e as
metáforas que se ajustam ao sujeito, ou seja, à coisa que possui
significado, ao que chegaremos nos orientando pela analogia – se
não o fizermos, nos arriscaremos em incorrer em clara improprie-
dade, porquanto os contrários são particularmente sensíveis ao
serem dispostos paralelamente. É como sermos obrigados a nos
perguntar que traje é apropriado a um indivíduo velho, que não é
sem dúvida o manto vermelho escarlate apropriado a um jovem. Se
15 · o desejo é efetuar um cumprimento, é preciso extrair a metáfora
do que haja de melhor na mesma linha; se o desejo é depreciar,
extraí-la do que há de pior. Para ilustrar o que concebo direi que
uma vez que opostos encontram-se na mesma classe, será feito o
que foi sugerido por mim se for dito que alguém que mendiga,
ora, e alguém que ora, mendiga, visto que orar e mendigar são am-
20 · bos formas de pedir. Assim, Ifícrates classificou Cálias como um
sacerdote mendicante, e não como um portador da tocha, ao que
Cálias replicou que Ifícrates devia ser um não iniciado, caso contrário não o teria classificado como um sacerdote mendicante, mas
como um portador da tocha. Ambas as expressões são aplicáveis
ao culto religioso, mas uma é honrosa, ao passo que a outra, não.
Outro exemplo: aqueles que alguns chamam de *bajuladores de
Dionísio* denominam a si mesmos *artistas*. Cada um desses ter-
25 · mos é uma metáfora, porém enquanto uma delas é aviltante, a
outra é dignificante. É desse modo, inclusive, que os ladrões ou

LIVRO III | 217

piratas atualmente denominam-se *fornecedores*. De modo análogo, pode-se classificar um crime como um erro, ou um erro como um crime. Pode-se dizer que um ladrão *tomou* uma coisa, ou que *saqueou* sua vítima. Quando Telefos, em Eurípides, diz...

30 ·   *Rei do remo, na costa da Mísia desembarcou*[181]...

...utiliza um termo que não é apropriado – a palavra *rei* vai além da dignidade da pessoa a que se refere, e o resultado é que a arte não é dissimulada. Também as sílabas podem levar a um erro se não produzirem um som agradável – nesse caso trazemos à baila o exemplo de Dionísio Calcos, que designa em suas elegias a poesia metaforicamente como *grito de Calíope*; de fato, ambos os termos – grito e poesia – designam uma sequência de sons e são expressões vocais. Mas essa metáfora é ruim porque os sons do grito, diferente-
35 · mente daqueles da poesia, são discordantes e sem sentido. Por outro lado, não convém fazer derivar as metáforas de coisas remotas, mas de objetos de um gênero próximo ou a uma espécie semelhante, de sorte a conferir um nome ao que até então não o teve, e que se perceba claramente que aquilo que é designado é do mesmo gênero. Assim, no famoso enigma...

1405b1 ·   *Eu vi um homem que com fogo colou bronze em um outro homem*[182]...

...o processo carece de nome, mas tanto ele quanto colar cons-tituem um tipo de aplicação, e é esta a razão porque a aplicação da ventosa é nesse caso chamada de *colagem*. Bons enigmas geral-
5 · mente nos suprem de metáforas satisfatórias; de fato, metáforas implicam enigmas, de sorte que um bom enigma é capaz de for-necer uma boa metáfora; ademais, a matéria-prima das metáforas tem que ser bela; ora, a beleza de uma palavra, tal como a disformi-dade, como afirma Licímnio, reside nos sons ou nos significados. Além disso, há uma terceira qualidade que invalida o argumento sofístico, visto que não é verdadeiro – como sustenta Brison – que
10 · não existe linguagem vulgar, alegando-se em apoio a isso que a

---

181. Fragm. 705, Nauck.
182. Cleóbulo ou Cleobulina, fragm. 1, West.

218 | RETÓRICA

significação é a mesma, que se usa esta ou aquela expressão. Trata-se de um erro crasso. É possível que um termo descreva algo mais verdadeiramente do que outro, que lhe seja mais semelhante, e que o apresente mais intimamente aos nossos olhos. Por outro lado, não é contemplando idêntico ponto de vista que as palavras apresentam este ou aquele significado, o que constitui uma razão

15 · adicional que obriga a considerar uma palavra como mais bela e nobre ou como mais feia e vulgar do que outra. As duas palavras se prestarão muito bem a indicar o que é belo e nobre e o que é disforme e vulgar, porém não simplesmente sua beleza e nobreza ou sua disformidade e vulgaridade; ou, uma vez realizada essa condição, há a variação de grau. Consequentemente, é daí, isto é, dos termos belos e nobres quer em função do som, quer em função de sua força de expressão, quer em função de seu aspecto, quer em função de alguma qualidade sensível, que é necessário retirar as

20 · metáforas. É melhor, por exemplo, dizer *aurora de dedos róseos* do que *aurora de dedos escarlates*, e melhor ainda do que *aurora de dedos vermelhos*. No que concerne aos epítetos, pode-se, quando se trata de juntá-los a uma palavra, retirá-los do aspecto ruim e disforme do objeto, dizendo, por exemplo, *assassino de sua mãe*, ou do aspecto melhor, quando se diz, por exemplo, *vingador de seu pai*.[183] Simônides, quando o vencedor da corrida de mulas lhe

25 · ofereceu um modesto pagamento, recusou-se a escrever-lhe uma ode, alegando que era indigno dele compor versos em louvor de *asnos pela metade*. Contudo, ao receber uma melhor remuneração, ele declamou:

Salve! Filhas de corcéis de patas céleres como a tempestade.

E, no entanto, elas eram também filhas de asnos. Efeito idêntico é obtido através do uso de diminutivos, os quais tornam uma coisa má menos má e uma coisa boa menos boa. É assim que

30 · Aristófanes, nas *Babilonianas*, maneja o gracejo e utiliza ao in-

---

183. Eurípides, *Orestes*, 1587-1588.

LIVRO III | 219

vés da palavra ouro[184], um diminutivo[185]; em lugar de manto[186], um diminutivo[187]; em lugar de injúria[188], um diminutivo[189]; e um diminutivo[190] para doença[191]. Entretanto, é necessário nesse caso, quer no tocante aos epítetos quer no tocante aos diminutivos, observar e conservar a justa medida.

3

A FRIEZA EM MATÉRIA DE ESTILO vincula-se a quatro causas. A primeira destas consiste na utilização de palavras compostas. É
35 · assim que Licofron atribui ao céu o epíteto *daquele das múltiplas faces*, à terra o *daquela dos cimos altaneiros*, a uma praia o *daquela de estreita passagem*; Górgias declarava de um lisonjeador que *ele*
1406a1 · *mendigava com arte* e expressava-se nesses termos quanto aos que haviam violado seus juramentos e quanto aos que haviam respeitado a santidade dos juramentos. De sua parte, Alcidamas aludia a um homem *cuja alma estava repleta de furor e cujo rosto assumia a cor das chamas*. Dizia, aliás, que *o ardor de certas pessoas atingia seu objetivo* e afirmava *que a persuasão lograda mediante a eloquência*
5 · *igualmente atingia seu objetivo*; enfim, que *a superfície do mar tinha uma cor azul*. Todas essas expressões, por conta de sua composição, pertencem visivelmente à poesia. Eis, portanto, a primeira das causas da frieza em matéria de estilo. {*Trata-se de uma das formas nas quais é exibido o mau gosto.*}[192]

---

184. ...χρυσίου... (*khrysíoy*).
185. Ou seja, ...χρυσιδάριον... (*khrysidárion*).
186. ...ἱματίου... (*himatíoy*).
187. Ou seja, ...ἱματιδάριον... (*himatidárion*).
188. ...λοιδορίας... (*loidorías*).
189. Ou seja, ...λοιδορημάτιον... (*loidoremátion*).
190. Ou seja, ...νοσημάτιον... (*nosemátion*).
191. ...νοσήματος... (*nosématos*).
192. { } Acrescentado no texto de Kassel.

220 | RETÓRICA

Uma outra é constituída pela utilização de termos dialetais e arcaicos. Por exemplo, Licofron refere-se a Xerxes como um *homem de proporções prodigiosas*[193] e a Círon como um *homem devastador*[194]. Alcidamas chama a poesia de um *brinquedo*[195], fala da
10 · *insensata presunção*[196] da natureza e que alguém é excitado pela impetuosa agitação interior de seu pensamento.

A terceira causa é constituída pelo uso de epítetos demasiado longos, excessivamente frequentes ou intempestivos. Se, realmente, na poesia não há inconveniência em falar de *leite branco*, na prosa tais epítetos às vezes deixam de ser apropriados ou, se empregados abusivamente, evidenciam um autor que converte sua prosa em poesia. Contudo, está claro que devemos nos servir de alguns epítetos
15 · na prosa, porquanto elevam nosso estilo acima do nível habitual e lhe conferem um ar de distinção. Entretanto, a moderação quando deles nos servimos é indispensável, pois se nos excedemos, o resultado desastroso será maior do que se nos puséssemos a discursar sem qualquer preparo: obteremos algo efetivamente ruim em lugar de algo simplesmente não bom. Eis a razão porque as expressões de Alcidamas parecem tão frias ou apáticas. Ele não emprega os epíte-
20 · tos como um tempero, mas como o próprio alimento de tanto que são frequentes, exagerados e inoportunos. Por exemplo, ele não diz *suor*, mas *suor úmido*, não comparecer aos jogos ístmicos mas comparecer às *festividades dos jogos ístmicos*; não fala de *leis*, mas de *leis que são rainhas dos Estados*; não fala de *corrida*, mas do *ímpeto da alma a impelir a velocidade do pé*; não se restringe a dizer *musa*, mas
25 · diz *musa da natureza*; evoca o *zelo carrancudo da alma*; para ele, um orador não discursa com graça, mas torna-se o dispensador da graça pública. Uma outra expressão de Alcidamas é *o dispensador do prazer ao auditório*. Não lhe basta que se tenha ocultado alguma coisa nos arbustos, pois ele diz *arbustos da floresta*. Ele não dirá:

---

193. ...πέλωρον ἄνδρα... (*péloron ándra*).
194. ...σίνις ἀνήρ... (*sínis anér*).
195. ...ἄθυρμα... (*áthyrma*).
196. ...ἀτασθαλίαν... (*atasthalían*).

LIVRO III | 221

30 · Esta pessoa cobriu seu *corpo*, mas a *nudez* de seu corpo. Ademais, ele fala que *o desejo de sua alma era contra-imitativo*, expressão esta que é simultaneamente composta e serve de epíteto, o que denuncia um trabalho poético. Finalmente, uma expressão como *tão extravagante o excesso de sua perversidade.*

Podemos com isso perceber como a inconveniência de tal linguagem poética acarreta o ridículo e a frieza ao discurso em prosa, além da obscuridade decorrente de toda essa verbosidade, visto que
35 · quando o sentido é evidente para o ouvinte, amontoá-lo de palavras somente elimina sua clareza e aumenta a obscuridade.

Isso, porém, não nos barra o uso de termos compostos na falta de termos designativos do objeto e quando a composição da palavra é regular, do que é exemplo o verbo χρονοτριβεῖν (*khronotribeîn*)[197].
Entretanto, se transformarmos esse procedimento em hábito, acaba-
1406b1 · remos por incorrer, de todas as maneiras, no estilo poético. Por outro lado, devemos lembrar que esse uso de palavras compostas mostra-se perfeitamente conveniente para os autores de ditirambos, que são amiúde aficionados da ênfase; de outra parte, vocábulos arcaicos são úteis aos autores de poesia épica, a qual é um gênero de conteúdo majestoso e elevado. *{Quanto à metáfora, encontra seu lugar nos versos iâmbicos atualmente empregados no teatro, como já indicamos.}*[198]

5 · Finalmente, há uma quarta causa responsável pela frieza do estilo, a qual se encontra no domínio da metáfora. Podem pecar por inconveniência, algumas por serem ridículas – aliás, os poetas cômicos a elas recorrem – outras devido ao seu caráter excessivamente majestoso e trágico. Some-se a isso que se são extraídas de situações remotas, podem também apresentar o defeito da obscuridade. Górgias, por exemplo, refere-se a *acontecimentos que são verde-pálidos e repletos de vigor*; em outro lugar ele diz: "Torpe foi para ti o ato que
10 · semeaste e infeliz a safra que colheste.". Essas expressões são demasiadamente poéticas. Alcidamas diz que a filosofia é *um bastião eri-*

---

197. χρονοτριβέω (*khronotribéo*) significa *arrastar o tempo em titubeios.*
198. { } Este período é excluído por Kassel.

gido para a defesa das leis e que a *Odisseia é um magnífico espelho da vida humana*, e discorre sobre *não disponibilizar nenhum brinquedo desse tipo à poesia*. Todos esses procedimentos, com base nas razões por nós aduzidas, não são capazes de produzir credibilidade junto ao
15 · auditório. A linguagem de Górgias referindo-se à andorinha que, ao voar, deixara cair seus excrementos sobre ele, era perfeitamente conveniente à poesia trágica: "Eis," ele diz, "o vergonhoso, Filomela!". Encarando-a como uma ave, não se poderia classificar seu ato como vergonhoso; encarando-a como uma moça, poder-se-ia. A censura teria sido merecida se tivesse sido dirigida ao que Filomela fora outrora, mas não ao que ela era no presente.

4

20 · A IMAGEM É TAMBÉM UMA METÁFORA, havendo entre elas tão só uma ligeira diferença. Quando o poeta, referindo-se a Aquiles, diz:
...*Arremeteu-se como um leão*...[199]
...está empregando uma imagem. Mas quando diz:
...*Esse leão arremeteu-se*...
...está utilizando uma metáfora. Como ambos [isto é, Aquiles e o leão] são corajosos, efetuando uma transposição, o poeta quali-
25 · ficou Aquiles de leão. A imagem pode mostrar-se útil também na prosa, desde que seja utilizada apenas esporadicamente, visto que a rigor a imagem é própria da poesia. Deve ser usada como o são as metáforas, já que imagem e metáfora, salvo pela leve diferença que indicamos, são idênticas.

Mencionamos a seguir alguns exemplos de imagens. Andrócio disse, aludindo a Idreu, que *ele era como pequenos cães soltos das correntes: lançam-se sobre os passantes e os mordem*. Assim, Idreu,

---

199. Homero, *Ilíada*, Canto XX, 164.

30 · uma vez livre de seus vínculos, exibe sua índole selvagem. Teodamas comparava Arquidamos a *um* Euxeno que não conhecesse geometria – tratando-se aqui de uma imagem proporcional que insinua ser Euxeno um Arquidamos que conhecesse geometria. Na *República*[200] de Platão, este diz que os assaltantes de cadáveres assemelham-se a pequenos cães que mordem as pedras contra eles atiradas, inofensivos com os que as atiram. Refere-se também ao po-

35 · vo que é semelhante a um piloto de navio, que é vigoroso, mas um pouco surdo. Há também a imagem sobre os versos de poetas, na qual ele os compara a pessoas às quais falta beleza, mas que possuem o viço da juventude. Não se reconhecem mais uns e outras: essas pessoas, se houverem ultrapassado o frescor da juventude; os versos, se

1407a1 · quando despojados de sua medida descambarem em prosa. Péricles comparava os samianos a criancinhas que a despeito de conseguirem seu mingau, não param de chorar; os beócios às azinheiras, uma vez que estas árvores se quebram devido aos seus próprios galhos, como faziam os beócios enredados nas guerras civis arruinando-se entre si. Demóstenes declarava, referindo-se ao povo, que era como

5 · homens no mar acometidos de enjoo; Demócrates comparava os oradores políticos a amas que depois de mastigarem um bocado, roçam os lábios das crianças com a saliva. Antístenes comparava o magro Cefisodoto ao incenso que ao se consumir exalava um

10 · cheiro agradável. Todas essas ideias podem ser expressas por nós quer como imagens, quer como metáforas; as que se saem bem como metáforas, evidentemente se sairão bem igualmente como imagens, enquanto as imagens, omitida a explicação, surgirão como metáforas. Todavia, é invariavelmente necessário que a me-

15 · táfora seja retirada da analogia, que diga respeito a ambos os termos e que se origine de objetos pertencentes a um mesmo gênero – exemplo, se dizemos que a taça é o escudo de Dionísio, devemos dizer com igual propriedade que o escudo é a taça de Ares.

Tais são os elementos que compõem o discurso.[201]

---

200. 469e, 488b e 601b.
201. Com esta frase, Kassel inicia o capítulo 5.

224 | RETÓRICA

5

O FUNDAMENTO DO ESTILO é o emprego correto da língua gre-
20 · ga,[202] para o qual há cinco condições. A primeira é o uso correto
das conjunções, as quais devem ser dispostas segundo a ordem natural, umas assumindo o primeiro lugar seguidas por outras, como
o exigem alguns. Assim μέν (*mén*) e ἐγὼ μέν (*egò mén*) requerem
ser seguidos por δέ (*dé*) e por ὁ δέ (*ho dé*). É necessário haver uma
correspondência mútua antes que se tenha esquecido a precedente;
não deve haver separação mediante um longo intervalo e convém
evitar que uma conjunção seja colocada antes daquela que é neces-
25 · sária. Os casos que constituem exceção a essa regra são raros. Não se
dirá: "Mas eu, depois que ele me falou (pois Cleonte viera rogar-me
e suplicar-me) pus-me a caminho, tomando-os comigo."[203] Neste
período, encontram-se muitas conjunções intercaladas antes da que
devia ser exprimida; havendo um longo intervalo entre o início e o
verbo ἐπορευόμην (*eporeyómen*), o resultado é o período tornar-se
obscuro. Uma primeira regra, portanto, é o uso correto das conjunções. A segunda regra consiste em nomear as coisas corretamente
por meio dos termos que lhes são próprios, sem apelar para termos
gerais e imprecisos. A terceira regra é evitar ambiguidades, a menos
que o desejado seja precisamente o oposto, isto é, ser deliberadamente ambíguo, como aqueles que nada têm a dizer, mas que simulam
estar dizendo algo. É o caso dos que se expressam poeticamente,
35 · como Empédocles. De fato, circunlóquios prolixos impostos aos
ouvintes os fascinam, colocando-os em situação idêntica à da multidão diante de adivinhos, cujas respostas ambíguas são acolhidas
com meneios de assentimento. Exemplo:

---

202. Procuramos reproduzir em português, grosso modo, as falhas dos exemplos dados pelo autor. Entretanto, a rigor elas só podem ser entendidas e
apreciadas, é claro, no grego.
203. Ἐγὼ μέν, ἐπεί μοι εἶπεν (ἦλθε γὰρ Κλέων δεόμενός τε καὶ ἀξιῶν),
ἐπορευόμην παραλαβὼν αὐτούς [*Egò mén, epeí moi eîpen (êlthe gàr
Kléon deómenós te kaì aksión), eporeyómen paralabòn aytoýs*].

LIVRO III | 225

Creso, tendo atravessado o Halis, causará a ruína de um grande reino.

1407b1 · O que leva os intérpretes dos oráculos a empregarem essas generalidades imprecisas acerca do assunto em pauta é que, com isso, suas previsões ficam, amiúde, menos expostas ao erro. É mais provável que acertemos no jogo do *par ou ímpar* se nos limitarmos a dizer par ou ímpar do que se tentarmos precisar o número; por outro lado, é também mais fácil afirmar que algo acontecerá do que indicar *quando* acontecerá. Esta é a razão porque os intérpretes de oráculos 5 · têm o cuidado de não apontar uma data para os acontecimentos. Assim, tudo isso apresenta o mesmo tipo de efeito, de modo que nos cabe evitar todos essas ambiguidades, a menos que alguma razão em particular nos faça não evitá-las. A quarta regra consiste em acatar a classificação feita por Protágoras dos nomes em masculinos, femininos e neutros, isto é, o seu gênero. Trata-se de uma classificação a ser aplicada com exatidão. "Ela veio, falou comigo e se foi."[204] 10 · A quinta regra consiste em expressar corretamente o singular e o plural, indicando se se trata de muitos objetos, de poucos ou de um único. Exemplo, "tendo vindo, eles agrediram-me".[205]

Constitui, ademais, uma regra geral a composição escrita ser de fácil leitura e de fácil pronúncia, o que representa uma unidade. Esse resultado não é obtido se forem utilizados muitos conectivos e, tampouco, se as frases não permitirem uma fácil pontuação, como ocorre nos escritos de Heráclito. É tarefa difícil pontuar os escritos de He- 15 · ráclito porque não se sabe nitidamente a que palavra se relaciona um termo... se é à precedente ou à sucessiva. Assim, no começo de seu tratado ele diz: "esta razão que perdura sempre os seres humanos não compreendem".[206] Não se sabe precisamente a qual termo vincular, mediante a pontuação, o advérbio *sempre*.[207] Adicionalmente, surgirá um solecismo se a dois termos for juntado um terceiro que não se

---

204. ...ἡ δ' ἐλθοῦσα καὶ διαλεχθεῖσα ᾤχετο... (*he d'elthoŷsa kaì dialekhtheîsa ókheto*).
205. ...οἱ δ' ἐλθόντες ἔτυπτόν με... (*hoi d'elthóntes étyptón me*).
206. ...τοῦ λόγου τοῦδ' ἐόντος ἀεὶ ἀξύνετοι ἄνθρωποι γίγνονται... (*toŷ lógoy toŷd' eóntos aeì aksýnetoi ánthropoi gígnontai*).
207. ...ἀεί.... (*aeí*).

226 | RETÓRICA

ajusta a cada um dos dois primeiros. Exemplifiquemos: se o assunto é
20 · som e cor, *perceber* é aplicável a ambos, mas *ver* não é. Por outro lado,
ocorre obscuridade no estilo quando o que era necessário expressar
não foi expresso no início e um grande número de ideias vai sendo
intercalado, como no seguinte exemplo: "Eu devia, após ter falado
com essa pessoa disso, daquilo e desse modo, me pôr a caminho.". É
preferível dizer: "Eu devia, após ter falado com essa pessoa, me pôr a
25 · caminho", agregando em seguida que se fez isso, aquilo e de tal modo.

6

UM EXPEDIENTE QUE CONCORRE PARA tornar o estilo mais expressivo é o de substituir o nome da coisa pela sua definição. Por
exemplo, em lugar de dizer *círculo*, se diz *a figura plana cujos pontos,
na sua totalidade, se encontram à igual distância do centro.* Para obter
a concisão, age-se do modo contrário, ou seja, substituir-se-á a definição pelo nome. Com isso se evitará o disforme e o impróprio: se o
30 · caráter disforme encontrar-se na definição, se poderá usar o nome;
se estiver no nome, se poderá usar a definição. Um outro procedimento é o de fazer-se entender por meio de metáforas e epítetos com
a ressalva de evitar o estilo poético. Outro procedimento, ainda,
consiste em substituir o singular pelo plural, prática dos poetas que,
embora haja um só porto, dizem:

> *Rumo aos portos aqueus.*[208]

e...

35 · *Eis as dobras de múltiplas folhas da carta.*[209]

Um outro procedimento consiste em não aproximar as palavras, mas separá-las colocando o artigo diante de cada uma. Por

---

208. Fragm. 83, Nauck.
209. Eurípides, *Ifigênia em Táurida*, 727.

exemplo, "dessa mulher, da nossa".[210] Se quisermos nos exprimir concisamente, faremos o oposto: "de nossa mulher".[211]

Um outro procedimento consiste em utilizar muitos conectivos, mas se o objetivo é a brevidade, não deverão ser usados, desde que o pensamento não apresente falta de conexão. Exemplos: "tendo ido lá e conversado" e "tendo ido lá, eu conversei". Há ainda um outro procedimento útil, a saber, o de Antímaco, que consiste em descrever alguma coisa mencionando predicados que ela não possui, como ele faz referindo-se a Teumesso:

É uma pequena colina açoitada pelos ventos...

Um assunto pode ser infinitamente desenvolvido mediante esses procedimentos. O método que consiste em dizer o que uma coisa não é (por negação) tem serventia para aquilo que é bom ou mau de acordo com o que requer o assunto. É dessa fonte que os poetas extraem numerosas expressões tais como a *melodia sem cordas*[212] ou *sem lira*,[213] termos que indicam privação. Esse procedimento produz bom efeito quando é empregado nas metáforas baseadas na analogia, por exemplo se dizemos que *o som da trombeta é uma melodia sem lira.*

7

O ESTILO APRESENTARÁ A CONVENIÊNCIA desejada se for apto a expressar as emoções e o caráter, e se mantiver a relação estreita com o assunto. *Relação estreita com o assunto* significa que não devemos nem falar vulgarmente de assuntos importantes, nem falar solenemente de assuntos triviais; tampouco devemos agregar epítetos ornamentais a vocábulos ordinários, ou o efeito será o cômico, como

---

210.   ...τῆς γυναικὸς τῆς ἡμετέρας... (*tês gynaikòs tês hemetéras*).
211.   ...τῆς ἡμετέρας γυναικός... (*tês hemetéras gynaikós*).
212.   ...ἄχορδον... (*ákhordon*).
213.   ...ἄλυρον... (*ályron*).

228 | RETÓRICA

15 · acontece nas obras de Cleofonte, nas quais figuram certas expressões como *Venerável figueira*. O estilo exprime emoção se quando houve ultraje, a expressão é de alguém tomado pela cólera; se a ação é ímpia e impudente, alguém se investirá de um tom repleto de indignação e discrição na sua linguagem; a linguagem eivada de admiração caberá a um fato honroso e a linguagem eivada de humildade caberá a algo compassivo. O mesmo ocorrerá nos demais casos.

20 · É o estilo apropriado ao assunto que concorre para a persuasão. Nessa situação, as mentes dos membros do auditório concluem falsamente que o orador exprime a verdade porque nessas circunstâncias os indivíduos estão animados de sentimentos que parecem se identificar com os seus; e mesmo que não seja assim, o auditório supõe que as coisas sejam como o orador lhes diz que são. Cumpre acrescentar que o orador que discursa passionalmente, ainda

25 · que seu discurso careça de fundamento, consegue que o auditório compartilhe de seus sentimentos, o que explica, inclusive, porque muitos oradores procuram impressionar e dominar seu auditório meramente à custa de ruído.

Além disso, essa maneira de demonstrar a tese através da exibição dos signos de sua autenticidade revela a o caráter pessoal do orador. Cada gênero, cada tipo de disposição apresentarão uma forma particular de manifestar a verdade. Entendo por *gênero* as distintas idades, quais sejam, a do menino, do homem e do velho; o sexo, ou seja, mulher ou homem; a nacionalidade, ou seja, laconiano ou tessaliano. Por *disposição* entendo aqui somente a dispo-

30 · sição que determina este ou aquele caráter da vida de um homem, uma vez que nem toda disposição produz isso. Se, assim, o orador utilizar as palavras que se ajustam a uma particular disposição, reproduzirá o caráter correspondente. De fato, não é possível que uma pessoa rude e uma pessoa educada empreguem os mesmos termos, nem que o façam do mesmo modo. Por outro lado, alguma impressão é produzida em um auditório mediante um dispositivo que é utilizado *ad nauseam* pelos autores de discursos ao dizerem *Quem desconhece isso?* ou *Isso é do conhecimento de todos.* Ora, o

LIVRO III | 229

35 · ouvinte envergonha-se de sua ignorância e, portanto, concorda com
o orador no sentido de partilhar do conhecimento que é de todos.
O oportuno ou o inoportuno no que toca ao emprego desses
procedimentos é comum a todas essas espécies. Por outro lado,
1408b1 · visando a remediar todo excesso há um expediente, aliás bem conhecido, ou seja, o orador deve, ganhando a dianteira, prevenir as
censuras dos outros; o que ele diz parece, então, ser verdadeiro pois
ele tem consciência de seus atos. Acrescentemos que não convém
utilizar simultaneamente todas as analogias. Isso poderá ocultar o
5 · propósito do orador. Deixe-me explicar: se, por exemplo, as palavras das quais se faz uso são duras, não convém conferir a mesma
dureza à voz, à fisionomia e a todas as coisas que são passíveis de
serem harmonizadas; caso contrário, o cunho artificial de cada detalhe torna-se aparente, ao passo que atribuindo esse cunho a uma
coisa e o negando a outra, o artifício permanecerá despercebido,
produzindo absolutamente o mesmo efeito. A conclusão é que se
exprimimos as coisas suaves em um tom de dureza, e as duras em
10 · tom de suavidade, *conseguimos convencer.*[214]
As palavras compostas, os epítetos empregados em profusão e
os vocábulos estrangeiros são mais adequados ao estilo do discurso
emotivo (passional). Relevamos alguém encolerizado caso se refira
a um mal como "elevando-se ao céu" ou como algo "monstruoso".
Perdoamos igualmente tal linguagem quando o orador já conquis-
15 · tou o auditório e promoveu seu entusiasmo mediante o louvor, a
censura, a cólera ou o afeto. Assim procedeu Isócrates no desfecho
de seu *Panegírico*, com "...a fama e a memória..." e "...aqueles que su-
portaram...". Tais expressões são utilizadas nos acessos entusiásticos,
e os ouvintes, que se encontram em um idêntico estado emocional,
aprovam-nas. Essa linguagem convém à poesia, já que esta é de ins-
piração divina. Pode-se, portanto, empregar essas palavras do modo

---

214. Kassel: *[...] o convencimento conseguido é relativamente inexpressivo [...].*
Esta passagem do texto é problemática, mas ficamos com Spengel por
conta da coerência do contexto.

230 | RETÓRICA

que indicamos, ou seja, com a ênfase passional, ou com ironia, como
20 · procedia Górgias, ou como se vê em trechos do *Fedro*.[215]

8

A FORMA DO ESTILO EM PROSA não deve ser nem métrica, nem
destituída de ritmo. A forma métrica prejudica a persuasão porque soa artificial, afastando o crédito do ouvinte; ao mesmo tempo, desvia sua atenção, levando-o a observar recorrências métricas,
25 · tal como quando as crianças importunam os arautos quando estes
perguntam: "Quem o liberto escolhe como seu defensor?" com a
resposta "Cleonte!". Quanto ao estilo destituído de ritmo, é indeterminado. Ora, isso é indesejável – deve ser determinado, porém
não através da forma métrica. De fato, o indeterminado é impreciso,
desagradável e insatisfatório. E nada há que não seja determinado
pelo número e este, quando aplicado à forma do estilo, é o ritmo
cujos metros são divisões definidas.
30 · É por essa razão que o discurso em prosa deve ter ritmo, não
métrica; caso contrário, será um poema, isto é, poesia. Todavia, não
deveria haver demasiada precisão nesse ritmo, devendo, portanto,
a prosa ser rítmica somente em um certo grau.

Entre os ritmos ou cadências, o heróico é majestoso, mas não é
adequado ao diálogo e carece de sua harmonia, ao passo que o iâmbico é precisamente a linguagem das pessoas ordinárias, de sorte
35 · que no diálogo usual o iâmbico ocorre com mais frequência do que
os outros ritmos. O discurso oratório, entretanto, tem que ser
majestoso e capaz de comover o ouvinte. Quanto ao troqueu,[216] é

---

215. Título de diálogo de Platão. [Obra publicada pela Edipro em *Diálogos III*,
     2015. (N.E.)]
216. Pé de uma sílaba longa e uma breve.

LIVRO III | 231

1409a1 · muito aparentado ao *kordax*[217], o que é confirmado pelos tetrâmetros que formam um dos ritmos de troqueu.

Resta a peã,[218] cujo uso remonta a Trasímaco, embora na época não soubessem como defini-la. A peã constitui um terceiro ritmo que não é, na verdade bastante aparentado àqueles dois aos quais já nos referimos. A proporção existente entre seus elementos é de três
5 · por dois, enquanto no ritmo heróico a proporção é de um por um e no iâmbico de dois por um. Entre essas duas últimas proporções existe a proporção de *um e meio por um*, que é a proporção da peã. Esses dois outros ritmos, no que tange ao discurso escrito em prosa, devem ser descartados, em parte devido às razões já indicadas, em parte porque são demasiado métricos. O ritmo a ser adotado é a peã, já que é o único dos ritmos mencionados no qual não surge
10 · nenhuma métrica definida, de forma que é o menos inoportuno de todos, passando facilmente desapercebido. Atualmente, os oradores utilizam exclusivamente a peã no início do período, embora seja necessário que o fim seja diferente do início. Há duas espécies opostas de peãs: uma, que é adequada ao início do período, como é, a propósito, utilizada; é a espécie que começa com uma longa sílaba e termina com três sílabas breves, como em:

Δαλογενὲς εἴτε Λυκίαν[219]

e...

Χρυσεοκόμα Ἕκατε παῖ Διός[220]

A outra peã começa, inversamente, com três sílabas breves e termina com uma sílaba longa, como em:

μετὰ δὲ γᾶν ὕδατά τ᾽ ὠκεανὸν ἠφάνισε νύξ[221]

---

217. Dança barulhenta e obscena, dançada em comédias.
218. Canto ou hino coral de invocação, celebração, agradecimento, triunfo, louvor ou exaltação, originalmente em honra a Apolo (no seu aspecto de médico), mas também estendido a outras divindades e a indivíduos importantes, e cantado em ocasiões diversas como rituais, vitórias e campanhas militares, durante as libações, e em acontecimentos públicos.
219. Nascido em Delos, a menos que a Lícia.
220. Hécate da cabeleira de ouro, filha de Zeus.
221. Depois da terra e das águas, a noite tornou invisível o oceano.

232 | RETÓRICA

Essa segunda espécie de peã produz um efetivo fecho, uma vez que uma sílaba breve, sendo incompleta, faz o ritmo parecer truncado. Assim, a frase tem que ser interrompida sobre uma sílaba
20 · longa: o fato de seu término deve ser indicado não pelo escriba, nem pelo sinal de pontuação (ponto final), mas pelo ritmo.

Vimos, assim, que o estilo de nossa linguagem deve ser rítmico e não desprovido de ritmo, e indicamos quais os ritmos, sob condições particulares, que o tornam assim.

9

O ESTILO DO DISCURSO NA PROSA é necessariamente *ou* coorde-
25 · nado, com suas partes unidas exclusivamente por conectivos, como os prelúdios nos ditirambos, *ou* compacto e antitético, como as estrofes dos antigos poetas. O estilo coordenado é o antigo estilo, como por exemplo: "Eis a exposição da investigação de Heródoto, o turiano". No passado, todos o usavam, ao passo que hoje pou-
30 · cos o usam. Entendo como estilo coordenado aquele que não possui por si mesmo um término, a menos que o assunto tratado se esgote. É um estilo que não propicia satisfação devido ao seu cunho indeterminado, já que não existe ninguém que não deseje assistir com clareza ao término das coisas. É somente quando alcançam a meta que os corredores, exaustos, desfalecem e tombam; de fato, enquanto tinham o objetivo diante de si, não experimentavam qualquer
35 · fadiga. Esta é, portanto, a forma coordenada de estilo.

A forma compacta é a dos períodos. Chamo de período um trecho de discurso que, por si mesmo, possui um começo, um fim e uma extensão que pode ser facilmente apreendida de um só olhar.
1409b1 · Esse tipo de estilo produz satisfação e é de fácil compreensão. É satisfatório primeiramente porque é o inverso da forma indeterminada e, em segundo lugar, porque o ouvinte sempre sente que está compreendendo algo e que chegou a alguma conclusão definida; em

contrapartida, é insatisfatório nada divisar diante de si e não chegar a lugar algum. Essa forma, por outro lado, é de fácil compreen-
5 · são (fácil de ser acompanhada), porque não há dificuldade para
memorizá-la e isso, por sua vez, porque o estilo periódico é passível
de ser numerado, sendo o número a coisa mais fácil de ser lembrada.
Desse modo, todos retêm melhor versos do que prosa, uma vez que
eles têm um número que lhes serve de medida. Também é necessário
que o período não seja completado até que o sentido se complete:
não pode ser suscetível de ser interrompido abruptamente, como
ocorre nos versos iâmbicos de Sófocles, quais sejam:

10 ·   *Esta é a terra de Calidonte, do solo de Pélops.*[222]

Devido a uma divisão equívoca das palavras, é possível que o
ouvinte compreenda o inverso daquilo que o poeta quis dizer; por
exemplo, na passagem citada, poder-se-ia imaginar que Calidonte
está situado no Peloponeso.

Um período pode ser composto ou simples. O período composto é uma porção de discurso completa em si mesma, dividida
15 · em partes, e fácil de ser proferida de um só fôlego, não nas suas
distintas divisões, como é o caso do estilo coordenado, mas como
um todo. O membro é uma das duas partes desse período. Entendo por período simples o constituído por um único membro.
Os membros, bem como os períodos inteiros, não devem ser nem
demasiado curtos nem demasiado longos. A brevidade excessiva
20 · faz o ouvinte amiúde vacilar. Ele prossegue na expectativa de que
o ritmo continue até o limite que sua mente estabeleceu para esse
limite – e se entrementes ele é levado ao recuo pela interrupção do
orador, a tendência inevitável do choque é fazê-lo, por assim dizer,
tropeçar. A extensão excessiva faz o ouvinte experimentar a sensação de ser deixado para trás, como nos encontramos distanciados
pelos que procedem ao seu trajeto além do limite e que lá fixam
os seus companheiros de marcha. Ademais, os períodos, quando

---

222. Eurípides, fragm. 515, Nauck, da peça perdida *Meleagro*, e não Sófocles.
Realmente há um verso semelhante no *Filoctetes* de Sófocles.

234 | RETÓRICA

25 · excessivamente longos, transformam-se em verdadeiros discursos e assemelham-se a prelúdios de ditirambos. Incorre-se no defeito que Demócrito de Quios apontou em Melanipides que, em lugar de escrever antiestrofes, escreveu prelúdios...

O homem que constrói o mal para outrem o constrói para si mesmo. Um prelúdio prolixo é muito ruim para o poeta.

30 · Essa censura aplica-se também aos oradores que empregam membros demasiado longos. Em contrapartida, se são demasiado curtos deixa-se de ter períodos e o ouvinte se vê arrastado a uma cadência precipitada. O estilo composto de diversos membros é ora dividido simplesmente, ora antitético. No exemplo seguinte é de divisão simples: "Surpreende-me amiúde com aqueles que reuniram os encontros solenes e que instituíram as competições 35 · de atletismo"[223]; o estilo é antitético quando, em cada um dos dois membros, um termo contrário opõe-se ao seu contrário, ou o mesmo membro é formado pela união de dois contrários. Exem-1410a1 · plo: "Eles auxiliaram não só os que ficaram atrás, como também aqueles que os acompanharam: a estes, graças às suas conquistas, concederam terras que ampliaram o território que já possuíam em sua pátria; aos primeiros, deixaram em sua pátria um território su-ficientemente grande.". Aqui os termos contrastados (contrários) *ficaram atrás, acompanharam, terras que ampliaram* e *suficiente-* 5 · *mente*. O mesmo acontece no seguinte exemplo: "Tanto aos que precisam adquirir posses quanto aos que desejam desfrutar suas posses", onde a ideia de desfrutar é contrastada com a de adquirir. Outros exemplos: "Observa-se frequentemente, nessas condições, pessoas prudentes fracassarem e os imprudentes terem êxito"; "Os atenienses conseguiram imediatamente a justa recompensa por 10 · seu valor, e conquistaram o controle do mar logo depois"; "*vele-jou* através do continente e *marchou* através do mar, reunindo as duas margens do Helesponto e penetrando Atos";[224] "A natureza

---

223. Estes e os exemplos que se seguem são extraídos do *Panegírico* de Isócrates.
224. Façanha correntemente atribuída, no mundo antigo, ao rei persa Xerxes e seu exército.

LIVRO III | 235

os fez cidadãos, a lei os priva do direito de cidadania"; "Alguns
pereceram miseravelmente, outros foram salvos desonrosamente"; é
15 · vergonhoso "mantermos em nossas casas bárbaros como servos, ao
passo que em nosso Estado contemplamos com indiferença a escravidão em que se acham muitos de nossos aliados"; "quer possuí-los
em vida quer uma vez mortos, abandoná-los.". Eis ainda um outro
exemplo, oferecido pelo que se dizia sobre Pitolau e Lícofron em
um tribunal: "Estes indivíduos costumavam vos vender quando
estavam em suas pátrias... e agora que vieram até vós, *são eles que*
20 · *se põem à venda*".[225] O estilo, quando apresenta essa forma, gera
satisfação porque os contrastes (contrários) são de facílima compreensão e quando colocados um ao lado do outro, são ainda mais
facilmente compreensíveis. Acrescentemos que essa forma assemel-
lha-se ao silogismo, uma vez que o argumento próprio à refutação
funda-se nos contrários.

Chamamos, portanto, de *antítese* o período dessa natureza. A
parisose consiste em igualar em extensão os dois membros de um
período; a *paromoiose* consiste em tornar semelhantes os termos
25 · extremos dos dois membros, o que deve acontecer necessariamente
ou no começo, ou no fim de cada membro: se no começo, a semel-
lhança é das palavras inteiras; se no fim, a semelhança ocorre nas
últimas sílabas das palavras, ou nas desinências de uma palavra que
é da mesma raiz, ou na mesma palavra. No começo, a semelhança
apresenta-se da seguinte maneira:

ἀγρὸν γὰρ ἔλαβεν ἀργὸν παρ᾽ αὐτοῦ[226]

e...

δωρητοί τ᾽ ἐπέλοντο παράρρητοί τ᾽ ἐπέεσσιν[227]
No fim, da maneira abaixo:

---

225. Kassel: *[...] vos compraram [...]*.
226. Foi um campo infértil que dele recebeu. Aristófanes, fragm. 649, Kock.
227. Podia-se suborná-los através de presentes, conquistá-los através do discurso. Homero, *Ilíada*, Canto IX, 526.

236 | RETÓRICA

οὐκ ᾠηθήσαν ἂν αὐτὸν παιδίον τετοκέναι, ἀλλ᾽ αὐτοῦ αἴτιον γεγονέναι[228]

e...

ἐν πλείσταις δὲ φροντίσι καὶ ἐν ἐλαχίσταις ἐλπίσιν.[229]

E eis um exemplo da desinência de uma palavra de mesma raiz: ἀξιοῖ δὲ σταθῆναι χαλκοῦς, οὐκ ἄξιος ὢν χαλκοῦ.[230]

Quanto ao emprego da mesma palavra repetida: σὺ δ᾽ αὐτὸν καὶ ζῶντα ἔλεγες κακῶς καὶ νῦν γράφεις κακῶς.[231]

No caso da semelhança da última sílaba: τί ἂν ἔπαθες δεινόν, εἰ ἄνδρ᾽ εἶδες ἀργόν;[232]

1410b1 · É possível que o período contenha todos esses elementos e apresente concomitantemente antítese, parisose e homoteleuta. Na obra de retórica dirigida a Teodectes, os inícios dos períodos encontram-se quase todos enumerados. Há também falsas antíteses, como a seguinte, de Epicarmo:

5 · *Ora sou eu que em suas casas estava, ora era eu que junto a eles estava.*[233]

10

Uma vez estabelecidos tais pontos, cabe-nos explicar qual a fonte das expressões da língua viva e corrente que tanto apre-

---

228. Acreditava-se não que ele fosse pai de uma criança, mas que fosse a causa de seu nascimento. Kassel registra ᾠήθης ἂν αὐτὸν οὐ παιδίον τετοκέναι, ἀλλ᾽ αὐτὸν παιδίον γεγονέναι.
229. Experimentavam as maiores inquietações e as mais débeis esperanças.
230. Ele se acreditava merecedor de que a ele erigíssemos uma estátua de bronze, ele que não merece uma moeda de bronze.
231. Enquanto ele era vivo, falavas mal dele, agora que ele está morto escreves mal dele.
232. Que sentimento estranho terias experimentado ao ver esse homem indolente?
233. Fragm. 20a., Diels-Kranz.

ciamos. Concebê-las é obra exclusiva de um espírito talentoso ou muito exercitado. Este tratado, porém, pode indicar a maneira em que são construídas. Iniciemos, portanto, abordando todas as minúcias, mas sem antes enunciar o princípio que se segue, ou

10 · seja, de que *aprender sem dificuldade é naturalmente prazeroso para todos*. Ora, as palavras detêm um significado e, consequentemente, são as palavras que veiculam para nós conhecimento que são as mais agradáveis. Ora, palavras que nos são estrangeiras somente nos confundem, enquanto palavras comuns apenas veiculam o que já conhecemos; é a partir da metáfora que podemos melhor apreender alguma coisa nova. Quando nos dizem que a velhice é como o *restolho*, fornecem-nos um conhecimento e uma ideia

15 · pelo gênero: tanto a velhice quanto o restolho perderam o viço. As imagens dos poetas também produzem o mesmo efeito, razão pela qual, toda vez que as empregamos apropriadamente, conferem ao estilo um ar de polidez, civilidade. A imagem, como já dissemos anteriormente, é uma metáfora que desta difere apenas pelo fato de ser precedida de uma palavra. E precisamente porque é mais longa, é menos agradável. Não expressa o que é uma coisa e

20 · tampouco é aquilo que é buscado pela inteligência. Disso resulta necessariamente que o discurso e os entimemas são elegantes e vigorosos quando nos agilizam o conhecimento das coisas. Esta é a razão porque não se aprecia muito os entimemas que se mostram óbvios (pelo que entendo os que são evidentes a todas as pessoas e que dispensam qualquer exame da parte da inteligência), tanto quanto os que quando enunciados mostram-se incompreensíveis. Causam-nos prazer os que compreendemos imediatamente após

25 · sua enunciação, mesmo que não o tenham sido antes, ou aqueles que a inteligência captou com apenas um ligeiro retardamento. Extraímos desses entimemas uma espécie de informação, ao passo que com os outros, ou seja, os tipos imprecisos, não obtemos nem esse benefício imediato nem o benefício tardio.

No que se refere ao conteúdo do pensamento, esses são os entimemas particularmente apreciados. No que tange ao estilo do

238 | RETÓRICA

discurso, este agrada quando são reunidos termos opostos, por
30 · exemplo: "essa *paz* comum a todos os demais, estimavam-na como
uma *guerra* empreendida contra seus próprios interesses", onde se
opõe guerra e paz. O entimema gera satisfação do ponto de vista das
palavras se estas contêm uma metáfora, mas a metáfora não deve ser
artificial, afetada, pois neste caso seria de difícil apreensão; por outro
lado, não deve ser óbvia, pois neste caso não produziria impressão.
A satisfação também é gerada se as palavras logram construir a cena
diante dos olhos, pois mais vale ver o que é do que o que tem a pers-
35 · pectiva de ser. Assim, portanto, é preciso visar estas três facetas
do estilo do discurso: a antítese, a metáfora e a efetividade. Entre
1411a1 · as quatro espécies de metáforas, o gosto recai sobretudo nas que
são baseadas na analogia. Assim, Péricles dizia que o desaparecimento dos jovens da pátria por haverem perecido na guerra era
"como se a primavera houvesse sido subtraída do ano". Leptines,
5 · referindo-se aos lacedemônios, dizia que os atenienses não deviam
tolerar que "se arrancasse da Grécia um de seus olhos". Cefisodoto
indignava-se nos seguintes termos diante da pressa de Cares em
acertar seu quinhão na guerra de Olinta: "Era no momento em que o
povo sufocava ao calor da fornalha que Cares apressava-se para fazer
seu acerto de contas.". Foi esse mesmo orador que uma vez incitou
10 · os atenienses a marchar para a Eubeia levando como sua ração "o
decreto de Miltíades." Na ocasião em que os atenienses celebraram
uma trégua com Epidauro e o povo da costa, Ifícrates os reprovou
por "cortarem a si mesmos as provisões para a expedição guerreira."
Pitolau chamava a galera paraliana de "clava do povo" e Sestos de
"caixa de cereais do Pireu". Péricles pediu aos seus concidadãos que
15 · expulsassem Egina, "essa remela do Pireu." E Moirocles declarou
que não era mais patife do que um certo cidadão respeitável cujo
nome ele apontou e "cuja patifaria lhe rendia 33% ao ano, diferentemente da sua, que só lhe rendia 10%". É possível também transcrever
o seguinte verso iâmbico de Anaxandrides a respeito de suas filhas
que demoravam para casar:

20 · *Minhas filhas deixaram passar o vencimento do casamento.*

LIVRO III | 239

Polieucto disse de um certo Espeusipo, que ficara paralítico devido a uma apoplexia, que "ele não poderia manter-se em repouso ainda que a sorte o tivesse imobilizado com todos seus membros no pelourinho da enfermidade." Cefisodoto chamava as trirremes de "moinhos pintados de várias cores". O Cão[234] declarou em relação às tavernas que "eram a mesa de repasto comum
25 · da Ática." Ésion disse que "os atenienses haviam esvaziado sua cidade na Sicília", que é uma metáfora descritiva. E citemos mais esta: "Até o ponto em que a Grécia emitiu um grito", também pode ser considerada uma metáfora descritiva. Cefisodoto igualmente dizia: "Tomai cuidado para que vossas numerosas assembleias não se convertam em tantas outras reuniões tumultuadas.". Isócrates
30 · dizia outro tanto dos que desfilam nas festas de caráter nacional. Um outro exemplo está presente na oração fúnebre: "É apropriado que sobre o túmulo daqueles que pereceram em Salamina, a Grécia corte os cabelos, visto que a liberdade dela e o valor deles estão sepultados no mesmo túmulo.". Se o orador houvesse se contentado em dizer "que era apropriado que a Grécia chorasse porque o valor deles estava sepultado no mesmo túmulo", haveria uma metáfora e o fato teria sido descritivo. Entretanto, mediante as palavras va-
1411b1 · lor e liberdade, o orador produz uma espécie de antítese. De um modo semelhante, Ifícrates discursou: "O caminho franquear-se-á para minhas palavras através das ações de Cares", criando assim uma metáfora por analogia e a expressão "através" torna o fato des-
5 · critivo. A frase "Convocar os perigos para nos socorrer de outros perigos" é metafórica descritiva. Indiquemos ainda o discurso de Licoleonte em defesa de Chabrias: "Não respeitaram sequer esta suplicante que por ele intercede, a estátua de bronze que dele erigimos.". Esta é uma metáfora para ser utilizada no caso em pauta, mas que não é aplicável a todas as circunstâncias. Mas nesse caso, revela-se de fato uma metáfora vívida: diante do perigo que ameaçava Chabrias,
10 · sua estátua *suplica* a seu favor – o inanimado torna-se animado, ou seja, o monumento que a cidade erigira a Chabrias, em homena-

---

234. ...Κύων... (*Kýon*), Diógenes, o Cão, filósofo da escola cínica.

240 | RETÓRICA

gem aos seus serviços prestados à pátria. Eis outro exemplo: "Eles se empenham de todos os modos em um pensamento tacanho.". *Empenhar-se* implica o aumento de uma coisa. Mais este exemplo:

15 · "Deus acendeu a inteligência para ser uma luz no interior de nossas almas", pois tanto a inteligência quanto a luz são reveladoras. "Não estamos pondo um fim a nossa guerra, tão só adiando-a" – aqui ambas as ideias vinculam-se ao futuro, tanto o adiamento aplicado à guerra quanto a paz obtida nessas condições. Temos igualmente uma metáfora quando se diz: "Os tratados constituem um troféu muito mais belo do que os erigidos nos campos de batalha; estes últimos limitam-se a comemorar feitos de pouca monta e um capricho da sorte – quanto aos tratados, somente são celebrados quando toda a guerra está finda.". De fato, tanto troféus quanto tratados são sinais de vitória. O mesmo ocorre com: "Também os Es-

20 · tados arcam com um severo ajuste de contas ao serem condenados no julgamento da espécie humana", uma vez que o ajuste de contas é uma forma de punição merecida imposta pela justiça.

Acabamos[235] de explicar que o caráter descritivo ou vívido das palavras procede da metáfora por analogia.

11

É NECESSÁRIO AGORA ESCLARECER o que entendemos por tornar

25 · descritivo ou vívido, ou melhor, por "fazer os ouvintes verem" e por quais meios isso é obtido. Por "fazê-los ver as coisas" entendo o uso de expressões capazes de representar as coisas como se estivessem em atividade. Por exemplo, dizer que um homem honesto é como um *quadrado* é construir uma metáfora: tanto o homem honesto quanto o quadrado são perfeitos, mas essa metáfora não sugere atividade. Em contrapartida, a frase "Ele tinha o vigor e o viço da idade" sugere

---

235. Kassel inicia aqui o capítulo 11.

LIVRO III | 241

um ato, como também a frase "Tu, como alguém livre de entraves, podes vagar..."[236] encerra um ato. Como também esta outra:

30 ·   *Precipitaram-se os helenos sobre seus pés...*[237]

...onde a expressão *precipitaram-se*[238] tanto nos exibe um ato quanto constitui uma metáfora, *pois já sugere por si rapidez.*[239] Em Homero encontramos a prática frequente de transmitir vida às coisas inanimadas através da metáfora. Todas essas passagens distinguem-se pelo efeito de atividade que produzem. As citações a seguir constituem exemplos:

...Até a planície a penha, impudente, rolava...[240]

e...

...Voava a seta...[241]

e...

...A flecha aguda, ávida de voar...[242]

e...

1412a1 ·   *...As lanças na terra cravavam-se, embora plenas de desejo de na carne penetrar...*[243]

e...

...Da lança a ponta impetuosa atravessou-lhe o peito...[244]

Em todos esses exemplos é porque às coisas inanimadas é transmitida a vida que se manifestam em ato. Ser impudente, ser impetuoso e os outros termos expressam formas de atividade. E o poeta incorporou essas ideias às coisas por meio de metáforas por ana-
5 · logia: tal como é a pedra para Sísifo, assim é o homem impudente

---

236. Isócrates, *Felipe* 10, 127.
237. Eurípides, *Ifigênia em Áulida*, 80.
238. Do verbo ἀίσσω (*aísso*).
239. O trecho em *itálico* não está explícito em Spengel, mas está presente em Kasssel.
240. *Odisseia*, Canto XI, 598.
241. *Ilíada*, Canto XIII, 587.
242. Idem, Canto IV, 126.
243. Idem, Canto XI, 574.
244. Idem, Canto XV, 542.

242 | RETÓRICA

para quem ele tratou com impudência. Também nas suas famosas imagens, ele dá o mesmo tratamento às coisas inanimadas:

...[Ondas]... recurvas, em uma interminável sucessão, com cristas de branco de escuma...[245]

Ele representa tudo em movimento e vivo, e o ato é movimento. Quanto ao mais, como já o indiquei anteriormente, é ne-
10 · cessário extrair as metáforas das coisas que nos são próximas (das coisas vinculadas à coisa original), sem que sejam, contudo, não evidentemente tão vinculadas, tal como na filosofia uma mente arguta terá a percepção de semelhanças mesmo entre coisas reciprocamente muito distanciadas. Assim, Árquitas dizia que *um árbitro e um altar são o mesmo* "porque tanto um, quanto o outro servem de refúgio às vítimas da injustiça." Poder-se-ia dizer também que uma âncora e um cabo suspenso são uma única coisa; de
15 · fato, não diferem senão em um ponto, a saber, uma retém as coisas de baixo, enquanto o outro o faz de cima. Quanto a nos referirmos a Estados como *nivelados,* corresponde a identificar duas coisas largamente distintas, quais sejam, a igualdade da superfície física e aquela dos poderes [dos Estados].

A metáfora e um certo poder suplementar de surpreender o ouvinte são particularmente responsáveis pela vivacidade das expressões; pelo fato do ouvinte ter estado na expectativa de algo diferente, tanto mais o impressiona a sua obtenção de uma nova
20 · ideia. É como se sua mente dissesse: "Como isso é verdadeiro... sou eu que me enganei!". Entre as observações feitas pela força dos preceitos,[246] as que consideramos também vivazes e sutis são as que dão a entender algo distinto do que significam literalmente as palavras, como no dizer de Estesicoro de que "as cigarras cantarão para si mesmas sobre o solo". Os enigmas habilmente elaborados são atraentes devido à mesma razão. Transmitem algo novo
25 · fazendo-o metaforicamente. Como afirma Teodoro, o atraente

---

245. Idem, Canto XIII, 799.
246. ...ἀποφθεγμάτων... (*apophthegmáton*).

LIVRO III | 243

é instaurado com expressões novas. E, como o observa o próprio
Teodoro, alcança-se esse resultado se a ideia é extraordinária e não
se harmoniza com a opinião corrente então aceita; utilizam-se expressões burlescas semelhantes às que são utilizadas pelos autores
cômicos nas suas imitações. Os jogos de palavras são responsáveis
pelo mesmo efeito, ou seja, um efeito que causa surpresa. Esse artifício é encontrado na poesia *bem como na prosa*.[247] A expectativa
do ouvinte é frustrada. Como em...

30 ·   *Ele ia e seus pés estavam calçados de sua frieira.*

...onde se suporia que a palavra deveria ser *sandálias*. Mas a
clareza deve instaurar-se no momento em que as palavras são proferidas. Quanto aos jogos de palavras construídos pela alteração
das letras das palavras, visam significar não o que parecem expressar, mas o que significa a palavra sob sua forma alterada. Vejamos,
por exemplo, a observação feita por Teodoro a respeito de Nicon,
o harpista: θράττει σε. Parece que ele quer dizer *ele te inquieta*,
com o que o ouvinte é enganado, pois ele quer dizer algo distinto,

1412b1 · isto é, *que é um trácio que te deu nascimento*.[248] A palavra agrada a
quem a compreende, na medida em que caso se desconhecesse que
Nicon é trácio, a palavra nada mais apresentaria de interessante.
O mesmo ocorre com a expressão βούλει αὐτὸν πέρσαι.[249] Por
outro lado, é indispensável que os dois empregos da palavra sejam
aceitáveis. O mesmo acontece nas frequentes repetições de vocábulos, como quando, por exemplo, dizemos que o *império* no mar

5 · para os atenienses não constituía a *fonte* de suas infelicidades, pois
eles tiravam proveito dele.[250] Ou ainda como a afirmação contrária

---

247. O acréscimo em *itálico* é registrado por Kassel.
248. θράσσει (*thrássei*) é alterado para θράττει (*thráttei*), que embora seja
     igualmente uma forma correta, corresponde também exatamente à con-
     jugação do verbo θράττω (*thrátto*) ou θράσσω (*thrásso*), que significa
     inquietar, atormentar, aborrecer.
249. *Queres perdê-lo?* Πέρσαι (*Pérsai*) tanto significa *persas* quanto constitui
     conjugação do verbo πέρσω (*pérso*) ou πέρθω (*pértho*), que significa per-
     der, arruinar, destruir, devastar.
250. O vocábulo repetido é ἀρχή (*arkhé*), que significa tanto poder, autorida-
     de, governo, império, quanto princípio, origem, fonte.

244 | RETÓRICA

de Isócrates de que o *império* no mar constituía para os atenienses uma *fonte* de infelicidades. Em ambos os casos, o orador diz algo inesperado para o ouvinte, cuja exatidão, contudo, é reconhecida. De fato, não seria nada hábil dizer que *o império é o império*. Mas

10 · não é assim que o orador se exprime, a palavra ἀρχή não tendo mais na segunda acepção um significado idêntico ao de antes, admitindo um outro. Em todos esses jogos das palavras, estes resultam eficientes, quer uma palavra seja usada em um segundo sentido (homonímia), quer seja usada metaforicamente, desde que os jogos das palavras convenha aos fatos. Como no exemplo...

Ἄσχετος οὐκ ἀνασχετός[251]

...onde não há, a rigor, homonímia, mas a expressão será conveniente se o personagem for desagradável. E...

οὐκ ἂν γένοιο μᾶλλον ἤ σε δεῖ ξένος ξένος[252]

...o que é sempre a mesma palavra...

E...

οὐ δεῖ τὸν ξένον ξένον ἀεὶ εἶναι[253]

...onde mais uma vez a palavra é tomada em um sentido distinto. Constata-se um procedimento análogo nos versos tão elogiados de Anaxandrides:

καλόν γ᾽ ἀποθανεῖν πρὶν θανάτου δρᾶν ἄξιον[254]

É o mesmo se disséssemos: "É digno morrer quando não se é digno da morte", ou "É digno morrer sem ser merecedor da morte",

20 · ou ainda "sem nada ter feito que mereça a morte. Nessas expressões o estilo é o mesmo. Mas quanto mais concisa e antiteticamente tais frases são expressas, mais agradam, uma vez que a antítese facilita a compreensão da ideia e a concisão torna essa compreensão mais rápida. Algumas condições são sempre necessárias: observar a quem

---

251. Asketos – *neste caso nome próprio* – não é tolerável.
252. Embora *estrangeiro*, não sejas *estrangeiro* mais do que o que deves ser, nem excessivamente.
253. O *estrangeiro* nem sempre deve ser um *estrangeiro*.
254. É nobre *morrer* antes de nada haver feito que mereça a *morte*.

LIVRO III | 245

se aplica a palavra, verificar se a aplicação é judiciosa se desejamos
25 · que o que dissemos soe verdadeiro sem incorrer na vulgaridade,
pois pode suceder dessas condições não se conjugarem. Por exemplo, se dissemos "Convém morrer sem ter cometido nenhuma falta"
nada há de interessante nessa frase, ainda que possa ser verdadeira.
Ou: "A uma mulher digna convém um marido digno", que é verdadeiro, mas desinteressante e insípido. Há, entretanto, a associa-
ção de qualidades discursivas se dissermos: "Morre-se dignamente
quando não se merece morrer.".

30 · Quanto mais a frase possui essas qualidades, mais é interessante
e vivaz; se, por exemplo, os vocábulos são metafóricos, se a metáfora
é oportuna e satisfatória, se há antítese, parisose e se é transmitida
a ideia de atividade. No que toca às imagens, como já o afirmamos anteriormente, revelam-se invariavelmente metáforas muito
apreciadas. Apoiam-se sempre em dois termos, como a metáfora
por analogia ou proporcional. Assim, à guisa de exemplo, dizemos
1413a1 · que "o escudo é a taça[255] de Ares" e que "um arco é uma lira sem
cordas". Ao fazê-lo, empregamos uma metáfora que não é simples;
pelo contrário, se dissermos que "o arco é uma lira ou que o escudo é
uma taça", neste caso teremos uma metáfora simples. Constroem-se
imagens de idêntico gênero quando se compara um flautista com
um macaco; ou quando, nos referindo a um indivíduo míope, dizemos que seus olhos assemelham-se a uma candeia cuja mecha está
molhada, uma vez que tanto os olhos quanto a chama tremulam. As
5 · imagens são especialmente aceitas quando encerram uma metáfora.
Assim, nos é possibilitado dizer que um escudo é como a taça de
Ares, ou que uma ruína é como os *farrapos* de uma casa. Pode-se
ainda dizer que Nicerato é como um "Filoctetes mordido por Pratis", imagem de que se serviu Trasímaco ao ver Nicerato, que fora
derrotado por Pratis em um concurso de recitação, que desde então
usava os cabelos longos e sujos. É com imagens desse tipo que os
10 · poetas fracassam quando sua comparação não é apropriada, sendo

---

255. ...φιάλη... (*phiále*).

246 | RETÓRICA

que no caso contrário tornam-se objeto de muita apreciação. Eis a seguir um exemplo do primeiro tipo:

Aquelas suas pernas enrolam-se como ramos de salsa,

...e outro:

Tal como Filamon lutando com seu saco de exercício.[256]

Essas expressões são imagens, e que imagens são metáforas já foi
15 · reiteradamente afirmado antes. Também os provérbios são metáforas, nesse caso metáforas que nos transportam de uma espécie para outra. Por exemplo, se um indivíduo traz para junto de si alguém de quem só espera benefícios e que só lhe causa danos, diz "Eis o homem de Cárpatos e sua lebre." De fato, a experiência desventurada por nós apontada sucede a ambos.

Com isso ficaram indicados e explicados quase que exaustivamente todos os meios e maneiras de transmitir ao estilo vivacidade
20 · e sabor. As hipérboles consagradas como favoritas também são metáforas. Desse modo, comentar-se-á de um indivíduo muito machucado: "Crer-se-ia estar olhando para um cesto de amoras". De fato, as machucaduras também exibem um tom avermelhado, embora na maioria das vezes haja o elemento exageração, nesse caso dada a quantidade de amoras que é sugerida. Se há a expressão *como isso ou aquilo*, é possível introduzir uma hipérbole sob a forma de uma imagem. Assim em "Tal como Filamon lutando com seu saco de
25 · exercício" é possível imaginar que é o próprio Filamon que combate contra seu saco de exercício.

Em "Aquelas suas pernas enrolam-se como ramos de salsa", é possível pensar que ele tem, em lugar de pernas, ramos de salsa enrolados. Certas hipérboles, ao exibirem veemência, apresentam
30 · um cunho infanto-juvenil, {com o que seu emprego é preferido pelas pessoas encolerizadas.

...Ainda que me dotasse com mais que os grãos da poeira ou da areia das praias,

Não desposaria a filha de Agamenon, o filho de Atreu,

---

256. ...κωρύκῳ... (*korýkoi*).

LIVRO III | 247

Não!... mesmo que rivalizasse em beleza com a áurea Afrodite
E em destreza nos trabalhos com Atena...[257]}[258]

1413b1 · *{Especialmente os oradores áticos o apreciam.}*[259] Portanto,[260] essa forma de linguagem não convém ao orador velho.

12

CUMPRE LEMBRAR QUE A CADA TIPO DE RETÓRICA corresponde um estilo diferente e próprio. O estilo da prosa escrita não é o da oratória (que é falada), e tampouco o estilo do discurso político 5 · é o do discurso forense. É necessário conhecer ambos.[261] Conhecer o estilo da prosa implica necessariamente conhecer grego perfeitamente. No que toca ao outro (estilo oratório), não há obrigação de conservar o silencio uma vez se deseje transmitir o próprio pensamento às outras pessoas, inconveniente ao qual ficam reduzidos os que não sabem escrever. O estilo escrito é o mais exato e o mais 10 · acabado, enquanto o falado dos debates (o oratório) é o mais dramático. O estilo oratório apresenta dois tipos, sendo que um traduz os caracteres, o outro as emoções. Daí os atores procurarem as peças concebidas nesse último tipo, o emocional ou passional, e os poetas procurarem por atores capazes de atuar nessas peças. Entretanto, encontramos em poder de todos as peças de poetas que se prestam à leitura, como é o caso de Queremonte, que é tão preciso e acabado quanto um logógrafo e, entre os poetas ditirâmbicos, Licímnio. Ao

---

257. Homero, *Ilíada*, Canto IX, 385-390.
258. Todo o texto entre chaves é considerado por Kassel como acrescido posteriormente pelo próprio Aristóteles.
259. { } Excluído por Kassel.
260. Deveríamos aqui acrescer *devido ao seu caráter infanto-juvenil*, provável hiato causado por possível falha do manuscrito, já que se depreende que esse tipo de hipérbole não convém aos oradores velhos porque possui *cunho infanto-juvenil* e não exatamente porque era preferido pelos oradores de Atenas.
261. Isto é, os dois distintos estilos: o da prosa escrita e o da oratória.

248 | RETÓRICA

15 · compararmos uns a outros, os discursos escritos soam insuficiente-
mente elaborados nos debates, ao passo que os discursos dos oradores, mesmo que hajam causado boa impressão quando foram proferidos, parecem obras de amadores quando os temos entre as mãos
para leitura. Isso se explica por terem eles o seu devido lugar em um
efetivo debate. Por idêntica razão, os discursos que se prestam à ação
oratória, quando esta é despojada de toda interpretação dramática,
deixam de produzir o mesmo efeito e parecem demasiado simples,
tolos. Desse modo, encadeamentos de palavras sem conexão e con-
20 · tínuas repetições de palavras e frases nos discursos escritos são, com
muita propriedade, condenados, embora nos debates, os oradores
a eles recorram livremente, pois se ajustam à ação dramática. Nessa
repetição deve haver tom variado, pavimentando, por assim dizer, o
caminho para o efeito dramático. Por exemplo, "Este é o vilão que
25 · vos roubou, que vos enganou, que quis trair-vos". Essa é o tipo de
coisa que Filemon, o ator, costumava fazer na *Loucura dos velhos*[262]
de Anaxandrides, toda vez que proferia as palavras "Radamanto e
Palamedes", bem como no prólogo aos *Piedosos*[263] quando repete
"Eu!". Se não se confere a tais passagens a hábil interpretação do
ator, é o caso de dizer "Ele carrega uma viga". O mesmo ocorre com
encadeamentos de palavras sem conexão, por exemplo: "Eu vim a
30 · ele, eu o encontrei, eu o indaguei". É imperioso introduzir a ação
dramática, não é para pronunciar uma única frase com o mesmo
sentimento e no mesmo diapasão. O encadeamento de palavras
sem conexão, é preciso dizê-lo, apresenta uma vantagem: parece
que simultaneamente se diz muitas coisas; é que a conjunção reúne
em uma só unidade muitas coisas. Se a suprimimos, produzimos
obviamente o efeito contrário, a saber, a unidade se converte em
multiplicidade. Dessa forma, o encadeamento de palavras causa
1414a1 · uma impressão de amplificação: "Eu vim a ele, eu conversei com
ele, supliquei-lhe". Esse procedimento torna as coisas múltiplas:
"Quanto a ele, parece não dar importância ao que eu digo, ao que

---

262. ...Γεροντομανία... (*Gerontomanía*).
263. ...Εὐσεβῶν... (*Eysebôn*).

afirmo". É esse o efeito que Homero busca ao escrever: "Nireu igualmente de Sime, Nireu filho de Aglaié, Nireu o mais atraente dos homens".[264] Caso se diga muitas coisas de um indivíduo, seu nome deve ser mencionado muitas vezes e, consequentemente, as pessoas julgam que, uma vez que seu nome é mencionado várias vezes, muitas coisas foram ditas acerca dele. Assim Homero, graças a esse paralogismo junto ao ouvinte, fez com que Nireu fosse beneficiado com esse tipo de amplificação, retendo dele a lembrança, ainda que não faça mais menção dele no resto do poema.

O estilo que convém às assembleias populares assemelha-se, e mesmo em todos os aspectos, ao desenho em perspectiva. Quanto mais numerosa a multidão de espectadores, mais o ponto de onde se observa precisa ser distanciado. Assim, a precisão dos detalhes revela-se supérflua e igualmente no desenho e no discurso produz um efeito ruim. A eloquência forense, contudo, requer mais exatidão e é mais elaborada, sobretudo diante de um único juiz, visto que nessa situação tem-se acesso a pouquíssimos recursos da retórica. O juiz vê com maior facilidade o que diz respeito à causa e aquilo que lhe é estranho. Ademais, não há o debate e inexiste qualquer elemento que venha a alterar o julgamento. O resultado disso é que os mesmos oradores não se destacam em todos os gêneros de maneira indiscriminada; a exatidão e o acabamento se fazem necessários minimamente onde mais se necessita do efeito dramático, e nesse caso o orador precisa possuir uma boa voz e, principalmente, uma voz vigorosa. A oratória epidítica é a mais literária pois se presta a ser lida, vindo em segundo lugar a oratória forense. Distinções suplementares que visam a indicar a necessidade do estilo ser agradável e nobre são supérfluas. Por que dele exigir tais qualidades mais do que a sobriedade, a dignidade do homem livre e toda outra qualidade moral? É evidente que as observações por nós feitas possibilitarão que seja agradável, se ao menos houvermos definido adequadamente no que consiste o mérito do estilo.

---

264. *Ilíada*, Canto II, 671-673. Citação não textual.

250 | RETÓRICA

Ao que corresponderia a obrigação por nós prescrita de torná-lo claro sem nada apresentar de vil, mas de apropriado? De fato, se é
25 · prolixo, deixa de ser claro, da mesma maneira que deixará de ser claro se é demasiado conciso. Sem contestação possível, o que se lhe ajusta melhor é o tom mediano. No que tange ao agradável, este se originará, como o afirmamos, de uma boa e equilibrada mescla de palavras ordinárias e palavras incomuns, do ritmo, de argumentos persuasivos que atendam às exigências do assunto.

Aí está o que tínhamos a dizer acerca do estilo, tanto em termos gerais relativamente a todos os seus gêneros, quanto relativamente a cada gênero em particular. Resta-nos tratar da disposição ou arranjo.

13

30 · O DISCURSO COMPORTA DUAS PARTES, já que é necessário indicar o assunto tratado e, em seguida, proceder a sua demonstração. Aliás, é impossível, uma vez esteja indicado o assunto, omitir-se a demonstração, tanto quanto proceder a essa demonstração sem ter previamente anunciado o assunto. Com efeito, ao demonstrar, demonstra-se alguma coisa e somente se a anuncia visando demonstrá-
35 · -la. A primeira dessas partes é a *exposição*, ao passo que a segunda é a *argumentação*, de maneira análoga à nossa distinção entre *questão* e *demonstração*. Atualmente, porém, nossos oradores se prestam a classificações absurdas: em primeiro lugar a narração pertence aparentemente com exclusividade ao discurso forense. Como seria possível então o gênero epidítico e a arenga admitirem uma narra-
1414b1 · ção tal como a por eles entendida e que designasse quer a refutação do opositor, quer a peroração daquilo que foi demonstrado? No que respeita ao prólogo, ao confronto de argumentos conflitantes, à recapitulação, só estão presentes no discurso deliberativo (político) quando há contestação. De fato, encontram-se amiúde nesses

LIVRO III | 251

discursos acusação e defesa, mas então não se pode mais falar de as-
5 · sembleia deliberativa. Quanto ao epílogo, ou peroração, tampouco
pertence a todo tipo de discurso forense – por exemplo, mostra-se
inútil se o desenvolvimento for breve ou se as minúcias do assunto
forem de fácil retenção, caso em que as eliminamos a fim de evitar
prolixidades. Assim, portanto, tudo que é necessário são a proposição e a demonstração. Eis aí o que pertence efetivamente ao discurso, podendo-nos no máximo reconhecer o seguinte: o prólogo,
a exposição, a demonstração e o epílogo. Quanto à refutação, diz
10 · respeito às demonstrações e a controvérsia não passa de uma amplificação das demonstrações do orador, o que dela faz apenas uma
parte das demonstrações, na medida em que por esse meio o orador demonstra, de qualquer maneira, o que não constitui o objeto
do prólogo nem do epílogo, cuja única função é meramente nos
lembrar do que já foi dito. Realizar tais classificações corresponde
a imitar os adeptos de Teodoro, que distinguem a pós-narração da
pré-narração, como agiam no tocante à refutação e à refutação com-
15 · plementar. É necessário, porém, designar uma nova espécie e uma
diferença efetiva para nos permitirmos atribuir-lhes um nome novo
– se assim não for, a classificação será sem sentido e tola, semelhantemente à maneira de Licímnio em sua *Arte*, que se põe a inventar
nomes, tais como secundação,[265] errância[266] e ramificação.[267]

14

O EXÓRDIO É, PORTANTO, o início do discurso, correspondendo
20 · ao prólogo na poesia e ao prelúdio na arte da flauta. São todos iní-

---

265. ...ἐπούρωσις... (*epoýrosis*) designa literalmente a ação (no âmbito da na-
vegação) de vogar favoravelmente ao sabor do vento.
266. ...ἀποπλάνησιν... (*apoplánesin*) que significa literalmente desorientação,
perda de rumo.
267. ...ὄζους... (*ózdoys*), literalmente ramo ou rebento novo.

252 | RETÓRICA

cios que, por assim dizer, pavimentam o caminho para o que vai se seguir. Dessa forma, o prelúdio se mostra semelhante ao exórdio no discurso epidítico; de fato, os flautistas, quando conhecem alguma bela ária, ligam-na, à guisa de prelúdio, à introdução musical que dá
25 · o tom. Eis como é necessário compor nos discursos demonstrativos: começa-se por expressar desde o início o que se deseja dizer, passando--se a desenvolver o tema. Todos os oradores agem segundo essa regra. Que se tome como exemplo o início da *Helena* de Isócrates: nada têm a ver com o tema de Helena os representantes da erística. E mesmo que o orador ponha-se a fazer uma digressão, na há nenhuma nota falsa que venha a romper a monotonia do discurso.
30 · Os exórdios do discurso epidítico são extraídos do louvor ou da censura. Górgias, no seu *Discurso olímpico*, nos proporciona um exemplo disso: "Mereceis admiração geral, homens da Grécia", brada ele realizando o louvor daqueles que inauguraram os encontros festivos. Isócrates, por seu turno, os censura, sob a alegação
35 · de que "destacaram com premiações atletas dotados de qualidades físicas, sem terem instituído qualquer prêmio para indivíduos sábios e virtuosos". Às vezes, também, o exórdio apresenta a forma do conselho. Por exemplo, o orador afirmará que é necessário prestar honras às pessoas de bem, motivo pelo qual faz o elogio a Aristides; ou então dir-se-á que se deve prestar honras aos que não gozam da estima pública, mas que não são indivíduos maus, homens cujas virtudes nunca foram notadas, como Alexandre, filho de Príamo. Nesse caso, o orador dá um conselho. Pode-se, às vezes, com-
1415a1 · por exórdios como oradores fazem nos discursos forenses, ou seja, recorrendo-se aos ouvintes para que nos desculpem se acontecer de nosso discurso for a respeito de algo que fere a opinião comum e aceita, que é de difícil apreensão, ou demasiado repisado. Esse procedimento tem como efeito obter a indulgência do juiz. Indicamos abaixo um exemplo de Quoirilos:

Agora que tudo foi dividido...

5 · Desse modo, são as seguintes as fontes dos exórdios nos discurso epidíticos: o louvor, a censura, o conselho que nos leva a fa-

LIVRO III | 253

zer algo ou nos dissuade de fazê-lo e as considerações que dizem respeito ao ouvinte. De resto, é preciso que essa introdução ao discurso seja estranha ao mesmo, ou, ao contrário, que se vincule a ele. No que tange aos exórdios do gênero forense, convém partir do princípio de que desempenham o mesmo papel dos prólogos das peças teatrais e dos preâmbulos dos poemas épicos. Nos ditirambos, pelo contrário, os prelúdios assemelham-se aos prólogos dos discursos epidíticos, como em:

É para ti, para tuas dádivas e teus saques...

Tanto nos discursos quanto nos poemas épicos, os exórdios oferecem uma indicação do assunto para que o ouvinte se inteire da questão abordada e para que sua mente não permaneça em suspenso, uma vez que aquilo que é indefinido leva o espírito a dispersar-se. Colocando, por assim dizer, entre as mãos do ouvinte o início da obra, permitimos a ele que acompanhe sem interrupção o desenvolvimento. Isso pode ser ilustrado com os exemplos a seguir:

A cólera, ó deusa, canta-me...[268]

Narra-me, ó musa, do herói...[269]

Guia-me a esta outra narrativa que descortinará como uma grande guerra abateu-se sobre a Europa vinda da terra asiática...[270]

Também os poetas trágicos nos fazem conhecer o eixo de seus dramas. Se não o fazem no início como Eurípides, fazem-no ao menos em alguma parte do prólogo, como Sófocles:

{Polibos era meu pai.}[271]

Na comédia, é empregado o mesmo procedimento. Nisso consiste a mais distintiva e indispensável propriedade do exórdio, propriedade que lhe é essencial, a saber, mostrar qual é a finalidade do assunto tratado. Assim, o exórdio não deve ser utilizado quando o assunto é evidente por si e pouco importante.

---

268. Homero, *Ilíada*, Canto I, 1.
269. Homero, *Odisseia*, Canto I, 1.
270. Desconhecemos ao certo o autor desses versos. Provavelmente Quoirilos de Samos.
271. { } Considerado por Kassel um acréscimo posterior do próprio Aristóteles.

254 | RETÓRICA

25 · As outras espécies de exórdios utilizadas não passam de precauções oratórias e expedientes ordinários. São extraídas quer do próprio orador, quer do ouvinte, quer do assunto, quer do adversário do orador. Do próprio orador ou de seu oponente extrai-se aquilo que é refutatório e que estabelece a acusação. Todavia, o procedimento não é idêntico. Quando se trata da defesa, é necessário dar prioridade àquilo que refuta a acusação; quando se trata da acusação, tais argumentos devem ser colocados no epílogo. A razão 30 · disso é bastante evidente. Aquele que se defende, ao apresentar-se, deve eliminar quaisquer obstáculos em seu caminho e, consequentemente, deve começar por fazer dissipar qualquer acusação que lhe foi imputada. Ao contrário, aquele que acusa deve situar seu ataque no epílogo, de modo a fixar-se melhor no espírito dos juízes. 35 · Quando o exórdio se dirige ao ouvinte, seu objetivo é conseguir dele sua benevolência ou provocar sua cólera, algumas vezes atrair sua atenção ou, ao contrário, fazê-lo distrair-se. O fato é que nem sempre é conveniente tornar o ouvinte atento, o que leva, inclusive, muitos oradores a buscar incitá-lo ao riso. Todos esses meios, se nos dispomos a empregá-los, concorrem para a obtenção da receptividade do ouvinte, dando uma boa impressão do caráter do orador, o 1415b1 · que é sempre útil para garantir a sua atenção. O auditório mostra-se atento àquilo que tem importância, ao que o toca pessoalmente, ao que gera admiração e ao que é agradável. Assim, é indispensável que o orador diga que o discurso tem como objeto questões dessa natureza. Mas se o propósito, ao contrário, é distrair sua atenção, dir-se-á que a questão é pouco interessante, que não diz respeito aos ouvintes, ou que é desagradável. Não se deve esquecer que todas essas considerações são exteriores ao discurso: tudo a que visam é um 5 · ouvinte de nível medíocre que seja capaz de prestar atenção naquilo que é estranho ao assunto. Onde estiver ausente essa tendência, nenhum exórdio é necessário além de uma enunciação sumária do assunto a fim de instalar uma espécie de cabeça no corpo principal do discurso. Quanto ao mais, no que se refere a todas as partes do discurso, conquistar a atenção do auditório, quando isso se impõe;

LIVRO III | 255

10 · de fato, é menos no começo do que em toda a sequência do discurso que o auditório revela redução de seu interesse. Assim, pareceria ridículo recomendar-lhe manter-se atento desde o início, já que é, sobretudo, nessa oportunidade que se presta sempre atenção. Dessa forma, quando surgir a ocasião, dever-se-á dizer: "Prestai aqui ainda vossa atenção, pois estais tão interessados no assunto quanto eu". E "Vou dizer-vos uma coisa a tal ponto terrível ou espantosa que jamais ouvistes nada de parecido". Isso nos leva ao procedimento de

15 · Pródico, ou seja, toda vez que percebia que seu auditório começava a cochilar, o advertia que ia incorporar ao desenvolvimento de seu discurso "algo que não lhes ensinaria senão pelo preço de cinquenta dracmas". É evidente que agindo desse modo, isto é, mediante tais exórdios, não se visa ouvintes ideais, mas um auditório real tal como se o encontra. Com efeito, nos exórdios sempre são estabelecidas acusações ou então se procura dissipar temores. Exemplo:

20 · *{Senhor, não direi que é por efeito de minha pressa...}*[272]

ou...

{Por que todo este preâmbulo?}[273]

Esses meios são comumente empregados por oradores que têm em mãos um caso fraco, ou que parece fraco. A eles mais vale demorar em qualquer coisa do que tratar dos próprios fatos do caso. Eis porque escravos, ao invés de se limitarem a responder diretamente as perguntas que lhes foram feitas, dão respostas tortuosas dotadas de longos preâmbulos.

25 · Descrevemos como estimular nos ouvintes a benevolência e outros sentimentos de natureza idêntica. O poeta diz com propriedade [pondo na boca de Odisseu]:

...Concede-me que os feácios a mim se mostrem compassivos e amistosos.[274]

---

272. Sófocles, *Antígona*, 223. { } Para Kassel, um acréscimo posterior de Aristóteles.
273. Eurípides, *Ifigênia em Táurida*, 1162. { } Para Kassel, um acréscimo posterior de Aristóteles.
274. Homero, *Odisseia*, Canto VI, 327.

256 | RETÓRICA

São esses, efetivamente, os dois sentimentos a serem suscitados. Nos exórdios do gênero epidítico, deve-se fazer o ouvinte imaginar que o louvor o inclui, ou sua estirpe, ou sua profissão, ou uma coisa ou outra a ele relacionada. O que diz Sócrates na *Oração Fúnebre* é verdadeiro: "A dificuldade não está em louvar os atenienses em Atenas, mas em Esparta.".[275]

Os exórdios da oratória política são compostos dos mesmos materiais daqueles da oratória forense, a despeito da natureza da oratória política torná-los bastante raros. O objeto do discurso já é de conhecimento de todos, de sorte que os fatos do caso dispensam um exórdio, a não ser que este não se refira ao orador ou aos seus opositores, ou se os ouvintes não encararem a questão com maior ou menor seriedade conforme o desejo do orador. E então será forçoso ao início atacar ou refutar os ataques, ou ampliar ou diminuir a importância da matéria em discussão. Para uma ou outra finalidade, será necessário um exórdio, o qual pode, inclusive, eventualmente servir, em outras circunstâncias, de ornamento, isso com o propósito de evitar dar uma impressão de improvisação se o discurso não possuir esse exórdio. Nesse sentido, nos é facultado citar como exemplo o louvor de Górgias aos habitantes de Elis, o qual, ele, sem gesticulação de braços ou mãos, principia abruptamente com "Elis, cidade venturosa!"

15

NO QUE CONCERNE À ACUSAÇÃO FUNDADA OU INFUNDADA, o primeiro meio de refutá-la consiste em fazer desaparecer a má impressão que se poderia alimentar acerca de nós. Não vem ao caso se essa má impressão é o produto de um discurso realmente proferido

---

275. Platão, *Menexeno*, 235d. A citação não é textual, mas resumida.

ou não. Essa distinção pode ser inteiramente ignorada. Um outro meio consiste – com o fito do orador colocar-se à frente dos pontos contestados – em declarar que este ou aquele fato não existe, ou que não é prejudicial, ou que não o é para nosso opositor, ou que tal fato não possui o peso que o opositor lhe confere; ou que não é injusto, ou que o é pouco; ou que não é desonroso, ou que não 10 · acarreta consequências; de fato, a contestação gira em torno desses pontos. Vejamos a respeito o exemplo de Ifícrates discursando contra Nausícrates. Ifícrates admitiu a autoria do ato pelo qual era censurado e também a responsabilidade pelo dano causado a Nausícrates, mas não de que havia cometido uma injustiça. Poder-se-ia também alegar que se a injustiça fora cometida, teria havido compensação; que se o ato foi danoso, não foi com isso menos honroso; que se foi penoso ainda assim foi útil, ou alguma outra coisa do gênero. Um outro meio consiste em declarar que o ato foi devido 15 · a um erro, a má sorte ou à necessidade. Por exemplo, Sófocles reivindicava que se ele tremia, isso não era pela razão indicada por seu opositor, isto é, dar a impressão de que era um ancião, mas por força da necessidade, já que decerto ele preferiria não ter oitenta anos. Pode-se também aduzir para o ato um outro motivo distinto daquele que nos imputa o acusador, dizendo que não pretendia causar dano, mas apenas realizar isto ou aquilo, mas não aquilo de que se é imputado, e que se ocorreu dano, foi por acidente: "Eu 20 · mereceria o ódio se houvesse agido com a deliberada intenção de produzir tal resultado.". Um outro meio consiste em investigar se o acusador incorreu no mesmo gênero de suspeita, seja no presente, seja no passado, seja pessoalmente, seja na pessoa de algum daqueles que lhe são próximos. Um outro meio consiste em investigar se estão implicados no mesmo gênero de suspeita indivíduos que, a 25 · despeito disso, são reconhecidos como inocentes da acusação. Por exemplo, se um homem é acusado de ser adúltero por ser um tipo afetado, este ou aquele o é igualmente. Um outro meio consiste em investigar se aquele que nos acusa acusou outras pessoas; ou se uma terceira pessoa acusou a ele próprio, ou ainda se, na hipótese

258 | RETÓRICA

de não ter havido acusação, outros foram objeto de suspeita, como
acontece presentemente, e que, contudo, foram manifestamente
inocentados. Um outro meio ainda consiste em retribuirmos a acusação com a acusação; de fato, seria um despropósito confiar nas
afirmações de um homem quando não se pode confiar no próprio
homem. Outro meio: invocar um julgamento já efetuado. É o que
fez Eurípides ao responder a Higiaenon, quem, em uma ação por
devolução de propriedades, o acusava de impiedade, sob a alega-
30 · ção de que Eurípides, através de um verso, estimulara as pessoas ao
perjúrio. O verso:

Prestou juramento minha língua, mas não o prestou meu coração.[276]

Eurípides declarou que era o seu acusador quem cometia uma
injustiça na medida em que transferia ao tribunal casos julgados
nas competições dionisíacas, onde tão-somente ele, Eurípides, teria
respondido às acusações, e onde ainda responderia, se seu adversário o desejasse. Um outro meio consiste em denunciar a acusação
35 · infundada (calúnia), mostrando a sua gravidade, e especialmente
que dá origem a falsos casos, além de representar uma falta de fideli-
dade aos fatos. Um lugar-comum para os dois partidos consiste em
1416b1 · recorrer aos indícios. Assim, no *Teucer*, Odisseu afirma que Teucer
é intimamente aparentado a Príamo, uma vez que Hesione, sua
mãe, era irmã de Príamo. A isso Teucer responde que seu pai Telamon era inimigo de Príamo, e que não denunciara os espiões gregos. Há um outro meio que se ajusta particularmente ao acusador;
5 · é o de realizar um longo louvor de fatos destituídos de importância
e dedicar-se a uma sumária censura dos fatos importantes; ou então
[simplesmente] mencionar muitas ações honrosas para em seguida
censurar uma única que realmente tem pertinência direta com o
assunto. É o método dos mais hábeis oradores, que são também os
acusadores mais inescrupulosos; o que fazem é servir-se do honroso
para prejudicar e misturam o bem com o mal.

Há um outro meio que se mostra útil tanto ao acusador quanto
ao defensor. Como a mesma ação pode ser realizada, com base em

---

276. Eurípides, *Hipólito*, 612.

LIVRO III | 259

10 · diversos motivos, o acusador deve procurar desacreditá-la optando pelo pior motivo, exibindo-o como o mais desfavorável, ao passo que o defensor se serve do melhor motivo. À guisa de exemplo, poderíamos argumentar [na qualidade de defensores,] que Diomedes elegeu Odisseu como companheiro porque julgava que Odisseu fosse o melhor homem para a empreitada; o acusador alegará que não se trata disso e aventa que Diomedes, nessas circunstâncias, só tinha um motivo para ter essa postura: covarde como era Odisseu, 15 · não deveria jamais representar para ele um rival.

Temos aí o suficiente acerca da imputação acusatória ou caluniosa.

16

No gênero demonstrativo, a narração não é contínua, mas intermitente. É necessário, certamente, expor em detalhes os atos que compõem o fundo do discurso. Na verdade, o discurso é composto de duas partes: uma que não é produzida pela arte do orador, uma vez que este não é, de modo algum, autor dos atos que 20 · expõe; outra, que é produzida pela arte do orador, e que consiste na demonstração da existência do fato, ou de que este é incrível, ou de que é constituído por isso ou aquilo, ou de que possui determinada importância, ou na exposição de todos esses aspectos conjuntamente. Às vezes, convém evitar a narração de todos os fatos sucessivamente, porque uma tal demonstração cria dificuldades para a memória. Começa-se por apontar as razões que mostram o cliente como alguém corajoso, em seguida as que o fazem parecer sábio ou justo. Um discurso com este tipo de narração, 25 · não sendo complicado e elaborado, revela-se relativamente simples. Convém indicar somente os fatos conhecidos e, assim, o ouvinte geralmente dispensa sua narração. Por exemplo, se o desejo é louvar Aquiles, todos conhecem os fatos de sua vida; consequentemente, basta utilizá-los com propriedade; será diferente se o louvor for o

260 | RETÓRICA

de Crítias, já que poucas pessoas o conhecem, impondo-se, assim, a necessidade da narração.

30 · A ideia defendida atualmente de que a narração deve ser rápida é ridícula. Basta lembrar o que alguém disse ao padeiro que perguntou se devia confeccionar sua massa dura ou mole, ou seja: "Ora, não podes confeccioná-la corretamente?". O mesmo vale aqui. A prolixidade não convém nem na narração, nem no exórdio, nem tampouco na exposição dos argumentos. O que importa aqui não é 35 · a rapidez nem a concisão, mas a justa medida. Bem, a justa medida significa dizer tudo aquilo que serve para esclarecer o caso, ou que 1417a1 · gera credibilidade quanto à ocorrência do fato, que constituiu um dano ou uma injustiça – em síntese, que teve a importância que lhe atribuímos. O opositor fará uso dos argumentos contrários. Será conveniente acrescentar à narração tudo aquilo que venha a contribuir para a valoração de nosso mérito pessoal, por exemplo: "Disse-lhe o tempo todo para ter um comportamento conforme a justiça e não abandonar seus filhos"; ou, visando a desacreditar o opositor: 5 · "Ele me respondeu que em toda parte que fosse, teria outros filhos.". Tal resposta foi dada, segundo Heródoto, pelos egípcios amotinados. Não se deverá deixar, tampouco, de incluir na narração tudo o que possa ser agradável aos juízes. Aquele que executa sua defesa deve ser mais breve na narração dos fatos; os pontos contestáveis são os seguintes: sustentará que o fato não ocorreu, ou que não foi 10 · prejudicial, ou que não foi injusto, ou que não foi tal como pretende o opositor. Em decorrência disso, o acusado não deverá perder seu tempo com a narração de fatos sobre os quais há consenso, a menos que não haja empenho no sentido de demonstrar, por exemplo, que uma coisa poderia muito bem ser feita, mas sem causar dano. Por outro lado, a narração deve conter algumas ações pretéritas, salvo quando suscitarem compaixão ou exageros por serem representadas na atualidade. Um exemplo pode ser encontrado na narração, feita por Odisseu a Alcínoo e repetida a Penélope em sessenta versos. 15 · Procedimento idêntico adotou Failos em seu poema cíclico, sendo ainda um exemplo disso o prólogo a *Oeneu*.

À narração o caráter moral é imprescindível. Conseguiremos nela incorporar esse caráter se soubermos o que permite expressar os costumes. A primeira condição consiste em indicar a que escolha ponderada obedecemos; o caráter é marcado por essa escolha que determina a ação; e o caráter dessa intenção é determinado pelo fim proposto. Isso explica porque os argumentos matemáticos carecem de caráter moral, ou seja, porque não comportam
20 · escolha prévia, isto é, não representam ninguém na perseguição de um fim. Por outro lado, os discursos socráticos abordam assuntos que possuem precisamente o caráter moral. Essa meta também é atingida através da descrição das manifestações de vários tipos de caráter, por exemplo: "Ele se mantinha andando enquanto falava", observação indicadora do atrevimento e rudeza do caráter. Não se deixará, tampouco, de dizer que se agiu não somente por cálculo racional, como o fazem os atuais oradores, mas de acordo
25 · com uma escolha ponderada, por exemplo: "De minha parte, eu o quis. Isso é o que preferi, mesmo às custas de meu interesse; e é isso que julguei como sendo o melhor.". De fato, enquanto a primeira atitude revela bom senso, esta revela o caráter da pessoa de bem, o bom senso nos impulsionando para o que é útil, ao passo que o bom caráter nos impulsiona para o que é nobre. Se o fato se mostra incrível, trata-se de não omitir sua razão. Disso Sófocles,
30 · em *Antígona*, oferece um bom exemplo, quando Antígona diz que zelara mais por seu irmão do que o faria por marido e filhos, visto que estes, se perecessem, poderiam ser substituídos.

...Mas, posto que meu pai e minha mãe jazem mortos em seus túmulos,

Impossível é para mim nascer um outro irmão...[277]

Se não tens como indicar essa razão, diz simplesmente que sabes
35 · que ninguém depositará confiança em tuas palavras, embora permaneça o fato de ser essa tua natureza, pois não se crê que haja um outro motivo além da utilidade no que diz respeito a toda ação voluntária.

---

277. Sófocles, *Antígona*, 911-912.

262 | RETÓRICA

Por outro lado, tens que fazer uso do passional, não omitindo as consequências da ação, o que é notório dos juízes, o que toca à pessoa do orador ou àquela de seu opositor. "Ele se foi, lançando-me um olhar de cólera." Este outro exemplo vem de Ésquines, o qual descreve Crátilo "sibilando tomado de fúria e agitando os punhos". Esses meios tendem a produzir persuasão já que, sendo conhecidos, para o auditório convertem-se em signos daquilo que o auditório ainda não conhece. Pode-se encontrar muitos em Homero, como...

5 · *Assim ela disse, e a velha com as mãos cobriu o rosto.*[278]

Um gesto genuíno, pois realmente quando se começa a chorar, leva-se as mãos aos olhos.

Deves apresentar-te desde o início com tal caráter para que aqueles que te julgarão o façam favoravelmente. Quanto ao opositor, deves proceder da maneira contrária. Mas deves sempre agir sem que percebam o que pretendes. Isso é atingido com facilidade, e, para que nos convençamos, basta observarmos o que ocorre na presença dos mensageiros que nos trazem notícias. Ainda que desconhecendo totalmente o teor da mensagem que nos trazem, formamos dela, contudo, uma certa ideia. É preciso, portanto, distribuir a narração em distintas partes do discurso e, às vezes, deve-se, inclusive, evitar colocá-la no início.

Nos discursos políticos, há pouco lugar para a narração, uma vez que é impossível narrar o futuro, ou seja, o que ainda não aconteceu. Se, de qualquer forma, há uma narração, esta terá como objeto exclusivamente os fatos passados, e visará, ao recordá-los, a colocar os ouvintes em uma condição em que possam melhor deliberar sobre o futuro, *{quer através da censura, quer através do louvor}*.[279] Nesse caso, entretanto, o orador não terá a função de conselheiro. Se os fatos narrados são difíceis de acreditar ou inacreditáveis, deve-se prometer apresentar suas razões sem demora, e confiar-se à decisão daqueles que o auditório queira designar. É

---

278. *Odisseia*, Canto XIX, 361.
279. { } Para Kassel, um acréscimo posterior efetuado pelo próprio Aristóteles.

como age, por exemplo, Jocasta no *Édipo* de Carcino: ela não pára de fazer promessas quando aquele que procura seu filho se torna ciente daquilo em que ele havia se transformado. O Hemon de
20 · Sófocles não age de modo diverso.

17

Os MEIOS DE PERSUASÃO devem ser demonstrativos, e como os temas de contestação são quatro, é necessário que a demonstração tenha como objeto o ponto contestado. Por exemplo, quando se contesta que um fato ocorreu, é especialmente sobre esse ponto
25 · que a demonstração deverá se ater diante do tribunal; do mesmo modo, se é contestado que um fato foi danoso ou que não foi tanto quanto se diz, ou se se pretende que é justo: são todos esses pontos que devem ser demonstrados. Em todos esses casos é como se a contestação dissesse respeito à realidade do fato. E não se deve esquecer que esse tipo de contestação é o único que implica necessariamente que uma das partes em disputa agiu maldosamente. Seria inconcebível alegar ignorância, como na disputa para apurar se uma
30 · ação é justa. *Assim, deve-se insistir nesse gênero de debate, ao passo que se passará ligeiramente pelos outros.*[280]

Nos discursos demonstrativos, na maior parte do tempo a amplificação consistirá em mostrar que os fatos são nobres e úteis, uma vez que são eles que devem servir de meios de persuasão. Os próprios fatos devem ser aceitos sem demonstração, esta só sendo admitida nas raras ocasiões quando não são facilmente críveis ou quando foram imputados a uma terceira pessoa.

35 · Nos discursos deliberativos, pode-se sustentar a impraticabilidade de uma proposta, ou que ainda que praticável, é injusta,

---

280. Kassel: *[...] Esse argumento deve, assim, ser empregado somente nesse caso, com a exclusão dos demais [...].*

264 | RETÓRICA

ou que não produzirá nenhum benefício, ou que não tem o peso que seu propositor julga que tem. Ter-se-á também o cuidado de informar-se se o opositor não aventa alguma afirmação falsa em matérias irrelevantes, pois se houver falsidades nessas matérias, parecerão demonstrar que suas outras afirmações também são falsas. Os *exemplos* tocam principalmente ao discurso deliberativo (político), ao passo que os entimemas são mais adequados ao discurso forense. A oratória política trata de eventos futuros, em relação aos quais tudo que pode fazer é citar eventos passados a título de exemplos. A oratória forense lida com o que é ou não é agora verdadeiro, o que é passível de ser melhor demonstrado por não ser contingente, ou seja, não há contingência naquilo que *agora* já aconteceu.

5 · Não se deve empregar entimemas em uma sucessão contínua, mas intercalá-los; se assim não for feito, eles arruinarão o efeito uns dos outros. Mesmo no que tange ao seu número, há um limite a ser respeitado.

Amigo, falaste tanto quanto o teria feito um homem sensato...[281]

Mas *tanto*, não *tão bem*. Não é aconselhável, tampouco, em torno de qualquer espécie de questão, procurar utilizar entimemas, pois nesse caso alcançar-se-ia o mesmo resultado alcançado por certos filósofos, que, por meio de silogismos, demonstram proposições mais conhecidas e mais persuasivas do que aquelas que constituem a fonte de seus raciocínios. E quando desejares estimular uma emoção, evita o uso do entimema que, ou destruirá a emoção, ou se revelará totalmente inútil; na verdade, todos os movimentos simultâneos tendem a ser mutuamente excludentes e, ou se anulam ou se debilitam entre si. Identicamente, quando se deseja atribuir ao discurso um caráter moral, não se deve recorrer ao mesmo tempo ao emprego do entimema – de fato a demonstração não é capaz de expressar nem caráter moral nem escolha deliberada. Já no que toca às sentenças ou máximas, é nos argumentos e, inclusive na narração, que devem ser empregadas, visto que traduzem o caráter

---

281. Homero, *Odisseia*, Canto IV, 204.

moral do orador: "Dei-lhe isso embora totalmente ciente de que não convém depositar confiança nele.". Se o desejo é transmitir à frase uma carga emocional, se dirá: "Não me arrependo de minha conduta a despeito da injustiça que sofri, pois se há para ele o lucro, há para mim a justiça.".

A oratória política constitui uma atividade mais difícil do que a oratória forense, o que é natural visto a primeira ocupar-se do futuro enquanto a segunda trata do passado, o qual, como declarou Epimênides de Creta, mesmo os profetas já conhecem. Os oráculos de Epimênides eram extraídos não do futuro, mas de fatos pretéritos, a propósito obscuros. Cabe-nos acrescentar que os discursos forenses contam com a lei como base; é de fato mais fácil produzir uma demonstração quando se tem o apoio de um princípio. Por outro lado, a oratória deliberativa (política) não admite muitas digressões, contrariamente da forense, que faculta o ataque ao opositor, o discurso sobre si mesmo ou a estimulação das paixões do auditório; meios, nesse caso, de pouca valia, a não ser que o propósito estabelecido seja desviar a atenção dos ouvintes. Só devem, portanto, ser empregados quando os recursos estão esgotados, como fazem atualmente os oradores de Atenas e, especialmente, Isócrates, que no desenrolar de seus discursos políticos executa ataques, por exemplo, aos lacedemônios no seu *Panegírico*, e a Cares no seu *Discurso sobre os aliados*. A oratória epidítica (gênero demonstrativo) deverá apresentar um discurso diversificado composto de louvores intercalados no discurso de uma forma episódica. Esse procedimento está sempre presente em Isócrates, que sempre introduz um novo personagem para atingir essa meta. E é o que quis dizer Górgias ao declarar que jamais lhe faltava assunto de que falar. Com efeito, se discorre sobre Aquiles, louva Peleu, em seguida Eaco e depois Zeus. Age analogamente ao discursar sobre a coragem, declarando que produz este ou aquele resultado, ao que se assemelha – o que dá sempre no mesmo.

Caso se disponha de demonstrações, deve-se apresentá-las e também discorrer sobre o caráter moral; na hipótese de não se dis-

266 | RETÓRICA

por de entimemas, será necessário valer-se do próprio caráter moral,
1418b1 · pois mais convém ao homem de bem exibir sua própria probidade
e destacar seu valor do que mostrar-se um perspicaz argumentador
capaz de articular um discurso preciso.

Os entimemas refutativos são mais apreciados do que os demonstrativos porque tudo que se propõe, nesse caso, a refutar parece mais respaldado em uma argumentação rigorosa, na medida
em que os contrários exercem uma impressão mais viva quando são
5 · colocados lado a lado. Quanto às objeções dirigidas ao opositor,
não constituem algo distinto, mas parte dos argumentos. Há argumentos que visam a destruir as afirmações do opositor, alguns sob
a forma de objeções, outros sob a forma de silogismos. Tanto no
discurso político quanto no forense, caso se seja o primeiro orador
deve-se começar por apresentar os próprios argumentos, para em
seguida atacar os argumentos contrários, quer os destruindo, quer
reduzindo sua força. Se a outra parte dispuser de uma grande va-
10 · riedade de argumentos, iniciar-se-á o procedimento refutando os
argumentos contrários, que foi o que fez Calístrato na assembleia
dos messênios; ele tomou a dianteira e só depois de haver refu-
tado e destruído os argumentos de seus opositores, que podiam ser
usados contra ele, passou a apresentar os seus próprios argumentos. Quando se é o segundo a tomar a palavra, deve-se começar,
recorrendo-se à refutação e ao método dedutivo, por tentar dar
uma resposta ao discurso do opositor, sobretudo se os argumentos
15 · deste receberam uma boa acolhida por parte do auditório. De fato,
tal como nosso espírito recepciona desfavoravelmente o indivíduo
que já arca com uma acusação, do mesmo modo o discurso é recebido desfavoravelmente toda vez que o opositor dá a impressão
de ter discursado satisfatoriamente. É necessário, portanto, abrir
espaço nas mentes dos ouvintes para o nosso discurso que virá a
seguir, o que é feito refutando-se destrutivamente os argumentos
do opositor. Para isso é necessário iniciar o ataque ou combatendo
todos esses argumentos em bloco, ou começando pelos de maior

LIVRO III | 267

peso, ou pelos que encontraram maior receptividade, ou ainda
20 · por aqueles que são facilmente refutáveis. Só então se conquistará
confiança e se tornará persuasivos os próprios argumentos.

Primeiramente apresentar-me-ei como aliado das deusas,
Pois suponho que Hera...[282]

...com cujas palavras foi atacado primeiro o argumento mais
frágil. Com isso findamos sobre o que tínhamos a dizer sobre os
argumentos.

No tocante ao caráter moral do discurso, [cabe-nos dizer que]
se o orador oferece alguns dados sobre si mesmo, arrisca-se a in-
25 · correr no desagrado, na censura de ser prolixo e na contradição; se
ele se refere a outra pessoa, receberá a pecha de ser ferino e rude.
Nessas condições, será necessário colocar suas palavras na boca de
uma terceira pessoa. É o que faz Isócrates no *Felipe* e no *Antidose*.
Arquíloco emprega o mesmo expediente em suas censuras; nos *seus*
Iambos, apresenta um pai que diz à filha:

De posse do dinheiro, nada há que não se possa esperar, nem que
30 · *se possa declarar, sob juramento, impossível.*[283]

...e ele introduz Caronte, o carpinteiro, no poema iâmbico que
principia assim:

Pouco me interessa a riqueza de Giges.[284]

De maneira idêntica, Sófocles nos mostra Hemon recorrendo a
seu pai em defesa de Antígona como se fossem outros que discursa-
vam. Também é necessário, por vezes, transformar os entimemas,
fazendo deles máximas, tal como neste exemplo: "É quando expe-
35 · rimentam o sucesso que os homens prudentes devem celebrar tratados.". De fato, é assim que obterão as maiores vantagens. Se fosse sob
forma de entimema, se diria: "Se convém celebrar tratados quando
podem se mostrar mais úteis e nos proporcionar mais vantagens, é
quando experimentamos o sucesso que convém celebrá-los.".

---

282. Eurípides, *As Troianas*, 969-971.
283. Fragm. 122, West.
284. Fragm. 19, West.

268 | RETÓRICA

18

O MOMENTO MAIS OPORTUNO de utilizar a interrogação é quando
1419a1 · o opositor respondeu de tal modo uma questão que a formulação de
mais uma o conduz a um absurdo. Assim, Péricles interrogou Lampon acerca da forma de celebração dos ritos iniciatórios da deusa
salvadora. Diante da observação de Lampon de que nenhuma pessoa não iniciada poderia ser instruída a respeito desses ritos, Péricles
indagou-lhe se ele os conhecia. Ante a resposta afirmativa do outro,
5 · Péricles replicou: "E como podes conhecê-los se não és iniciado?".

Um outro momento oportuno para o emprego da interrogação
é quando, tendo sido evidenciado um primeiro ponto ou premissa,
fica patente que em decorrência de uma interrogação, o opositor
concederá o outro ponto; de resto, quando alguém fica ciente de
uma premissa única, não convém formular a interrogação adicional
a respeito do que é evidente, mas sim enunciar a conclusão. Assim,
quando Meleto afirmou que Sócrates não acreditava na existência
dos deuses, Sócrates lhe perguntou: "Creio eu na existência de um
dáimon?". Ante o assentimento do outro, ele prosseguiu: "Não são
10 · os *dáimons* os filhos dos deuses ou algo de divino?". Diante de um
novo assentimento de Meleto, Sócrates voltou a interrogar: "Seria,
então, possível que se pudesse crer na existência dos filhos dos deuses e, ao mesmo tempo, não na existência dos próprios deuses?".[285]
O emprego da interrogação também é recomendável quando se
tem a oportunidade de mostrar que o opositor entra em contradição consigo mesmo ou com a opinião comum aceita por todos.
Em quarto lugar, emprega-se a interrogação quando o opositor é
forçado, a fim de destruir a asserção aventada, a responder sofisti-
15 · camente. Se ele responde *"Isso é e isso não é; ora isso é ora não é; deste
ou daquele ponto de vista, isso é ou não é"*.[286] Nessas circunstâncias,

---

285. Platão, *Apologia de Sócrates*, 27c [Obra publicada pela Edipro em *Diálogos III*, 2015. (N.E.)].
286. Ou: *[...] Verdadeiro e, contudo, não verdadeiro; em parte verdadeiro e em
parte não verdadeiro; verdadeiro em um sentido, mas não em outro [...]*.

o auditório manifesta sua insatisfação pois se veem em um emba-
raço. Nos demais casos, à exceção dos apontados acima, não se deve
utilizar a interrogação, pois se o opositor fizer objeções, o orador se
dará por derrotado, já que é impossível multiplicar as interrogações
devido à incapacidade do auditório de acompanhá-las. A conclusão
é que convém condensar os entimemas o máximo possível.

20 ·   No tocante à resposta a interrogações ambíguas, é necessário
responder recorrendo às distinções e explicações necessárias, e não
dando respostas curtas; no caso de interrogações que parecem des-
favoráveis à nossa causa, é preciso responder rapidamente, ofere-
cendo a explicação já no começo da resposta, antes que o opositor
formule a questão seguinte ou antes que conclua, visto que não é
difícil prever o rumo de seu discurso. No que tange a esse ponto e às
refutações a serem empregadas, não deve haver qualquer obscuridade depois do que tratamos nos *Tópicos*.

25 ·   Quando o opositor, ao formular sua conclusão, o faz sob a
forma de uma questão, é necessário que justifiquemos nossa resposta. Assim, quando Pisandro indagou a Sófocles se ele aprovara,
como os demais membros do *Conselho dos Dez*, a instalação dos
Quatrocentos, ele respondeu: "Sim," ao que Pisandro retorquiu:
"Por que? Não o consideraste uma medida abominável?". "Sim,
30 · decerto," ele respondeu. "Então tomaste essa medida abominável?"
"Sim," confirmou Sófocles, "pois não havia nada melhor a fazer."
Assim também agiu um lacedemônio ao prestar contas de seu man-
dato de éforo. Interrogado se achava que os outros éforos haviam
sido condenados à morte justamente, respondeu afirmativamente.
"Então propuseste as mesmas providências que teus colegas?" "Sim,
certamente," respondeu. "Consequentemente também mererias
35 · morrer." "Em absoluto," ele disse, "meus colegas foram suborna-
dos para agir como agiram, enquanto eu limitei-me a ouvir minha
consciência." Assim, não deves formular nenhuma nova questão
depois de tirar a conclusão, nem formular esta sob a forma de uma
1419b1 · questão adicional, a não ser que contes inteiramente com a verdade.

     Quanto ao fazer rir, parece ter alguma utilidade nos debates.
Górgias dizia que deves aniquilar a seriedade do opositor com gra-

5 · cejos e seus gracejos com seriedade. Não errou. Os distintos tipos de riso foram tratados por nós na *Poética*.[287] Ali precisamos que certas formas de humor convêm ao homem livre, enquanto outras não. O orador deve, portanto, selecionar as que lhe convêm. A ironia ajusta-se melhor ao homem livre do que a bufonaria; de fato, o homem irônico brinca para divertir-se, ao passo que o bufão brinca para divertir os outros.

19

10 · O EPÍLOGO COMPÕE-SE DE QUATRO PARTES. A primeira consiste em predispor o auditório a nosso favor e contra nosso opositor; a segunda parte cumpre a função de amplificar ou atenuar o que foi dito; à terceira cabe a função de estimular as paixões do auditório; finalmente, a quarta consiste em fazer uma recapitulação.

15 · É natural que, após haver demonstrado a verdade de suas afirmações e a falsidade das afirmações do opositor, o orador disponha-se a louvar a si mesmo, censurar o opositor e recolocar, pela derradeira vez, sua obra na bigorna. No que toca ao primeiro ponto, é necessário empenhar-se em alcançar um dos objetivos seguintes: deves fazer de ti um bom homem e de teu opositor, o contrário, isso relativamente ao auditório ou em termos absolutos. Quanto aos meios para a obtenção desses objetivos, indicamos os lugares-comuns que servem para apresentar os indivíduos como bons ou maus.

20 · Findo isso e estando os fatos demonstrados, a ordem natural requer que se recorra à amplificação ou à atenuação, visto ser necessário – para que possamos apreciar seu peso – que tenhamos admitido os fatos pretéritos. A propósito, os próprios corpos só crescem a partir dos elementos preexistentes. Anteriormente foram indicados os lugares-comuns cuja utilização é necessária para a amplificação e a atenuação.

---

287. Parte perdida da *Poética*.

LIVRO III | 271

25 · Estabelecidas claramente a natureza e a importância dos fatos, será preciso levar os ouvintes a experimentar emoções (paixões), que são nomeadamente a compaixão, a indignação, a cólera, o ódio, a inveja, a emulação e o espírito de disputa. Também expomos anteriormente os lugares-comuns que têm pertinência com essas paixões.

Enfim, e por via de consequência, tudo que resta a fazer é recapitular o que já foi dito. Aqui pode-se realizar corretamente aquilo que alguns equivocamente recomendam que seja feito no exórdio, 30 · ou seja, para que os pontos do discurso sejam facilmente compreendidos, repeti-los frequentemente. No exórdio, basta expor o tema, para que o ponto a ser julgado fique absolutamente claro; no epílogo, será necessário recapitular sinteticamente os argumentos que serviram para a demonstração. O início do epílogo consistirá da afirmação de que fizeste o que tinhas te proposto a fazer. Consequentemente, será necessário recordar os fatos e as razões que foram aduzidas. Teu método pode consistir em uma comparação de teu 35 · próprio caso com aquele do opositor. Pode-se pôr em paralelo tudo o que as duas partes disseram sobre o mesmo assunto, ou ainda dispô-lo sob a forma de oposição direta: "Meu opositor disse aquilo 1420a1 · acerca da questão; quanto a mim, disse aquilo e por tais motivos.". Pode-se adotar a ironia, por exemplo: "Realmente, meu opositor disse aquilo; quanto a mim, disse isso. Qual seria sua situação se houvesse dito isso e não aquilo?". A interrogação igualmente encontra aqui seu lugar: "Qual demonstração omiti?", ou "Meu opositor, o que demonstrou?". A recapitulação então será feita do modo que foi apontado, ou aproximando os argumentos, ou seguindo a 1420b1 · ordem natural conforme a qual o orador expressou suas razões e, retomando separadamente, caso o queira, as do opositor.

À guisa de conclusão, o estilo de linguagem desconectado revela-se apropriado, de sorte que se tenha um epílogo e não um novo discurso: "Eu disse, vós ouvistes, conheceis os fatos, julgai.".

Este livro foi impresso pelo Lar Anália Franco (Grafilar)
em fonte Garamond Premier Pro sobre papel Pólen Bold 70 g/m²
para a Edipro no inverno de 2025.